教育体制丛书

促进职前化学教师学科教学知识发展的课程开发研究

Study of Curriculum Development of Promoting the Development of Pre-service Chemistry Teachers' PCK

魏壮伟 著

WUHAN UNIVERSITY PRESS
武汉大学出版社

图书在版编目(CIP)数据

促进职前化学教师学科教学知识发展的课程开发研究/魏壮伟
著.—武汉：武汉大学出版社,2022.5
教育探新丛书
ISBN 978-7-307-23047-7

I.促…　II.魏…　III.中学化学课—师资培养—研究　IV.G633.82

中国版本图书馆 CIP 数据核字（2022）第 066263 号

责任编辑:詹　蜜　　　责任校对:李孟潇　　　版式设计:马　佳

出版发行:**武汉大学出版社**　　（430072　武昌　珞珈山）
　　　　　（电子邮箱：cbs22@ whu.edu.cn　网址：www.wdp.com.cn）
印刷:武汉中远印务有限公司
开本:720×1000　1/16　印张:18.75　　字数:344 千字　　插页:1
版次:2022 年 5 月第 1 版　　2022 年 5 月第 1 次印刷
ISBN 978-7-307-23047-7　　定价:66.00 元

目　　录

第一章　引　　言

第一节　研究背景

一、PCK 是当代教师知识研究的热点领域

自 20 世纪 80 年代初期起，伴随着教师研究关注点从"教师特征"到"教师行为"再到"教师认知"的转移，教师知识研究迅速发展成为教师教育研究的一个焦点议题。① 在众多教师知识研究中，美国斯坦福大学舒尔曼教授（Lee S. Shulman）于 1986 年和 1987 年提出的，最有可能区分学科专家与教学专家的"学科教学知识"概念以及包含学科教学知识在内的"七类型"教师知识体系②，最具影响力。③ 澳大利亚莫纳什大学劳伦教授（John Loughran）曾表示，"教育领域内很少有新概念，能够像舒尔曼的 PCK 一样，得到如此快速地传播、如此广泛地接受"。④ 事实上，PCK 概念一经提出，就立刻受到了世界各国学者的广泛关注，并迅速成为世界范围内新一轮教师知识研究的核心内容，成为当代教师教育与教师教育研究的热点领域。⑤

① 范良火. 教师教学知识发展研究[M]. 上海：华东师范大学出版社，2003：14.

② 陈菊. 师范生学科教学知识习得探微[J]. 广西师范大学学报：哲学社会科学版，2011，47(1)：123-127.

③ 张新颜. 基于知识图谱的国外教师学科教学知识研究热点分析[J]. 中国成人教育，2016(12)：15-19.

④ Loughran. J., Gunstone. R., Berry. A, Milroy. P. & Mulhall. P.. Science cases in Action：Developing an understanding of science teachers' pedagogical content knowledge[R]. New Orleans，LA：Paper presented at the annual meeting of the National Association for Research in Science Teaching，2000.

⑤ ［美］帕梅拉·格罗斯曼. 李广平、何晓芳等. 专业化的教师是怎样炼成的[M]. 北京：人民教育出版社，2012：译后记.

二、PCK 是破解学科教学论发展困境的客观需要

在我国，职前教师教育的课程框架基本相同，分为公共基础课程、学科专业课程与教育专业课程三部分。① 《教师教育课程标准》专家组与北师大教师教育研究中心周钧等人的调查结果（调查对象分别为全国较具代表性的师范院校、分属 3 个直辖市和 14 个省的全国 30 所院校）均显示，体现教师教育"师范性"的教育专业课程仍然是以教育学、心理学和学科教学法（论）等"老三门"课程和教育技术课程为主要组成部分。②③ 其中，学科教学论（法）作为一门辐射各学科的师范性特色学科，无疑是培养职前教师"掌握学科教学基础理论和基本技能，具备从事学科教学初步能力"的最关键课程。

然而，令人遗憾的是，当前的学科教学论课程不仅遭遇了十分严峻的发展困境，而且受到了各种各样的指责与批评。这些困境、指责与批评，不仅源自高校学科教学论教师自身的本科教学与学科教学研究体验，源自为数不少的纯学科或纯教育理论工作者（学科专家、教育专家、课程与教学论专家等）对当前学科教学论价值的质疑，还源自很多曾接受过学科教学论熏陶的一线学科教师的质疑。

首先，作为"局内人"的学科教学论教师对"学科教学论发展困境"的感触最深刻。在 2004—2015 年的 10 余年间，孟庆男、袁维新、方均斌、高成等学者分别从不同视角分析了学科教学论教师或"学科教学论"面临的尴尬与困境，归纳起来，主要包括以下五点：一是学科教学论教师身份难以得到认同、认同危机日益加剧，正如方均斌所说"所在学科的同行认为学科教学论教师的专业水平不高，而教育学的专家则认为学科教学论教师在教育理论上没有创见，他们陷于两难的境地"④；二是学科教学论教师的学术归属存在分歧，学科教学论教师无论是归在学科专业队伍还是站在教育学专业队伍都感觉到"异样"和"底气不足"，很多学科教学论教师都有过类似体会；三是我国学者对学科教

① 杜静. 我国教师教育课程存在的问题与改革路向[J]. 教育研究，2007(9)：77-80，85.

② 《教师教育课程标准》专家组. 关于我国教师教育课程现状的研究[J]. 全球教育展望，2008(9)：19-24，80.

③ 周钧，唐义燕，龚爱芋. 我国本科层次教师教育课程设置研究[J]. 教师教育研究，2011，23(4)：44-50.

④ 方均斌. 克服"两种病态情结"，推动学科教学论建设[J]. 中国教育学刊，2014(12)：50-54.

学论的研究对象缺乏统一认识，学科教学论相关研究成果得不到应有的重视，一方面，我国学者对学科教学论学科性质"不一而足"的界定①，比如学科教学论是"研究学科教学理论及其应用的一门教育学科"②"研究学科教学规律及其应用的一门学科"③等，使得广大学科教学论教师眼花缭乱、无所适从；另一方面，"学科教学论赖以自豪的操作性实践品质，不但丝毫没有弥补教育学科的贫困，反因先验性的缺乏理论的'实践型'的标签而为某些人所不屑"的现实情况④以及"学科教学论研究成果进不了核心期刊（即 CSSCI 源刊），在项目发展上受限"的外部环境⑤，都使得学科教学论和学科教学研究者很是"受伤"；四是学科教学论过于依靠"移植"的研究方法，导致学科教学论学科出现了"主体话语不是自己的""没有形成自我的理论突破""没有展开实质性的学科教学研究"三种不良倾向⑥，学科教学论也因此变成了"一般教学论的理论原理加学科教学的实例"⑦；五是学科教学论课程在各高校的教师教育培养方案中"只能充当'填空'的角色"以及大多数学科教学论教师在培养方案修订过程中没有话语权的现实，导致部分师范生"在竞聘教师岗位时受到挫折，有些人开始抱怨学科教学论课程的不理想"⑧。总之，作为"局内人"的学科教学论教师对当前学科教学论困境的描述可以简要概括为"身份认同危机""学术归属不明""研究对象存争议""实践标签被歧视""外部环境很受伤""研究方法太单一""无主体话语无理论"与"课程设置被填空"八句话。

其次，作为"局外人"的教育学和课程与教学论专家对"学科教学论发展困境"的认识更清楚。1996 年，著名教育家顾明远先生在给《学科现代教育理论

---

① 孟庆男. 学科教学论的困境与出路[J]. 课程·教材·教法，2004，25(4)：31-35.

② 王克勤，马建峰. 关于高师院校"学科教学论"发展的若干思考[J]. 教育研究，2004(2)：43-47.

③ 袁维新. 新课程理念下的学科教学论的反思与重建[J]. 教师教育研究，2004，16(4)：36-40.

④ 史晖. "我"将何去何从[J]. 教师教育研究，2009，121(4)：18-21.

⑤ 方均斌. 克服"两种病态情结"，推动学科教学论建设[J]. 中国教育学刊，2014(12)：50-54.

⑥ 孟庆男. 学科教学论的困境与出路[J]. 课程·教材·教法，2004，25(4)：31-35.

⑦ 袁维新. 新课程理念下的学科教学论的反思与重建[J]. 教师教育研究，2004，16(4)：36-40.

⑧ 庞丽娟，齐强，刘亚男. 学科教学论教师的职业尴尬与发展契机[J]. 教育与职业，2010(26)：44-45.

书系》作总序时就已经指出："师范院校中有一门必修课，叫教材教法(学科教学论的前身)。它是一门培养教师技能的专业课程，但是历来不受人们重视"①。2000 年，南京师范大学杨启亮教授也曾表示："学科教学论自 20 世纪初在我国正式产生，就背负上了沉重的经验论桎梏……我们几乎没有确认过它是一门具有严密科学规定性的、有着基础理论学科群的、具有可操作性的科学"，并进一步指出学科教学论"学术根基松软，学术底气不足"，也"没能在有效地在自己的学科领域中提升学术品位"②。2014 年，著名教育家陈桂生先生在进行"教学法"相关问题讨论时，明确指出：当前的学科教学论，已经将其前身"教材教法"或"教学法"中那些看似"小儿科"但实际上"和中小学教学密切相关的问题"丢掉了，比如小学算术教学法中"整数怎么个教法？从加法、减法过渡到乘法，会遇到什么问题？问题应该怎么处理？从四则运算过渡到分数，分数应该怎么教？小数怎么教？百分数怎么教？几何图形怎么教？应用题怎么教？"等，"取而代之的是一些架空的研究：怎样培养创造性？怎样合作教学？……老师在学了这些'理念'之后，到底怎么教呢，还是不清楚。……曾经积累了多少年的知识，现在反而变成生疏的东西了"，时至今日，"教学法"已经成为教育理论界和实践界都不甚关心也不甚了了的话题。③ 总之，作为"局外人"的教育学和课程与教学论专家对当前学科教学论困境的描述可以简要概括为"不受重视""几乎没有被确认过是科学"以及"本来非常有用的教学法知识现在还被丢掉了"三句话。

最后，作为"受益人"的一线教师对学科教学论的批评最激烈，认为很多学科教学论内容与研究过于理论化甚至是空洞，不关注中学教学实际，不解决或解决不了一线教学过程中的实际问题。之所以如此认为，更多不是源自文献和调查研究，而是源自参加学科教学论年会各分会场中一线教师的尖锐提问与强烈质疑。另外，很多中学教师"几乎不翻阅学科教学论相关研究成果"的事实，似乎也可以说明这一点。

存在合理性已得到广泛认同的学科教学论，究竟怎样才能在学科教师培养过程中发挥其应有的价值与功能，怎样才能发挥其在教育学知识生产过程中的基础地位，怎样才能赢得其在教师教育过程中应有的尊严与声誉？

---

① 刘知新. 化学教学系统论[M]. 南宁：广西教育出版社，1999.3：总序.
② 杨启亮. 反思与重构：学科教学论改造[J]. 高等教育研究，2000(5)：65-68.
③ 陈桂生，胡惠闵，黄向阳. 关于"教学法问题"的讨论[J]. 上海教育科研，2014(6)：30-33.

PCK 的出现与研究，让困惑已久的研究者找到了希望：首先，PCK 及其相关概念可以作为学科教学论的核心概念，描述学科教学规律、构建学科教学理论，最终形成学科教学论的专属话语体系；其次，PCK 及其相关研究所倡导的实证方法不仅可以多样化学科教学论的研究方法，还可以夯实学科教学论的学术根基，增强学科教学论的学术底气，提升学科教学论的学术品质与学术地位；再次，基于实证的 PCK 及其相关研究结果不仅可以帮助学科教学论摆脱"经验论桎梏"，促使学科教学论在坚实而又可靠的学科教学的"事实性知识"——学科教学知识——之上"实现自我的理论突破"——发现学科教学的规律、构建学科教学的理论，还可以帮助学科教学论破解"研究对象存争议"的现实困境，为学科教学论发展指明方向——归纳实证结论发现规律，提出相应理论解释规律；最后，PCK 作为教师知识的核心成分，可以进一步清晰化、精细化学科教师的知识结构，凸显学科教师培养过程中的关键知识成分，为学科教学论课程乃至整个教师教育课程改革(课程设置、内容更新、培养方式等)提供可靠的理论依据。

三、PCK 是我国学科教学研究亟待加强的重要内容

长期以来，我国学科教学研究一直秉承"形而上"的价值追求：一方面沿着"归纳思路"致力于学科教学一般规律的探索发现，另一方面沿着"演绎思路"致力于学科教学普适理论的分析提出。尽管学科教学研究已经沿着这样"两种思路"开展了很多年，也取得了较为丰富的"研究成果"，但"两种思路"指引下的研究成果，不论是学科教学一般规律还是学科教学普适理论，却一直承受着教学理论研究者与教学实践工作者的双重质疑。教学实践工作者抱怨学科教学研究脱离教学实际，很少关注也无法有效解决教学实践中出现的各种实际问题；而教学理论研究者则抱怨学科教学研究过于关注学科教学微观问题，无法提升学术品质，相关成果理论性不强。

是学科教学研究不规范，还是相关人员不理解？学科教学研究者们，这些年一直深受这些问题的困扰。在这里，笔者不想为学科教学研究做更多的辩护，只想静下心来分析指出"学科教学研究长期以来存在的突出问题"。通过对大量学科教学研究文献的分析，笔者发现：多年来，学科教学研究一直缺乏对"归纳思路"的源头——归纳对象，也就是中学教师教学经验——进行去伪存真、精挑细琢地精致化、科学化研究。事实上，对待中学教师的学科教学经验，这些年一直存在两种错误倾向：一是被远离一线的高校学者们当作低级粗

糙、充满偶然性、普适性较差的"劣等知识"而不予关注、不去深究；另一方面又被身在一线的中学教师们当作具体直观、充满实用性、操作性较强的"圣经宝典"而过度关注、盲目应用。

PCK 的出现与深入研究，不仅可以弥补我国学科教学研究的内容短板——去伪存真、精雕细琢地精致化、科学化研究一线教师教学经验——实现"中学教师学科教学经验"向"精致化学科教学事实性知识"的转变，而且可以为我国学科教学研究的归纳路径提供大量精准、科学的"学科教学知识"，并在此基础上，研究发现更加接近真实情况的学科教学规律、提出更加科学有效的学科教学理论，也可以为一般教学理论的补充、发展和完善提供科学可靠的知识基础。

四、PCK 是解决教学理论与实践脱离问题的有效方法

理论与实践脱离的问题，是一个长期困惑我国教学研究的老问题。有关这一问题，我国已有很多学者分析过、探讨过，也提出过为数不少的解决策略与解决方法。不过，遗憾的是，这一问题似乎从未得到真正的解决，这一问题带给教学研究的困惑也似乎从未衰减。我国学者李秉德描述的"教学理论与教学实践'两张皮'"的现象——"教学实际工作者中有的人认为书上说的学了用不上，解决不了实际问题，而教学理论工作者中也有的人往往感到教学理论对教学实践的指导作用似乎并不太大"[①]——仍然大量存在。出现这种情况，固然是李秉德先生所剖析的"五方面原因"（即教师并未认真系统学习、理论工作者的态度与水平问题、理论表达深浅程度与教师已有水平不符、较高教学理论到实际应用中间缺乏一系列过渡、教学实际工作者的态度与方法问题）共同作用的结果，但学科教学论与学科教学研究者作为教学理论工作者，理应从科学研究的视角，即从"较高的教学理论到实际应用中间，缺乏一系列过渡"这一视角去积极探寻解决"教学理论与实践脱离"问题的有效方法。

精致化学科教学经验的 PCK 研究，因其可以为"较高的教学理论"到"实际应用"提供基于实证的可靠而又实用的"一系列过渡"——学科教学事实性知识，从而较好地解决了教学理论与实践脱离的问题。同时，由于一线教师"辛苦发现""视为珍宝"的教学经验受到理论工作者的"重视"和"关注"，也会从客观上加强理论工作者与实际工作者的交流与合作，从情感上拉近"教学理论

---

① 李秉德. 教学理论与教学实践"两张皮"现象剖析[J]. 教育研究，1997(7)：32-33.

工作者"与教学实际工作者之间的距离，进而克服李秉德先生所说的"另外四方面"错误倾向，以更好地解决教学理论与实践的脱离问题。

五、PCK是教师资格认定与招聘考核的客观需要

国内教师资格认定考试与教师招聘考核，一般可分为笔试和面试两个环节。无论是组织形式相对个性化、比较零散的教师招聘考核，还是考试标准、笔试与面试大纲都有专门文件说明、比较规范的中小学教师资格考试，作为"教师从事教学工作前提条件的教师知识水平"，尤其是"教师对学科作教育学解释"或"教师把学科知识'心理学化'以便学生理解"所需的教师知识类型①（这种知识类型与学科教学知识的内涵基本一致），都是必须考查的重要内容。关于这一点，我国2012年制订发布的、作为教师"培养""准入""培训""考核"重要依据的教师专业标准也有明确规定：《中学教师专业标准（试行）》已经把"学科教学知识"当作中学教师"专业知识"的一个重要组成部分，从四个方面提出了具体明确的要求。② 因此，学科教师PCK的内涵、内容、结构及其测评等的研究，无疑会为教师资格考试和教师招聘考核提供科学而又可靠的、有效考查教师知识水平的思路与方法。

六、PCK发展是落实中学教师专业标准要求的关键环节

自1986年舒尔曼提出PCK概念，PCK研究已被全世界教师教育者或教师教育研究者持续关注了40余年，也已经达成了以下两个基本共识：

第一，PCK是教师知识的核心成分，是学科教师、学科专家与教育专家所不同之处，也是教师知识范畴中最有效的知识③，是新手型教师与经验型教师的差距所在。④

第二，作为促进教师专业发展的核心目标，发展教师PCK已经获得国内

① 林崇德，申继亮，辛涛. 教师素质的构成及其培养途径［J］. 中国教育学刊，1996（6）：16-22.

② 教育部关于印发《幼儿园教师专业标准（试行）》《小学教师专业标准（试行）》和《中学教师专业标准（试行）》的通知，http://www. moe. edu. cn/srcsite/A10/s6991/201209/t20120913_14560［EB/OL］.

③ 廖元锡. PCK——使教学最有效的知识［J］. 教师教育研究，2015，17（6）：37-40.

④ Rebecca M. Schneider & Kellie P. Science Teacher Learning Progressions：A Review of Science Teachers' Pedagogical Content Knowledge Development［J］. Review of Educational Research，2011，81（4）：530-565.

外教师教育者的广泛认同。①② 澳大利亚《全国优秀科学教师专业标准》(National Professional Standards for Teachers of Science Highly Accomplished, 2002 版)、美国科学教师协会制订 1998、2003、2012 年三个版本的"科学教师培养标准"(Standards for Science Teacher Preparation, 简称 SSTP, 是美国高校教育学院制定科学教师培养计划的指导性文件) 与 2012 年我国教育部发布的《中学教师专业标准(试行)》中都吸收了 PCK 的研究成果, 也都对教师 PCK 的发展提出了具体要求。③④⑤⑥⑦⑧

例如, 澳大利亚《全国优秀科学教师专业标准》在其"专业知识"维度的标准 2"科学教学、学习与评价的知识"中对科学教师 PCK 提出了明确要求, 内容如下⑨:

> 优秀科学教师不仅需要对学科知识有深刻的理解, 还需要知道如何帮助别人深刻理解学科知识。优秀科学教师必须拥有可以帮助学生理解学科知识的、丰富的学科教学知识(PCK)。这种专业知识不仅可以帮助他们把学科知识转换成学生容易理解的形式, 还可以帮助他们为一个既定的学生群体选择一个概念或一种技能最容易接受也最感兴趣的类比、实例或应用。

---

① Abell, S. K. Twenty years later: Does pedagogical content knowledge remain a useful idea? [J]. International Journal of Science Education, 2008, 30(10): 1405-1416.

② 唐泽静, 陈旭远. 学科教学知识视域中的教师专业发展[J]. 东北师范大学学报(哲学社会科学版), 2010(5): 172-177.

③ Australian Science Teachers Association. Professional Standards for Highly Accomplished Teachers of Science. 2002: 13[EB/OL]. https://research.acer.edu.au/teaching_standards/9.

④ 廖元锡. PCK——教学最有效的知识[J]. 教师教育研究, 2005, 17(6): 37-40.

⑤ 杜明荣. 美国科学教师培养标准(2012 版)分析及启示[J]. 教育科学研究, 2016(5): 65-68.

⑥ 于杨. 美国科学教师培养最新诉求、特征与发展趋势[J]. 比较教育研究, 2014(11): 24-29.

⑦ 王后雄, 王星乔. 美国科学教师培养的 NSTA 标准及其启示[J]. 外国中小学教育, 2009(5): 29-33, 8.

⑧ http://www.moe.edu.cn/srcsite/A10/s6991/201209/t20120913_14560[EB/OL].

⑨ Australian Science Teachers Association. Professional Standards for Highly Accomplished Teachers of Science. 2002: 3[EB/OL]. https://research.acer.edu.au/teaching_standards/9.

再比如，我国《中学教师专业标准（试行）》对中学教师的专业知识也提出了如下要求①：

　　教师需要掌握教育知识、学科知识、学科教学知识和通识性知识等四种专业知识；在学科教学知识方面，要求教师掌握所教学科课程标准、掌握所教学科课程资源开发与校本课程开发的主要方法与策略、了解中学生在学习具体学科内容时的认知特点、掌握针对具体学科内容进行教学和研究性学习的方法与策略。

虽然国家已通过"专业标准"对合格中学教师、中学教师专业发展提出了"学科教学知识"的具体要求，也强调"专业标准"对深化教师教育改革的引领作用，但《专业标准》的真正落实、教师 PCK 的最终掌握，却需要众多承担中学教师教育任务的高等院校、教师教育研究者与教师教育工作者的共同探索与实践。教师 PCK 发展研究不仅可以为"中学教师专业标准"的最终落实提供坚实的研究基础，还可以为教师教育改革提供科学的理论依据。

第二节　研究问题及研究意义

一、研究问题

虽然作为教师知识核心内容的学科教学知识，已经进入很多国家的"教师专业标准"，成为国内外教师教育的核心目标，但是，职前阶段究竟要发展教师 PCK 的哪些方面，如何将职前教师 PCK 的发展目标科学合理地融入现有的教师教育框架中，如何处理 PCK 的发展目标与传统的学科教师教育课程目标之间的关系，又如何通过教师教育课程，尤其是学科教师教育课程的开发，促进职前化学教师 PCK 的发展等一系列理论与实践问题，就成为摆在所有化学教师教育者面前一个亟待解决的重要课题。为了解决上述问题，本研究围绕以下问题展开研究：

　　（1）职前化学教师 PCK 的核心要素是什么，具体成分都有哪些？如何建

　　①　教育部关于印发《幼儿园教师专业标准（试行）》《小学教师专业标准（试行）》和《中学教师专业标准（试行）》的通知［EB/OL］. http://www.moe.edu.cn/srcsite/A10/s6991/201209/t20120913_14560.

立指向的职前阶段的化学教师 PCK 模型？

（2）现有教师教育框架下，如何通过教师教育课程，尤其是学科教师教育课程的开发，有效促进职前化学教师 PCK 的发展？

二、研究意义

1. 理论意义

（1）本研究通过文献分析、专家访谈、理性分析和统计验证四种方法构建的职前化学教师 PCK 模型，不仅可以弥补国内外职前教师 PCK 模型研究相对缺乏的状况，为后续研究者开展此类研究提供一定的理论参照与方法借鉴，而且可以直接为各种职前化学教师 PCK 发展研究提供理论基础，为职前阶段的教师教育课程，尤其是学科教师教育课程的设置、开发、教学，提供重要依据。

（2）本研究以个案研究为基础，较为客观、详尽地提出的职前化学教师 PCK 十七种具体成分的"类"与"质"的判定标准，不仅可以从理论层面进一步完善职前化学教师的 PCK 模型，还可以从实践层面应用于职前化学教师 PCK 水平的分析与判定，应用于各种相关研究之中。

2. 实践意义

（1）本研究对促进职前化学教师 PCK 发展的"课程开发"路径的探索，不仅可以弥补国内外这方面研究相对缺乏的状况，为其他师范院校职前化学教师 PCK 的发展提供经验，为其他学科职前教师 PCK 发展提供了很好的思路与很有价值的研究经验，还可以为师范院校融入其他新理念提供了可供参考的思路与经验。

（2）本研究专门为促进职前化学教师 PCK 发展设计的包含"五种学习""三类实践""两次研讨"的课程实施策略以及课程实施过程中开发的一些精致的 PCK 某个要素的学习工具，不仅可以直接用于培养其他师范院校职前化学教师的 PCK，还可以对其他理科教师，比如物理、生物等，PCK 的培养提供参考。

（3）本研究测评个案教师所使用的"PCK 片段与 PCK 图相结合的课堂教学分析方法"，不仅可以清晰直观地表征职前化学教师 PCK 的现有水平与存在的问题，还可以帮助教师教育者发现职前化学教师问题教学行为的真正原因。而这些无论是对于促进职前化学教师 PCK 的发展，还是对于提高和改善职前化学教师的化学教学技能，都是非常有意义的。

第三节　概念界定

一、学科教学知识

学科教学知识的英文表述为"pedagogical content knowledge"，中文译名有四种"教学内容知识"（孙可平①、王芳②等）、"学科教学知识"（杨彩霞③、袁维新④等）、"学科教学法知识"（李广平⑤等）与课目教育学知识（潘蕾琼⑥、曾文婕⑦等）。文献分析显示，国内学者大多使用"学科教学知识"作为 PCK 的译名，本书也采用这一名称。

所谓学科教学知识，是指教师将自己所掌握的学科内容知识转化成学生易于理解的形式的知识（Shulman，1986）。⑧

二、课程开发、课程设计、课程实施与课程评价

"课程开发""课程编制""课程设计""课程实施""课程评价"等，都是课程领域经常使用的基础概念。国内学者对这些概念的理解并不一致，为了方便、明确起见，笔者采用施良方和皇甫全等学者的观点来指导本书的研究工作。

---

① 孙可平. 理科教师培养的新视角：教学内容知识[J]. 全球教育展望，2008(5)：65-69.

② 王芳，卢乃桂. 教学内容知识：教师教育中教学实践课程的重点[J]. 教育发展研究，2010(1)：69-73.

③ 杨彩霞. 教师学科教学知识：本质、特征与结构[J]. 教育科学，2006，22(1)：60-63.

④ 袁维新. 学科教学知识：一个教师专业发展的新视角[J]. 外国教育研究，2005，32(3)：10-14.

⑤ [美]格罗斯曼；李广平、何晓芳等. 专业化的教师是怎样炼成的[M]. 北京：人民教育出版社，2012：目录.

⑥ 潘蕾琼，皇甫全. 课目教育学知识的译名与概念辨析[J]. 当代教师教育，2015，8(4)：65-41.

⑦ 曾文婕. 西方教师教育课程改革新进展：课目教育学知识的视角[J]. 教育发展研究，2014(15-16)：68-75.

⑧ Shulman L. S. Those who understand：Knowledge growth in teaching[J]. Educational Researcher，1986(15)：4-14.

"课程开发"(curriculum development)，在国内最早被翻译成"课程编制"，是指完成一项课程计划的整个过程，它包括确定教学目标、选择和组织课程内容、实施课程和评价课程等阶段。①②

"课程设计"(curriculum design)是指课程所采用的一种特定的组织方式，它主要涉及课程的目标以及课程内容的选择与组织。③④

"课程实施"(curriculum implementation)是指把新的课程计划付诸实践的过程。⑤

"课程评价"(curriculum evaluation)是指研究课程价值的过程。⑥

课程设计、课程实施与课程评价都是课程开发的步骤之一。它们之间的关系，可以用图 1-1 表示。

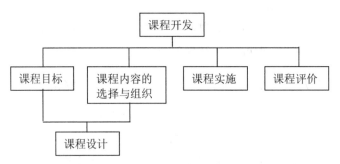

图 1-1　课程开发、课程设计、课程实施与课程评价之间的关系

三、学科内容知识

国外学者有关学科内容知识的英文表述并不一致，归纳起来主要有两种：一是"subject matter content knowledge"或"content knowledge"(Shulman，1986，

①　施良方. 课程理论：课程的基础、原理与问题[M]. 北京：教育科学出版社，1996：81.

②　皇甫全，王嘉毅. 课程与教学论[M]. 北京：高等教育出版社，2002：192.

③　皇甫全，王嘉毅. 课程与教学论[M]. 北京：高等教育出版社，2002：192.

④　施良方. 课程理论：课程的基础、原理与问题[M]. 北京：教育科学出版社，1996：81.

⑤　施良方. 课程理论：课程的基础、原理与问题[M]. 北京：教育科学出版社，1996：128.

⑥　施良方. 课程理论：课程的基础、原理与问题[M]. 北京：教育科学出版社，1996：149.

1987；Mishra et，al.，2006），简称 CK；二是"subject matter knowledge"（Grossman，1990；Magnusson，1999；Rollnick，2008；Nilsson，2008）或"knowledge of subject matter"（Van Driel，J. et，al.，2002），简称 SMK。为了与前文中对舒尔曼定义的认同保持一致，也为了方便后期对 PCK 发展机制的分析，本研究采用 CK 这一简称表示"学科内容知识"。

学科内容知识，在舒尔曼看来，指的是教师头脑中学科知识本身的数量与结构。其中，学科知识数量，是指某一学科领域内的事实性知识与概念原理性知识（后来舒尔曼的学生格罗斯曼把它称为内容知识，Grossman，1990）。学科知识结构，参照施瓦布的观点，可以分成实体结构（substantive structure）与句法结构（substantive structure）两种。实体结构是指那些可以将学科最基本概念原理与学科基本事实建立实质联系的各种组织形式。句法结构是指用于判定学科知识正确与谬误、有效与无效的一套法则。

掌握学科内容知识，从教师角度看，不仅意味着能够说清楚学科内已得到公认的正确知识，还意味着能够解释清楚一个命题为什么正确、为什么值得学习以及一个命题如何与学科内外的其他命题建立联系、如何在理论与实践上建立联系（Shulman，1987）。

四、一般教学法知识

一般教学法知识的英文表述为"general pedagogical knowledge"（简称 GPK）（eg. Shulman，1987；Grossman，1990）或"pedagogical knowledge"（Mishra et，al.，2006），中文译名主要有两种，即"一般教学法知识"（刘清华，2005[①]；杨彩霞，2006[②]；李广平等译，2012；潘小明，2015[③] 等）和"一般教育学知识"（徐学福，2011[④]；李伟胜，2012[⑤]；解书，2013[⑥]）。虽然 pedagogy 有

[①] 刘清华. 学科教学知识的结构观[J]. 河南大学学报（社会科学版），2005，45（1）：134-137.
[②] 杨彩霞. 教师学科教学知识：本质、特征与结构[J]. 教育科学，2006，22（1）：60-63.
[③] 潘小明. 学科教学知识（PCK）的理论及其发展[J]. 教育探索，2015（1）：20-28.
[④] 徐学福. 理论失位与实践转向[J]. 全球教育展望，2011（5）：27-32，64.
[⑤] 李伟胜. 学科教学知识（PCK）的核心内涵辨析[J]. 西南大学学报（社会科学版），2012，38（1）：26-31.
[⑥] 解书、马云鹏、李秀玲. 国外学科教学知识内涵研究的分析与思考[J]. 外国教育研究，2013，40（6）：59-68.

"教育学"与"教学法"两个中文意思，但本书最终选择"一般教学法知识"作为译名，主要原因有两个：一是考虑到国内学者大多使用"一般教学法知识"作为译名，采用这一名称便于学术交流；二是舒尔曼是在探讨"教学中的知识增长"(1986)与"教学与知识"关系(1987)的大背景下提出的学科教学知识，其更多关注的是与教学联系更为密切且能够与学科内容知识一起"转换"(transformation)成学科教学知识的"一般教学法知识"，而不是内容过于宽泛的"一般教育学知识"。

一般教学法知识，是独立于学科知识之外的关于课堂管理与组织的原理和策略性知识(Shulman，1987)，是关于教与学的过程、实践或方法以及一般性教育目的、价值与目标的丰富知识(Mishra et.，2006)。一般教学法知识具体包括关于教学、课堂组织与管理、教学模式与策略、课堂交流等的一般性知识(Nilsson，P.，2008)。

五、前提知识

前提知识(prerequisite knowledge)是马格努森等人在解释 PCK 要素"学生科学理解知识"第一种类型"特定主题学习要求"(Knowledge of Requirements For Learning)时提到的一个概念(Magnusson，1999)。马格努森等人认为，教师具有的学生特定科学概念学习所必需的前提知识，包括学生可能需要的各种能力和技能知识。比如，如果教师的目的是想让学生通过观察热力学变化过程中的现象来学习温度，那么她(或他)就必须知道如何帮助学生发展他们所必需的搜集和解释温度数据的知识与技巧，例如，如何查看温度计读数。

前提知识是特定内容学习时学生的必备学科知识与技能。前提知识与特定内容之间存在着严格的逻辑关系：前提知识是特定内容学习顺利进行的逻辑前提。特定内容的前提知识是客观的，是共性的。

为了更清楚地认识前提知识，这里补充说明两点：

第一，本书把 prerequisite knowledge 翻译成"前提知识"，而不是前提性知识，主要是因为"前提性知识"已经作为哲学概念出现在文献中，比如，闫喜凤就专门论述过前提性知识，认为"前提性知识是同经验和理论不同的第三种知识"。[①]

第二，注意区分前提知识与原有知识。学生的原有知识不是教材中出现过的知识，也不是教师讲过的知识。学生原有知识是学生自己所掌握的知识，是

---

① 闫喜凤. 论前提性知识的结构和功能[J]. 自然辩证法研究，1999，15(8)：22-27.

学生能够说得出来，能够运用的并且信以为真的知识。① 与前提知识不同，原有知识是一种非常个性化的知识。学生不同，原有知识不同。原有知识是因材施教的逻辑前提。

六、教学策略知识

教学策略知识是指教师拥有的、旨在促进学生特定概念理解的策略性知识（Magnusson，1999）。教学策略知识可以大致分成两种类型：活动知识与表征知识。

活动知识是指能够用于帮助学生理解特定概念或者关系的教学活动的知识。这些知识不仅包括活动内涵、特征与实施的详细知识，还包括每种活动呈现、表示、澄清特定概念或关系关键信息程度大小的知识。科学教学中常见的教学活动包括问题（problems）、示范（demonstrations）、模拟（simulations）、调查（investigations）、实验（experiments）等。

表征知识主要是指能够用于促进学生理解的、特定概念或原理表征方式的知识。这种知识不仅包括教学中常见表征方式类型、内涵、优缺点的知识，还包括教师为帮助学生理解特定概念或关系而提出全新表征方式的能力。科学教学中常见的表征方式包括插图（illustrations）、实例（examples）、模型（models）、类比（analogies）等。

---

① 邵燕楠，黄燕宁. 学情分析：教学研究的重要生长点[J]. 中国教育学刊，2013（2）：60-63.

第二章　文献综述

本章通过对国内外相关文献的系统考查与深入分析，了解国内外 PCK 研究的动态与存在的问题，为本研究找到立足点。考虑到学科教学知识（PCK）研究文献数量较多，本书在搜集相关文献时均采用"题名中包含特定关键词"的方式。对国外文献来说，采用 Pedagogical content knowledge 作为关键词在题名中检索，以 1986—2019 年发表的 SSCI 收录的英文论文和 3 本专著为主要综述对象。对国内文献来说，采用 PCK、"学科教学知识"和"教学内容知识"作为关键词在题名中检索，以 2000 年至今发表的核心期刊论文、博硕论文与三本专著为主要综述对象。其中，3 本专著分别是范良火的《教师教学知识发展研究》、朱晓民的《语文教师教学知识发展研究》与李广平、何晓芳等翻译的美国学者帕梅拉·格罗斯曼（P. L. Grossman）的著作《专业化的教师是怎样炼成的》。下面将从国外、国内两个视角展开对 PCK 文献的研究与分析。

第一节　国外文献综述

PCK 的概念最早出现于 1985 年舒尔曼的主席演说中。随后，该主席演说又以研究报告的形式发表于美国教育研究协会会刊《教育研究者》。这篇论文中，舒尔曼通过对 19 世纪和 20 世纪 80 年代美国教师资格考试内容以及各种教学研究文献的分析，批评研究者无论是在训练和评价职前教师的实践中，还是在有效教学和教师训练实践的研究中，都很少关注学科内容；指出教学和教师教育研究存在"范式缺失"，并为此提出 PCK 概念，强调学科内容在教学和教师教育研究中的关键角色；认为 PCK 是教学知识中最特殊的部分，是最能将内容专家与学校教师相区分的知识。① 自此以后，PCK 研究得到了世界各国学者的广泛关注和持续研究。考虑到国外 PCK 研究文献数量较多以及本研

---

① Shulman, L. S. Those who understand：Knowledge growth in teaching［J］. Educational Researcher，1986，15：4-14.

究专门针对化学学科的特点，笔者将从整体趋势、内涵与模型研究、测评方法研究、发展研究、与化学相关的 PCK 研究等 5 个方面分别进行论述。

一、学科教学知识研究的整体趋势

从 1986 年舒尔曼提出 PCK 到 2019 年的 34 年期间，世界各国学者围绕着 PCK 这一概念进行了大量而又深入的研究与探讨。

通过 web of science 检索，1986 年以来 SSCI 收录期刊发表的 PCK 研究论文数量按年份排列如图 2-1 所示。

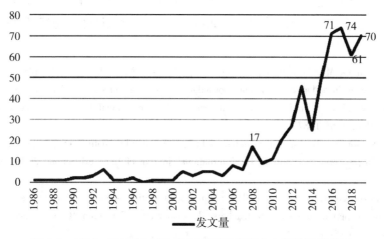

图 2-1　1986—2019 年 SSCI 收录期刊发表英文文献数量趋势图

从图 2-1 可以看出，世界范围内 PCK 研究文献数量从整体上看呈稳定的逐年上升趋势，最近四年(2016—2019)维持在一个比较高的发文量水平(每年 70 篇左右)。由此看来，PCK 研究不仅是国际教师教育领域的经典课题，也是近年来教师知识研究的热点问题，值得我们深入研究与探索。

如果将所有 SSCI 收录期刊中发表的 PCK 研究文献，按研究领域进行划分，则主要可以分成三类研究：一是有关 PCK 本体问题的研究，主要包括 PCK 的本质、内涵、类型、性质(主题对应性的实证①)、来源、模型、测评

---

① Sevgi Aydin, Friedrichsen P M, YezdanBoz, et al. Examination of the topic-specific nature of pedagogical content knowledge in teaching electrochemical cells and nuclear reactions[J]. Chemistry Education Research and Practice, 2014, 15: 658-674.

方法与评价标准，PCK 内部各要素之间关系（比如 PCK 与 SMK 之间的关系①、PCK 与 PK 之间的关系②等）、PCK 要素间的整合本质③、PCK 的思想渊源④以及 PCK 研究的反思与追问⑤等；二是有关各学科、各层次学校教师的 PCK 发展研究，涉及学科主要包括数学、科学、化学、物理、生物、地理、体育、技术等，涉及层次主要包括幼儿园、中小学、大学等；三是有关各学科 PCK 子概念的提出与发展，比如化学学科教学知识（PChK）⑥、数学学科教学知识（MPCK）⑦、整合技术的学科教学知识（TPACK⑧ 或 TPCK⑨）、写作学科教学知识（LPCK）⑩等。

以上三类研究中，有关 PCK 本体问题的研究，近年来虽然已呈现弱化的趋势，但也形成了一定的共识，比如有关 PCK 的内涵与模型就已经形成了认

---

① Rollnick M., Bennett J., Rhemtula M., Dharsey N., Ndlovu T. The place of subject matter knowledge in pedagogical content knowledge: a case study of south African teachers teaching the amount of substance and chemical equilibrium[J]. International Journal of Ence Education, 2008, 30(10), 1365-1387.

② Nilsson P. Teaching for understanding: the complex nature of pedagogical content knowledge in pre service education[J]. International Journal of Ence Education, 2008, 30(10), 1281-1299.

③ Sevgi Aydin, Yezdan Boz. The nature of integration among PCK components: A case study of two experienced chemistry teachers[J]. Chemistry Education Research and Practice, 2013, 14(4): 615-624.

④ Zongyi Deng. Transforming the Subject Matter: Examining the Intellectual Roots of Pedagogical Content Knowledge[J]. Curriculum Inquiry. 2007, 37(3): 279-295.

⑤ Abell S. K. Twenty years later: does pedagogical content knowledge remain a useful idea? [J]. International Journal of Ence Education, 2008, 30(10): 1405-1416.

⑥ Janet Bond-Robinson. Identifying pedagogical content knowledge (PCK) in the chemistry laboratory[J]. Chemistry Education Research and Practice, 2005, 6 (2): 83-103.

⑦ Lim-Teo S. K., Chua K. G., Cheang, W. K., & Yeo, J. K. The development of diploma in education student teachers' mathematics pedagogical content knowledge[J]. International Journal of Science & Mathematics Education, 2007, 5(2): 237-261.

⑧ Mishra P., & Koehler M. J. Technological pedagogical content knowledge: a framework for teacher knowledge[J]. Teachers College Record, 2006(108): 1017-1054.

⑨ 魏壮伟、周青. 职前教师 TPACK 核心要素 TPCK 的现状调查与分析——以职前化学教师为例[J]. 全球教育展望, 2015(8): 74-84.

⑩ Love K. Literacy pedagogical content knowledge in secondary teacher education: reflecting on oral language and learning across the disciplines[J]. Language & Education, 2009, 23(6): 541-560.

可度比较高的研究成果；有关各学科 PCK 子概念的提出与发展，除数学领域的 MPCK 与整合技术的学科教学知识（TPACK）近年来得到了广泛关注、形成较多共识以外，其他学科 PCK 子概念的研究，包括化学领域的 PChK，由于缺乏后续研究的跟进，因此，并没有引起太多关注，也没能达成什么共识；有关各学科、各层次学校教师的 PCK 发展研究，是三类研究中一直保持高关注度的一类研究，也是近年来 PCK 研究的主流方向。

二、有关学科教学知识内涵与模型的研究

自舒尔曼（1986）提出 PCK 概念以来，随着研究的深入，包括舒尔曼在内的众多研究者，比如塔米尔（Tamir，1988）、保尔和安德森（Ball & Anderson，1989）、格罗斯曼（Grossman，1990）、马克斯（Marks，1990）、科克伦（Cochran et，al.，1993）、马格努森（Magnusson et，al.，1999）、帕克（Park，2008）、劳伦（Loughran，2000）、施耐德（Schneider et，al.，2012）等，都对 PCK 的内涵与模型进行了修正或拓展。

按照 PCK 与 CK 的关系，即它们是相对独立的还是相互融合的，可以把现有的 PCK 内涵与模型分成两类：一类是认同舒尔曼的观点，主张学科教学知识是一种不同于学科知识的独立的知识形态，比如，格罗斯曼 PCK 四要素模型①和马格努森的 PCK 五要素模型②；另一类则认为学科知识应该包含在学科教学知识之中，比如，科克伦的四要素模型③、费尔南德斯的五要素模型④。从现有的研究看，学科教学知识与学科知识相对独立，学科教学知识不包含学科知识，已然得到世界范围内绝大多数学者的认同。

按照学科教学知识本质上是一种静态的认识结果还是一种动态的认识能力，也可以把 PCK 的内涵与模型分成两类：一类强调从知识发展的动态本质

---

①　Grossman P. L. The making of a teacher：Teacher knowledge and teacher education[M]. New York：Teachers College Press，1990.

②　Magnusson S.，Krajcik J.，& Borko H. Nature，sources and development of pedagogical content knowledge[M]// Gess-Newsome J. & Lederman N G. eds.，Examining pedagogical content knowledge. Dordrecht，The Netherlands：Kluwer，1999：95-132.

③　Cochran K F，Deruiter J A，King R A. Pedagogical Content Knowing：An Integrative Model for Teacher Preparation[J]. Journal of Teacher Education，1993，44(4)：263-272.

④　Juan-Miguel Fernández-Balboa，& Stiehl，J. The generic nature of pedagogical content knowledge among college professors[J]. Teaching & Teacher Education，1995，11(3)：293-306.

出发，把学科教学知识概念修正为"学科教学认识"（pedagogical content knowing）；另一类则强调从静态认识结果的层面去理解。就现阶段而言，大多数学者的 PCK 内涵都属于这一层面的认识。虽然科克伦提出的学科教学认识的概念①，引发了很多人的思考，但由于这种理解太过于强调科学认识的动态性，而忽视了科学认识的稳定性，给人们认识、理解、使用与发展学科教学知识，引入了很大的不确定，增加了很多不可操作的成分，因此，并没有真正得到大家的认可。

按照模型提出方法的不同，还可以把 PCK 的内涵与模型分成以下三类：一是采用理性分析方法，分析指出并加以解释，比如，舒尔曼的二要素模型、格罗斯曼的四要素模型②、马格努森的五要素模型③；二是采用文献综述方法，归纳得出并加以解释，比如，帕克的五边形模型④与施耐德的五要素模型⑤；三是采用个案研究法，在对个案进行"深描"的基础上，分析提出并加以论述，比如，帕克的六要素模型⑥。不过，单从方法角度看，截至目前，所有已经建构的 PCK 模型均没有采用统计方法进行科学性检验。

按照 PCK 所包含的要素的多少，还可以把 PCK 的内涵与模型分成 2 要素、3 要素⑦、4 要素、5 要素、6 要素、7 要素和 12 要素七类，比如，李

---

① Cochran K F, Deruiter J A, King R A. Pedagogical Content Knowing：An Integrative Model for Teacher Preparation[J]. Journal of Teacher Education, 1993, 44(4)：263-272.

② [美]格罗斯曼；李广平、何晓芳等. 专业化的教师是怎样炼成的[M]. 北京：人民教育出版社，2012：9.

③ Magnusson S., Krajcik J., & Borko H. Nature, sources and development of pedagogical content knowledge [M]// Gess-Newsome J. & Lederman N G., Eds. Examining pedagogical content knowledge. Dordrecht, The Netherlands：Kluwer, 1999：95-132.

④ Park S. & Oliver J. S. National Board Certification(NBC) as a Catalyst for Teachers' Learning about Teaching：The Effects of the NBC Process on Candidate Teachers' PCK Development [J]. Journal of Research in Science Teaching, 2008, 45(7)：812-834.

⑤ Rebecca M. Schneider & Plasman K. Science Teacher Learning Progressions：A Review of Science Teachers' Pedagogical Content Knowledge Development[J]. Review of Educational Research, 2011, 81(4)：530-565.

⑥ Park S. & Oliver J. S. Revisiting the Conceptualisation of Pedagogical Content Knowledge (PCK)：PCK as a Conceptual Tool to Understand Teachers as Professionals[J]. Studies in Science Education, 2008, 38：261-284.

⑦ 解书，马云鹏，李秀玲. 国外学科教学知识内涵研究的分析与思考[J]. 外国教育研究，2013，40(6)：59-68.

(Lee)认为 PCK 包含学科知识、定位知识、学生知识、课程组织知识、评量知识、教学知识和资源知识七种要素①，而劳伦则认为 PCK 是由相互影响的十二种要素构成的混合物，具体包括学的观念、教的观念、学科内容的理解、关于孩子们的科学概念和非正式概念的实践与知识、时间、背景、对学生的理解、有关科学知识的观念、教学实践、决策、反思、有关实践(信念或观念)的外显成分与缄默成分。②

纵观近 34 年的研究文献，可以发现：在以上所有关于 PCK 内涵与模型的研究中，舒尔曼的二要素模型、格罗斯曼的四要素模型与马格努森的五要素模型应用最为广泛。其中，舒尔曼的 PCK 模型是其他所有学者修正或拓展 PCK 模型的基础。舒尔曼二要素模型的两种组成要素，也是其他所有 PCK 模型都显著强调的组成要素(Van Driel J. et al., 2002③；E. Adadan. et al., 2014④)。而马格努森的 PCK 模型则是科学教育领域内提出最早、认可度最高的 PCK 模型(Kind，2009⑤)。

三、有关学科教学知识测评的研究

PCK 进行测量与评价是 PCK 研究的一个基本问题。为了测评教师的 PCK，国外研究者尝试或设计了很多方法，归纳起来，主要包括以下几类：

1. 纸笔测验法

作为一种早已广泛应用于教师态度与信念的测量与评价，纸笔测验法很早

① Lee E, Luft, et al. Experienced secondary science teachers' representation of pedagogical content knowledge[J]. International Journal of Science Education, 2008, 30(10): 1343-1363.

② Loughran J., Gunstone R., Berry A., Milroy P., Mulhall P. Science cases in Action: Developing an understanding of science teachers' pedagogical content knowledge[R]. New Orleans, LA: Paper presented at the annual meeting of the National Association for Research in Science Teaching, 2000.

③ Driel J. H. V. Jong O. D. Verloop N. The development of preservice chemistry teachers' pedagogical content knowledge[J]. Science Education, 2002, 86(4): 572-590.

④ Adadan E. Oner D. Exploring the Progression in Preservice Chemistry Teachers' Pedagogical Content Knowledge Representations: The Case of "Behavior of Gases"[J]. Research in Science Education, 2014, 44(6): 829-858.

⑤ Kind V. Pedagogical content knowledge in science education: potential and perspectives for progress[J]. Studies in Science Education., 2009, 45 (2): 169-204.

就被开发、使用于教师 PCK 的测评。卡尔森（Rorert E. Carlson，1990①）、克罗姆里和伦佛罗（Kromrey & Renfrow，1991）、斯蒂芬和范德瑞尔等人（S. Schmelzing 和 Van Driel J. H.，et al.，2013②）等，都曾经对检验教师 PCK 的多项选择测验题进行过研究探讨。尽管学者们在开发纸笔测验题方面做了很多工作，比如，克罗姆里和伦佛罗③在 PCK 多项选择测验题的开发过程中，不仅给出测验题的操作性定义、总结概括出测验题的四种主要类型，还探索指出了一个好的测验题的三种有效途径，但不可否认的是包含多项选择测验题和李克特自我报告量表在内的纸笔测验法至今没有获得广泛使用（Baxter & Lederman，1999④）。

学者们对纸笔测验法的质疑通常有两种观点：一是认为不存在唯一正确的一套答案，且唯一正确的一套答案会限制教师的创造性回应、会掩饰或歪曲教师的专业化知识（Kagan，1990⑤）；二是认为有很多教师技能无法用纸笔测验法进行检测，纸笔测验法也无法避免它们只能最低程度反映教师专业知识的风险（Haertel，1991⑥）。

2. 访谈法

访谈法是一种已经被广泛采用的教师 PCK 测评方法，也是一种从 PCK 提出到目前为止一直被采用的教师 PCK 测评方法。国外很多 PCK 研究者，比如

---

① Carlson R E. Assessing teachers' pedagogical content knowledge：Item development issues［J］. Journal of Personnel Evaluation in Education，1990，4（2）：157-163.

② Schmelzing S，Driel J H V，Jüttner M，et al. Development，Evaluation，And Validation of A Paper-And-Pencil Test For Measuring Two Components Of Biology Teachers' Pedagogical Content Knowledge Concerning The "Cardiovascular System"［J］. International Journal of Science & Mathematics Education，2013，11（6）：1369-1390.

③ Kromrey J. D. & Renfrow，D. D. Using multiple choice examination items to measure teachers' content-specific pedagogical knowledge. Paper presented at the annual meeting of the Eastern Educational Research Association，BOTSon. 1991.

④ Baxter Juliet A.，and Lederman N. G. Assessment and measurement of pedagogical content knowledge. Examining Pedagogical Content Knowledge［M］. Springer Netherlands，1999：147-161.

⑤ Kagan D. M. Ways of evaluating teacher cognition：Inferences concerning the Goldilocks Principle［J］. Review of Educational Research，1990，60（3）：419-469.

⑥ Haertel E. New forms of teacher assessment［J］. Review of Research in Education，1991（17）：3-29.

格罗斯曼（Grossman，1990）、洛维尼奥（Rovegno I C，1992①）、克莱蒙特（Clermont C P，1993；1994②）、米格尔（Juan-Miguel，1995）、奥姆罗德（J. E. Ormrod，1996③）、亨瑟（Ineke Henze et al.，2008）等，都曾经用这种方法去测评教师的 PCK。不过，已有研究中，仅有少数研究者单独使用访谈法作为教师 PCK 的测评方法，比如，克莱蒙特的临床访谈（Clinical interviews）④、米格尔的现象学访谈（phenomenological interviews）⑤、亨瑟的半结构访谈⑥等，大多数时候，学者们会将访谈法与其他方法结合起来，共同完成教师 PCK 的测评。

3. 备课任务法

作为一种调查职前教师教学先备知识的重要方法，备课任务法（lesson preparation task）最早出现在 1995 年挪威奥斯陆召开的欧洲教师教育协会（ATEE）年会上会议主题为"科学与数学教师培养"的第二分会场上。会场上，备课任务法一经部分数学研究者与教师教育者提出，就得到了同处在第二分会场的物理与化学研究者的积极响应，并展开了相关研究，比如瓦尔克（Valk et al.，1999）、奥尔德汉姆（Oldham et al.，1999⑦）、弗雷德里克

---

① Rovegno I C. Learning to teach in a field-based methods course: The development of pedagogical content knowledge[J]. Teaching & Teacher Education, 1992, 8(1): 69-82.

② Clermont C. P., Borko H., & Krajcik J. S. Comparative study of the pedagogical content knowledge of experienced and novice chemical demonstrators [J]. Journal of Research in Science Teaching, 1994, 31(4): 419-441.

③ Ormrod J. E. & Cole D. B. Teaching Content Knowledge and Pedagogical Content Knowledge: A Model from Geographic Education[J]. Journal of Teacher Education, 1996, 47(1): 37-42.

④ Clermont C. P. Krajcik J S, Borko H. The influence of an intensive in-service workshop on pedagogical content knowledge growth among novice chemical demonstrators[J]. Journal of Research in Science Teaching, 1993, 30(1): 21-43.

⑤ Fernández-Balboa J. M., Stiehl J. The generic nature of pedagogical content knowledge among college professors[J]. Teaching & Teacher Education, 1995, 11(3): 293-306.

⑥ Ineke Henze, Jan H. van Driel, Nico Verloop. Development of Experienced Science Teachers' Pedagogical Content Knowledge of Models of the Solar System and the Universe[J]. International Journal of Science Education, 2008, 30(10): 1321-1342.

⑦ Elizabeth Oldham, Ton Van Der Valk, Harrie Broekman & Sarah Berenson. Beginning Pre-service Teachers' Approaches to Teaching the Area Concept: identifying tendencies towards realistic, structuralist, mechanist or empiricist mathematics education [J]. European Journal of Teacher Education, 1999, 22(1): 23-43, DOI: 10. 1080/0261976990220103.

（Frederik et al.，1999①）、德容(de Jong et al.，1999②)等也都在自己的学科领域进行了备课任务法相关研究工作。

备课任务法是一种研究者首先要求职前教师在真实的教室环境中针对某一特定学科主题进行备课，而后又在备课的基础上对职前教师进行访谈的 PCK 测评方法。③ 备课任务法的使用，不仅受到任务本身的影响，还受到完成任务所在环境的影响，因此，备课主题的选择、备课任务的细节要求、备课后的访谈以及研究环境的精心设计对于备课任务法的使用来说至关重要。

第一，备课主题的选择。用于测评职前教师 PCK 的学科主题必须仔细选择。生活中常见、学习中抽象、学生经常感到困难以及学科教师教育课程中也很重要，是学科主题选择的四个标准。

第二，备课任务的细节要求。备课任务的细节要求主要有五个：①任务方面，要求备一节有关既定主题的 40 分钟的课，并且要求这节课必须适合给定年级和水平的班级的学生；②备课时间方面，要求在教室里单独备课 1 小时，备课从受到指令开始计时，备课时职前教师之间不能相互交流备课内容；③教室环境方面，备课教室在一个设备齐全的数学教室或科学实验室，教室内相关教学设备与材料，比如黑板、投影仪、尺子、学科所需特定材料等，一应俱全；④学生教材方面，要求职前教师在备课时不能参照该学科的学生教科书；⑤先前课程方面，备课时会告诉职前教师，今天备课主题的部分内容在先前课程中已经出现过。

第三，备课后的访谈。备课后的访谈用时 45 分钟，包括报告(the report) 和提问(the question)两个部分。在报告部分，具体要求是：①职前教师被邀请去解说他们备好的课；②解说的时候，职前教师可以借用相关课程材料(比如书写好的小黑板、演示用的立方体、一支温度计或一只燃烧的蜡烛)；③通过

① Ineke Frederik, Ton Van Der Valk, Laurinda Leite & Ingvar Thorén. Pre-service Physics Teachers and Conceptual Difficulties on Temperature and Heat[J]. European Journal of Teacher Education, 1999, 22(1): 61-74, DOI: 10. 1080/0261976990220105.

② De Jong O.; Ahtee M.; Goodwin A.; Hatzinikita, V.; Koulaidis, V.. An International Study of Prospective Teachers' Initial Teaching Conceptions and Concerns: the case of teaching 'combustion'[J]. European Journal of Teacher Education, 1999, 22(1): 45-59, DOI: 10. 1080/0261976990220104.

③ Van Der Valk, Ton. & Broekman, Harrie. The Lesson Preparation Method: a way of investigating pre-service teachers' pedagogical content knowledge[J]. European Journal of Teacher Education, 1999, 22(1): 11-22, DOI: 10. 1080/0261976990220102.

汇总反馈，访谈者鼓励职前教师解释他们备好的课，并通过追问以帮助职前教师说得更清楚、更具体一些。在提问部分，指导提问的访谈提纲包括舒尔曼提及的 PCK 的 5 个方面：①学生先备知识；②学生的问题；③相关表征（表征所用材料，比如黑板、胶片等）；④策略；⑤学生活动，比如，剪出各种图形。另外，访谈提纲中还包含其他一些有关职前教师教与学的问题。

除此以外，备课任务法的实施需要注意以下几点：

①备课任务法实施的最佳时机是大多数职前教师首次备课的时候。

②职前教师在备课的时候，被要求记笔记，但没有格式要求，且任务结束后要求上交。

③访谈需要被录音，且访谈时，职前教师可以使用笔记和其他上课材料（如幻灯片或剪纸图片），最终所有这些材料也需要上交。

通过以上分析可以看出，备课任务法是一种考虑周全、设计精密的促进被试人员表达 PCK 的有效方法。由于备课任务法使用过程的烦琐与耗费大量时间和精力才能完成的事实，限制了其应用的范围，因此，该方法也没能得到广泛应用。

4. 图画表征法

图画表征法是一种通过图画表示关键术语及术语之间关系来检测教师知识结构的常用工具。由于概念图实际上是一种特殊的图画表征，而卡片分类也可以看作概念图的替代形式，是一种超越纸面的、更加直观的图画表征，因此，本书把概念图、卡片分类与图画表征三种具体方法统称为"图画表征法"。尽管图画表征法早已被一些认知研究者当作教师知识与信念的研究工具，但是迄今为止，真正用这类方法直接研究 PCK 的并不多，很多研究都只是用它们去间接推测教师 PCK 及其变化。

艾丁等人（Sevgi Aydin et al., 2014）[①]在调查教师 PCK 的第一要素"科学教学取向"的时候，就采用了卡片分类活动。研究对象被要求把研究者事先准备好的、写有特定主题教学案例的卡片分成"特别符合""完全不符合"与"不确定"三类。"特别符合"指的是与他们自己科学教学一致性最高的案例卡片；"完全不符合"指的是与他们自己科学教学完全不同的案例卡片；"不确定"指

---

① Aydin S, Friedrichsen P M, Boz Y, et al. Examination of the topic-specific nature of pedagogical content knowledge in teaching electrochemical cells and nuclear reactions [J]. Chemistry Education Research & Practice, 2014, 15(4)：658-674.

的是无法判断的案例卡片。分类后，艾丁等人要求被试说出同一组案例的共同点，讨论这些案例与他们自己教学的异同点。

总的来说，虽然包含概念图、卡片分类与图画表征在内的图画表征法，已经被证明是教师教育领域内有用的研究工具，但是它仍然面临以下两种质疑：一是认为图画表征法仅适用于短期研究，仅适用于研究教师知识的短暂性变化，对于理解 PCK 价值不大(Kagan，1990)①；二是认为图画表征并不能反映长时记忆中的知识(Phillips，1983)②，它的结果具有模糊性，也就是说，画出同样结果的两个被试所拥有的知识也有可能差异很大。

5. 内容表征-教学经验模型

内容表征-教学经验模型是澳大利亚学者劳伦等人（Loughran et al.，2001③）开发的、专门用于捕获、描绘或表达科学教师 PCK 的专业测评工具。它最显著的特征就是能够将结构表征与叙事描述结合起来，并从整体和细节两个方面勾勒出教师的 PCK。经过劳伦等人（Loughran et al.，2004④；2006⑤）的不断研究与完善，截止目前，内容表征-教学经验模型作为一种专业的 PCK 测评方法，已经得到了科学教育领域众多研究者的接受与使用，罗尔尼克（Rollnick et al.，2008⑥）、休谟（Hume et al.，2011⑦）、勃特伦（Bertram et

---

① Kagan D. M. Ways of evaluating teacher cognition：Inferences concerning the Goldilocks Principle[J]. Review of Educational Research, 1990, 60(3)：419-469.

② Phillips D. C. On describing a student's cognitive structure [J]. Educational Psychologist, 1983, 18(2)：59-74.

③ Loughran J, Milroy P, Berry A, et al. Documenting Science Teachers' Pedagogical Content Knowledge Through PaP-eRs[J]. Research in Science Education, 2001, 31(2)：289-307.

④ Loughran J, Mulhall P, Berry A. In search of pedagogical content knowledge in science：Developing ways of articulating and documenting professional practice[J]. Journal of Research in Science Teaching, 2004, 41(4)：370-391.

⑤ Loughran J, Mulhall P, & Berry, A. Understanding and Developing Science Teachers' Pedagogical Content Knowledge[M]. Sense Publishers, 2006：19-20, 21-27.

⑥ Dharsey N. The Place of Subject Matter Knowledge in Pedagogical Content Knowledge：A case study of South African teachers teaching the amount of substance and chemical equilibrium[J]. International Journal of Science Education, 2008, 30(10)：1365-1387.

⑦ Hume A, Berry A. Constructing CoRes—a Strategy for Building PCK in Pre-service Science Teacher Education[J]. Research in Science Education, 2011, 41(3)：341-355.

al.，2012①）、安德丹（Adadan et al.，2014②）等人的研究都是以内容表征-教学经验模型为 PCK 测评方法展开相关研究的。

关于"内容表征-教学经验模型"这一 PCK 测评方法的结构，张小菊和王祖浩在 2014 年已经以"学科教学知识的结构化——叙事表征"③为题专门进行了说明。通过对劳伦及其研究团队多年成果的分析归纳，他们认为，内容表征-教学经验模型通常包括内容表征表（Content Representation，简称 CoRe）和教学经验库（Pedagogical and Professional-experience Repertoire，简称 PaP-eRs）两个部分，且这两个部分对教师 PCK 的表征都是从"对学科内容的理解""对学生学习的理解"与"对教学策略与方法的理解"三个角度进行阐述的（见图 2-2）。

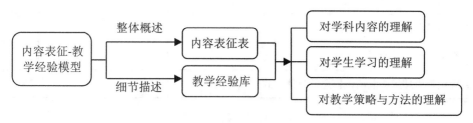

图 2-2　内容表征-教学经验模型结构图

"内容表征表"部分，指向特定科学内容，结构化地表达教师在面对特定学生时，对特定学科主题内容的整体处理方式及其原因——教什么、如何教、为什么教——以命题的形式出现④，通常用表格的形式来表达（见表 2-1）。

---

① Bertram A. & Loughran J. Science Teachers' Views on CoRes and PaP-eRs as a Framework for Articulating and Developing Pedagogical Content Knowledge[J]. Research in Science Education，2012，42：1027-1047.

② Adadan E，Oner D. Exploring the Progression in Preservice Chemistry Teachers' Pedagogical Content Knowledge Representations：The Case of "Behavior of Gases"[J]. Research in Science Education，2014，44(6)：829-858.

③ 张小菊. 学科教学知识的结构化—叙事表征—内容表征—教学经验模型[J]. 外国教育研究，2014，41(3)：50-57，128.

④ Mulhall P，Berry A，Loughran J. Frameworks for representing science teachers' pedagogical content knowledge[J]. Asia-Pacific Forum on Science Learning and Teaching，2003，4(2).

表 2-1 劳伦等人开发的某一特定科学主题的内容表征表

这种内容表征表是为( )年级设计的； 内容领域：( )	重要的科学观念或大概念			
	大概念 A	大概念 B	大概念 C	……
你打算让学生在该概念中学到什么				
对学生来说，为什么知道它是重要的				
有关该概念你还知道什么(但并不打算让学生知道)				
与该概念教学相关的困难或限制				
影响该概念教学的学生思维知识				
影响该概念教学的其他因素				
教学步骤及其原因				
确定学生理解或混淆该概念的具体方式				

"教学经验库"部分，指向真实教学实践，具体呈现了教师在特定教学背景下的教学细节，并通过教学细节的呈现来描述教师的 PCK，通常用叙事的方式表达。与内容表征表的表达方式不同，教学经验库的表达，可以是表格、图表、文字等。事实上，"教学经验库"的主要目的在于说明教师的推理过程，即一个成功的科学教师在教授科学内容特定方面时的思考和行动。而"教学经验库"用叙事方式表达则是为了精确表达和深入了解教师 PCK 各种组分的相互作用形式。

显然，作为一种专业的教师 PCK 测评工具，内容表征-教学经验模型是比较成功的。它在有效和效率之间取得了平衡，是一种相对便捷、可操作的教师 PCK 有效测评方法。不过，由于劳伦的内容表征-教学经验模型是建立在自己的 PCK 内涵与模型基础上的，而他的 PCK12 要素模型并没有得到很好地认可，因此，如何将劳伦的内容表征-教学经验模型与其他认可度比较高的教师 PCK 模型结合起来使用，是一个非常值得探索研究的重要课题。

6. 组合测定法

组合测评法不是一种单一的 PCK 测评方法，而是多种 PCK 测评方法的组合使用。纵观 1986 年以来 SSCI 收录期刊上发表的各种教师 PCK 研究，无论是 1999 年前，还是 2000 年以后，大多数 PCK 研究采用了组合测评法。由于

1999 年以前 PCK 组合测评法的使用情况，巴克斯特与莱德曼已经专门做了综述，有了明确的结论，即"毫无疑问，大多数研究都采用了 PCK 的组合测评法。"①本书在此仅就 2000 年以后科学教育领域内教师 PCK 经典研究的 PCK 测评方法进行梳理与分析（详见表 2-2）。

表 2-2　2000 年以后 35 篇科学教师 PCK 经典研究汇总

作者	数据收集方法
K. R. Daehler，2001	讨论转录稿
J. H. Van Driel，2002	问卷；访谈；特定研讨会录音记录
Sophia Penso，2002	观察日志；教学日志
Onno De Jong，2004	访谈（课前访谈与课后访谈）
Nate McCaughtry，2005	课堂观察，访谈
Onno De Jong，2005	书面作业答案；反思报告；研讨会讨论转录稿
Sperandeo-Mineo，2006	单元分析材料
Jane Johnston，2006	纸笔回答两个开放性问题
M. Drechsler，2008	半结构访谈
S. Park，2008	课堂观察；访谈；教师反思；田野日志
S. Park，2008	课堂观察；访谈；教案；学生作业；田野日志
Pernilla Nilsson，2008	基于录像的半结构访谈
Kira Padilla，2008	内容表征-教学经验模型
Eunmi Lee，2008	半结构访谈；课堂观察；教案；反思总结
Markku Käpylä，2009	问卷；备课任务法；访谈
Rachel Cohen，2009	教师的反应；访谈；图画表征；测试题及分析；问卷

① Baxter Juliet A., and Lederman N. G. Assessment and measurement of pedagogical content knowledge. Examining Pedagogical Content Knowledge［M］. Springer Netherlands，1999：147-161.

续表

作者	数据收集方法
David E. Kanter，2010	书面分析
Anne Hume，2011	反思日志；半结构访谈；学生作品；田野笔记
Hanuscin D L，2011	访谈；问卷；课堂观察；学生作品
Muhammet Usak，2011	纸笔测试；访谈
Soonhye Park，2012	课堂观察；访谈；教案；教学材料；学生作品
Andrew Falk，2012	会议录像；教师材料；会议海报、PPT 与学生作品
Beyer C J，2012	教案分析；教案分析任务；反思教学任务
M. M. Nelson，2012	访谈记录；期中模型评价作业
Dayle Anderson，2012	访谈；课堂观察与教学录像；教学材料；问卷
Anne Hume，2013	半结构访谈；学生作品(内容表征表和反思报告)
K. L. Mcneill，2013	前后测；研讨会录像；教师作品；课堂学习任务
Eulsun Seung，2013	非参与式观察；数码录像；访谈；反思日志；田野笔记
Rozenszajn R.，2014	研讨会记录；课堂实录；邮件与作业；访谈记录
Pernilla Nilsson，2014	学习会议记录；教学录像；回忆式访谈
Sevgi Aydin，2014	卡片分类活动；内容表征表；访谈；课堂观察；田野笔记
Mehmet Aydeniz，2014	科学 PCK 问卷(STSPCK)；音频谈话记录
Sarah Boesdorfer，2014	教学录音；田野笔记；半结构访谈；教学文档
Nader Wahbeh，2014	科学本质前测、后测与复测；课堂观察；教师作品
Aydin S.，2015	内容表征表；访谈

　　表 2-2 列举了 2000 年以后(2000—2015)的 35 篇 SSCI 收录期刊发表的 PCK 研究文献，分析表中所列文献的 PCK 测评方法，可以看出：第一，大多数 PCK 研究也采用了组合测评法，全部 35 篇研究中有 26 篇采用了组合测评法；第二，各种组合测评法当中，组合频率较高的方法主要包括访谈法、课堂观察、书面作业、反思报告、研究日志、研讨会记录、教学文档、问卷等八种

常见的 PCK 测评方法。

使用组合测评法的研究者，通常会用到上述八种常见 PCK 测评方法的不同组合，来收集数据并将数据进行三角检验，最终推测出教师 PCK 的总体样貌。组合测评法的优势是增强了多种研究方法的互证，解决了单一研究方法所存在的各种问题，提高了研究的可信度。组合测评法的劣势也很明显，即使用它们往往需要消耗巨大时间和精力，同时，由于研究设计的复杂性，这一类研究通常难以复制。

以上六种测评方法中，纸笔测验法、备课任务法和图画表征法的应用范围都比较有限，没能获得广泛认可，目前已很少有研究者使用它们进行 PCK 相关研究。访谈法是教师 PCK 测评的最常用方法，绝大多数的 PCK 研究会选择用它来采集数据。组合测定法，严格来说，并不属于一种方法，它只是一种方法的组合，不过，在近几十年的 PCK 研究中，却是应用最广泛的 PCK 测评方法。与其他几种方法不同，内容表征表-教学经验模型是唯一一种专门用于表征、测评教师 PCK 的专业方法，因此，近年来，应用这种测评方法进行 PCK 研究的文献也越来越多，这种测评方法也受到了越来越多研究者的重视。不过，正如前文所说，由于这种方法自身存在的一些问题，因此，也需要研究者在内容表征表-教学经验模型与其他认可度比较高的教师 PCK 模型有效结合、内容表征表-教学经验模型与其他测评方法有效结合等方面进行更多有意义的探索。

除测评方法研究外，用什么指标来刻画教师的 PCK 水平，是 PCK 测评研究的另一个基本问题。在这方面，国外学者的研究相对比较少，仅有的少量研究，比如施耐德（Schneider R. M. et al., 2011①）与阿巴丹（Adadan E. et al., 2014②）等的研究，也只是基于文献综述而得到的一种通用的科学教师 PCK 评价标准。由于这些标准并不是学科或主题对应的，所有描述过于宽泛、模糊，无法直接作为测评标准去刻画教师某一具体学科、具体主题的 PCK 水平，因此，分析构建清晰而又可操作的、教师特定学科主题 PCK 的评价指标与水平标准，也是一个非常值得探讨的重要课题。

① Rebecca M. Schneider & Plasman K. Science Teacher Learning Progressions: A Review of Science Teachers' Pedagogical Content Knowledge Development [J]. Review of Educational Research, 2011, 81(4), 530-565.

② Adadan E. & Oner D. Exploring the Progression in Preservice Chemistry Teachers' Pedagogical Content Knowledge Representations: The case of "Behavior of Gases" [J]. Research in Science Education, 2014, 44 (6): 829-858.

四、有关学科教学知识发展的研究

1. 有关 PCK 发展策略的研究

经过 30 年的研究与探索，国外研究者已经研究提出了很多种有效的教师 PCK 发展策略。尽管这些发展策略中，只有个别策略是专门针对职前教师提出来的，但是无论哪一种策略，都必将为本书职前化学教师 PCK 发展研究的设计提供很多宝贵的经验、提供很多有价值的信息。当然，从另一个角度看，这些发展策略也会暴露已有研究存在的问题，从而为本书设计、探索职前化学教师 PCK 发展的新路径指明方向。

（1）有关教学反思策略的研究

教学反思策略的提出，最早源于 PCK 概念的提出者——舒尔曼在 1987 年的论述。舒尔曼认为，PCK 可以通过理解、反思和转化来发展和提高。① 舒尔曼之后，虽然还有很多学者，比如马格努森（Magnusson，1999）、范良火（2003）、德容（De Jong，2005）、尼尔森（Nilsson，2008）、帕克（Park and Oliver，2008）、施耐德（Schneidern，2011）、范德瑞尔（Jan H. van Driel，2012）、尼尔森（Nilsson，2014）等，也都一直关注着"反思"对教师 PCK 发展的重要价值。例如，马格努森强调反思方式对 PCK 发展的作用，他认为，PCK 的发展是由主题的本质特征、主题教学的背景以及教师反思教学经验的方式决定的。②

2008 年，帕克和奥利弗的研究③借用舍恩反思性实践者的框架，在经验研究基础上，不仅构建了一个将"反思"策略纳入在内的 PCK 六边形模型（详见图 2-3），还进一步区分了促进 PCK 发展的"反思"策略的两种类型，并解释说明了"反思"策略与 PCK 发展之间的关系、反思策略促进教师 PCK 发展的作

① 转引自：马敏. PCK 论——中美科学教师学科教学知识比较研究［D］. 上海：华东师范大学：23.

② Magnusson S., Krajcik J., & Borko H. Nature, sources and development of pedagogical content knowledge for science teaching［M］// J Gess-Newsome, & Lederman N G. Eds., Examining pedagogical content knowledge：The construct and its implications for science education. BOTSon：Kluwer, 1999：95-132.

③ Park S. & Oliver J. S. Revisiting the Conceptualisation of Pedagogical Content Knowledge（PCK）：PCK as a Conceptual Tool to Understand Teachers as Professionals［J］. Studies in Science Education, 2008（38）：261-284.

用机制、两种类型反思策略的相互作用。他们认为：①当教师对"行动中的知识"和"关于行动的知识"同时进行反思时，作为反思结果的 PCK 会发展；②与 PCK 紧密相关的反思存在两种类型，即在行动中的反思（reflection-in-action）和关于行动的反思（reflection-on-action），这两种类型"反思"策略，协同影响着 PCK 在"行动中的知识"和"关于行动的知识"两个方面的发展；③PCK 虽然兼具"行动中的知识"与"关于行动的知识"两方面特征，但这两个方面并不是互相排斥的，而是通过课堂内外的反思相互影响的。

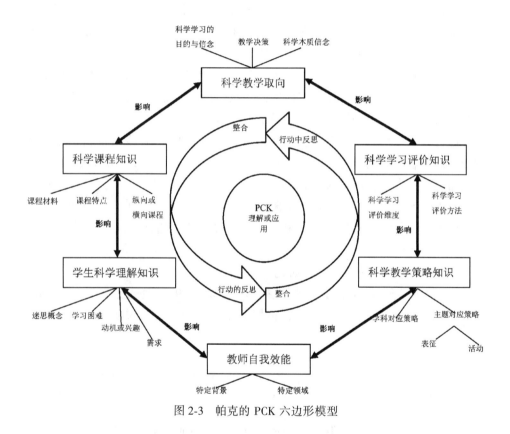

图 2-3　帕克的 PCK 六边形模型

同样是在 2008 年，尼尔森在研究职前教师教育过程中 PCK 复杂本质的时候，先是通过文献分析认为，"反思和经验一样，都是 PCK 的基础""通过组织职前科学教师反思自己的教学进而帮助他们形成对科学教与学的更深层次理解，应该是一个不错的建议"，而后又通过经验研究证实了"参与以反思自己的科学教学为实质重点的科学职前教师项目，可以帮助他们在思考科学教学与学习方向时，做出有见地的转变"。①

2012年，范德瑞尔在论述"以PCK为中心的教师专业发展"时，突出强调了反思对于教师PCK发展的作用，并明确指出"反思"策略的两种具体形式：个人反思与集体反思。他认为，"旨在促进教师PCK发展的教师专业发展项目应该……组织教师通过个人或集体形式，反思他们的教学经验"。②

另外，关于教学反思的应用形式，德容等人（2005）和尼尔森（2014）都突出强调了个人反思与集体反思对教师PCK发展的作用。德容等人认为，写一篇反思性的课堂报告，并互相讨论这些报告，对于帮助职前教师解释和进一步发展他们对于学生学习困难和教学策略的想法，也就是他们的PCK，是很有帮助的。③ 尼尔森也研究指出，共同备课和学术反思是教师通过学习研究发展他们PCK的核心，正如一位参与教师所言，"我们反思了很多，但这次的反思，不仅是个人层面……还有集体层面。我们讨论和反思科学内容以及如何处理学生对具体内容的理解，是非常系统的"。④

综合以上分析，可以看出：第一，反思对于教师PCK发展的价值已经得到很多研究者的认同，也得到了一些实证研究的证实；第二，从形式上看，反思策略有两种类型，即个人反思（如写个人的课堂反思报告等）与集体反思（如报告个人的反思报告，并进行小组研讨等）；第三，从内容上看，反思也可以分成两种，即"关于行动的反思"和"行动中的反思"，通常又以"关于行动的反思"为主。

（2）有关专题研讨会策略的研究

"专题研讨会"策略，是格罗斯曼（Grossman，1990）通过经验研究得到的PCK的四个可能来源之一。不过，格罗斯曼一开始并没有说明这一来源或策

---

① Nilsson P. Teaching for Understanding：The complex nature of pedagogical content knowledge in pre-service education［J］. International Journal of Science Education，2008，30（10）：1281-1299.

② Driel J H V，Berry A. Teacher Professional Development Focusing on Pedagogical Content Knowledge［J］. Educational Researcher，2012，41（1）：26-28.

③ Jong O D，Driel J H V，Verloop N. Preservice teachers' pedagogical content knowledge of using particle models in teaching chemistry［J］. Journal of Research in Science Teaching，2005，42（8）：947-964.

④ Nilsson P. When Teaching Makes a Difference：Developing science teachers' pedagogical content knowledge through learning study［J］. International Journal of Science Education，2014，36（11）：1794-1814.

略的具体价值。随后，陆陆续续有学者，比如克莱蒙特（Clermont et al., 1993）、亚当斯（Adams and Krockover, 1997）、范德瑞尔（Van Driel et al., 2002）、德容（De Jong et al., 2004）、斯波朗迪-米内奥（R. M. Sperandeo-Mineo et al., 2006）等，专门研究探讨特定研讨会与教师 PCK 发展之间的关系。

1993 年，克莱蒙特等人①通过经验研究，第一次实证说明了短期集中研讨会对教师 PCK 发展的促进作用。克莱蒙特研究发现，研讨会过后"新手教师的 PCK 已经朝经验教师的方向发展了"，因此，他坚持认为，教师的 PCK"能够通过集中、短期的技能培训研讨会，获得发展"。

2002 年，范德瑞尔等人②通过经验研究发现，以阅读、讨论关于学生学习的研究文献为主要内容的研讨会，对参与研究的大多数职前教师理解学生概念和学习困难的帮助较大，而对职前教师的教学策略知识的帮助却很一般。2015 年，范德瑞尔接受我国学者访谈，再次谈到了研讨会的价值，他认为"让教师们坐在一起讨论他们的教学方法，是十分有效的"。③ 不过，他也明确指出了这种研讨会的优化方向——"我必须指出，如果这种讨论能够建立在理解学生学习方式的基础上，将会更加富有成效"。

2004 年，德容等人在经验研究基础上，再次明确了"专题研讨会"对教师 PCK 发展的促进作用。他们认为，"经历过针对特定主题的教学设计、教学实施、教学反思之后"的职前教师，如果再参与基于相关教育文献的研讨会，在时间充足和方式得当的情况下，必将帮助职前教师把自己的经验与信念与这些文献的内容联系起来，促使他们对自己先前的教学经验和课堂观察进行反思，从而发展他们的 PCK。④

2006 年，斯波朗迪-米内奥等人再次通过经验研究，证实了他们基于雷斯尼克"学徒模式"和"物理建模方法"设计的包含"五个阶段"的研讨会对职前物

①　Clermont C P, Krajcik J S, Borko H. The influence of an intensive in-service workshop on pedagogical content knowledge growth among novice chemical demonstrators［J］. Journal of Research in Science Teaching, 1993, 30(1)：21-43.

②　Driel J H V, Jong O D, Verloop N. The development of preservice chemistry teachers' pedagogical content knowledge［J］. Science Education, 2002, 86(4)：572-590.

③　翟俊卿. 教师学科教学知识(PCK)的新视界——与范德瑞尔教授的对话［J］. 教师教育研究, 2015, 27(4)：6-10, 15.

④　Jong O D, Driel J V. Exploring the Development of Student Teachers' PCK of the Multiple Meanings of Chemistry Topics［J］. International Journal of Science & Mathematics Education, 2004, 2(4)：477-491.

理教师 PCK 发展的重要价值。①

综合以上分析，可以看出：

第一，关于专题研讨会的价值，虽然大多数研究者认可"专题研讨会对教师 PCK 发展的促进作用"，但是仍然有研究者质疑研讨会的价值，比如，亚当斯等人 1997 年的研究却发现，研讨会可能存在负面影响，因为这些研讨会会刺激职前教师去模仿或复制那些传统的教学策略，比如只强调程序而忽视学生理解。②

第二，关于专题研讨会的内容与形式，多数研究者采用的是短期的、针对唯一内容的专题研讨会，而且专题研讨会的内容又是以相关教育文献为主。

第三，关于专题研讨会的发展效果，研究者们认为研讨会的"内容"是决定其发展指向与发展效果的关键因素，不同内容导致不同 PCK 要素的发展。一般来说，以学生学习类文献为内容的研讨会，会促进教师 PCK 在理解学生概念与学习困难方面的发展；而以教学方法为内容的研讨会，则会促进教师 PCK 在教学策略知识方面的发展。

（3）有关教学经验策略的研究

"教学经验"策略的提出，也是源于"格罗斯曼"对 PCK 四个可能来源的经验研究结果。不过，格罗斯曼在 1990 年最初提出"教学经验"策略的时候，并没有详细解释它在教师 PCK 发展过程中扮演的角色，只是粗略地指出"教师可以从实际的课堂教学经验中获得学科教学知识"，"教学经验给准教师提供了在课堂这一熔炉中来验证，检验他们从其他渠道知识的机会"，教学经验可以帮助准教师"了解学生对于某一主题和某门课程的先前知识以及错误的认识""学到……什么样的策略比较管用，什么样的比喻或表述特别有效"等。③ 随后，赖德曼（Lederman et al.，1994）、康茨（Counts，1999）、维尔（Veal et al.，1999）、范德瑞尔（Jan H. Van Driel et al.，2002）、德容（De Jong et al.，2004，2005）、尼尔森（Nilsson，2008）、勒夫特（Luft et al.，2009）、休谟（A. Hume，

① Sperandeo-Mineo R M, Fazio C, Tarantino G. Pedagogical Content Knowledge Development and Pre-Service Physics Teacher Education：A Case Study［J］. Research in Science Education，2006，36(3)：235-268.

② Adams P E, Krockover G H. Beginning science teacher cognition and its origins in the preservice secondary science teacher program［J］. Journal of Research in Science Teaching，1997，34(6)：633-653.

③ ［美］格罗斯曼. 专业化的教师是怎样炼成的［M］. 李广平，何晓芳等译. 北京：人民教育出版社，2012：16.

2011）、西克尔（Sickel et al.，2018）等学者，也都专门研究论述了教学经验策略对教师 PCK 发展的重要价值。

1994 年，赖德曼等人研究发现，职前科学教师 PCK 的发展可以通过教学中经常使用学科内容知识的方法得到促进，通过逐渐熟悉学生推理方式及推理所需特定概念的方法得到促进。[①] 他们认为，虽然最初职前教师的一般教学法知识与学科内容知识是分开的，不过，随着教学经验的增多，这些类型的知识会逐渐被整合起来。

1999 年，康茨[②]在格罗斯曼 PCK 来源研究基础上，再次研究证实了"课堂教学经验"是教师 PCK 发展的三种重要来源之一（三种重要来源，即"学科知识""作为学徒者的观察""课堂教学经验"）。同样是在 1999 年，维尔等人[③]的经验研究结果也显示"课堂教学经验是 PCK 发展的一种主要因素"。

2002 年，范德瑞尔等人[④]一方面通过文献研究，分析指出"课堂教学经验可以促进一般教学知识与学科知识的整合，进而促进 PCK 的发展"，"所有学者也都建议 PCK 发展需要采取基于课堂实践的整合方式进行"；另一方面通过经验研究，明确提出"教学经验是促进 PCK 发展的最有利因素"。在对课堂教学经验具体价值进行分析论述的时候，范德瑞尔进一步指出，"虽然教学经验对职前教师 PCK 的两个成分都有影响，但对职前教师学生学习困难知识的影响最大"，促进职前教师学生学习困难知识增长的因素主要包括四个因素，即①学生在职前教师课堂上直接提出的问题；②学生书面考试试卷的批改；③学生对特定任务的回应；④观察指导老师或其他职前教师课堂上的学生行为。

2004 年，德容等人[⑤]在经验研究基础上，再次证实了"从教学中学（learn from teaching）"，即"参与学科特定主题教学设计、实施与反思"的"教学经验"

---

① Lederman N. G., Gess-Newsome J., Latz M. S. The nature and development of preservice science teachers' conceptions of subject matter and pedagogy[J]. Journal of Research in Science Teaching, 1994, 31, 129-146.

② Counts M. C. A case study of a college physics professor's pedagogical content knoelwdge[D]. Doctoral dissertation, Georgia State University, 1999.

③ Veal W R, Tippins D J, Bell J. The evolution of pedagogical content knowledge in prospective secondary physics teachers[J]. Epistemology, 1999：41.

④ Driel J H V, Jong O D, Verloop N. The development of preservice chemistry teachers' pedagogical content knowledge[J]. Science Education, 2002, 86(4)：572-590.

⑤ Jong O D, Driel J V. Exploring the Development of Student Teachers' PCK of the Multiple Meanings of Chemistry Topics[J]. International Journal of Science & Mathematics Education, 2004, 2(4)：477-491.

对职前教师 PCK 发展的促进作用。德容等人的研究结果显示，学科特定主题的教学经验不仅可以促进职前教师进一步认识到自身教学所面临的困难，还可以帮助他们更加清晰地认识到学生面临的学习困难："课后访谈中，职前教师对困难的描述都比较多，也比较详细""职前教师不仅可以精确描述课前提到的困难，还可以另外说出一些新的教学或学生学习困难"。

2005 年，德容等人①先通过综述再次强调了课堂教学经验对教师 PCK 发展的价值，即"学科教育和课堂教学经验是对 PCK 发展贡献最大的两种策略，而激励职前教师反思自己的教学则可以进一步提高教学经验的影响"；而后又根据经验研究结果，进一步指出职前教师的这些教学体验或经验的具体价值，即"观察和识别学生的学习困难"或"试验他们的教学方法，观察学生对这些方法的反应"。

2008 年，尼尔森在"为理解而教：职前教师教育中 PCK 的复杂本质"一文②中，先是通过文献分析明确提出"经验和反思是 PCK 的基础"这样一个观点，而后又通过经验研究进一步证实"职前教师参与教育实践有助于他们 PCK 的发展"。尼尔森研究认为，PCK 发展的最好策略是"把理论分析与经验分析结合起来，形成一幅尽可能完整的 PCK 图像，并将其植根于课堂实践之中"，而"把职前教师们聚在一起，分享自己对教学经验的描述与理解，解释自己学到知识的重要性与实用性"也是一种对 PCK 发展非常有用的方式。

2009 年，勒夫特的研究③间接验证了教学经验对初任科学教师 PCK 发展的价值。通过比较分析不同入职培训项目中初任科学教师 PCK 的发展情况，他发现：无论参与哪个入职培训项目，初任教师关于学生学习的知识在年底均得到了显著提高，而他把初任教师 PCK 的这种发展归功于教学经验。

2011 年，休谟等人④也研究强调了教学实践对教师 PCK 发展的关键作用，

---

① Jong O D, Driel J H V, Verloop N. Preservice teachers' pedagogical content knowledge of using particle models in teaching chemistry[J]. Journal of Research in Science Teaching, 2005, 42(8)：947-964.

② Nilsson P. Teaching for Understanding：The complex nature of pedagogical content knowledge in pre-service education[J]. International Journal of Science Education, 2008, 30(10)：1281-1299.

③ Luft, J. A. Beginning secondary science teachers in different induction programmes：the first year of teaching[J]. International Journal of Science Education, 2009, 31, 2355-2384.

④ Hume A, Berry A. Constructing CoRes—A Strategy for Building PCK in Pre-service Science Teacher Education[J]. Research in Science Education, 2011, 41(3)：341-355.

即教师 PCK 的发展时机"只在教学实践中"，发展途径必须"基于教学实践进行"。

2015 年，范德瑞尔接受我国学者访谈，再次谈到教学经验对教师 PCK 发展的价值时，明确区分了"他人经验"与"自身经验"的价值与功能，他认为：发展教师 PCK 不能仅限于为教师提供讲授某学科知识的优秀案例（他人经验），而是应该让他们有机会亲自实践这些案例中的教学策略（自身经验），同时对自己的教学实践进行反思。在他看来，教学经验比研讨会更有价值，因为拥有丰富经验的教师在那里讨论"我们应该如何教某个知识概念"并不能真正提高他们的 PCK 水平；教学经验比阅读研究文献更有价值，因为"虽然，你可以通过阅读研究文献加强对 PCK 的习得。但是，真正提高 PCK 水平的方法莫过于亲自去进行教学实践。而且，教一次是远远不够的，显然你必须教过很多次。"[1]

2018 年，西克尔等人[2]通过文献综述，再次强调了教学经验对教师 PCK 发展的影响。他们认为：虽然很少有研究专门考察教学经验对教师 PCK 发展的影响，但经验教师与初任教师的比较研究结果，支持"教学经验具有'全方位影响（an over-arching influence）'这样一种认识"。

综合以上分析，可以看出：

第一，关于教学经验策略的价值，研究者已经从笼统地知道有价值，逐步过渡到清晰地知道对发展教师 PCK 哪些方面有价值，知道其在所有已经提出来的策略中的权重。

第二，关于教学经验策略的功能，研究者们不仅已经认识到它对促进教师教学策略知识与学生困难知识两个要素发展的价值，而且已经认识到它对教师 PCK 整体发展的价值，即检验已学知识、促进学科知识与一般教学法知识的整合、全方位的促进。

（4）有关课堂观察策略的研究

"课堂观察"策略，也是格罗斯曼通过经验研究提出的 PCK 的四个可能来源之一。格罗斯曼认为，包括"作为学生的观察"与"作为职前教师的观察"两种类型的"课堂观察"则常常会促进教师形成传统的 PCK。在格罗斯曼看来，

① 翟俊卿. 教师学科教学知识（PCK）的新视界——与范德瑞尔教授的对话[J]. 教师教育研究，2015，27（4）：6-10，15.

② Sickel A. J. & Friedrichsen P. Using Multiple Lenses to Examine the Development of Beginning Biology Teachers' Pedagogical Content Knowledge for Teaching Natural Selection Simulations[J]. Research in Science Education, 2018, 48: 29-70.

"作为学生的观察"在很多方面都有益于 PCK 的形成：①学生时代的经验可以使职前教师记住某一具体内容的教学策略；②职前教师可以依靠他们当学生时的记忆来形成他们对学生的理解与期望；③学生时代的经验也会使职前教师比较清晰地回忆起在某一年级所学习的课本资料与论题。不过，格罗斯曼也指出，由于这种观察并不是一种真正的训练与学艺，因此，很可能会使职前教师对教学的本质产生偏颇的认识。①

2002 年，范德瑞尔（Jan H. Van Driel）等人②通过文献研究，进一步明确了"课堂观察"的具体价值，即帮助教师获得有关学生科学理解的知识。

2015 年，在接受我国学者访谈时范德瑞尔再次明确表示，"我认为比较有效地提高 PCK 水平的方式，是让教师观看在自己的课堂上学生们是如何学习的。做法有很多，比如，你可以让一个教师对自己的课堂进行录像，再从学生的角度来看这段录像"。③

国外有关课堂观察策略的研究，至少可以给后续研究者三点启示：

第一，课堂观察既有正面的促进作用，也有负面的消极影响。研究者在使用时，应该设法避免其负面影响。

第二，对教师 PCK 发展有促进作用的课堂观察，包括两个类型，即作为学生的观察和作为职前教师的观察。不同类型的观察，目标指向不同，使用方法也不相同。

第三，课堂观察策略的功能主要是有关学生科学理解的知识与教学策略知识。

（5）有关教学或学习研究策略的研究

"教学或学习研究"策略，最早由吉蒂斯（Geddis，1993）提出。这种策略包括两种类型：一种是教学研究，一种是学习研究。

学习研究方面，吉蒂斯（1993）以"如何在一个简单回路中进行电流教学"为案例，通过对"学生存在的电流误解及其原因"与"解决学生电流误解所使用的类比策略的设计与修正"的分析讨论，最终认为，职前教师 PCK 的发展还可受益于教师教育课程期间对特定主题学生前概念的研究过程中，受益于将这些

①　[美]格罗斯曼；李广平、何晓芳等.专业化的教师是怎样炼成的[M].北京：人民教育出版社，2012：11.

②　Driel J H V, Jong O D, Verloop N. The development of preservice chemistry teachers' pedagogical content knowledge[J]. Science Education, 2002, 86(4)：572-590.

③　翟俊卿.教师学科教学知识（PCK）的新视界——与范德瑞尔教授的对话[J].教师教育研究，2015，27(4)：6-10, 15.

前概念与自己概念的比较与讨论中；① 范德瑞尔等人先是在 1998 年，通过"职前科学教师化学平衡主题 PCK 的发展研究"，描述了"在职化学教师分析学生概念和特定主题（即化学平衡）推理类型对他们该主题 PCK 发展所产生的影响"②，而后又在 2002 年文献综述时，进一步明确指出，"学习研究活动可以促使职前教师转换学科内容知识，形成特定主题的教学策略"③；尼尔森（2014）则通过经验研究，专门探讨了"参与学习研究对科学教师 PCK 的促进作用"，他认为，教师通过学习研究可以促进马格努森 PCK 模型中两种要素，即学生的科学理解知识与教学策略知识，得到了较好的发展。经历了学习研究之后，参与教师都明显意识到"学生认为困难的部分对于学习内容的重要性"，"用不同的隐喻和实验来表征内容（学习对象）的重要性"，同时也开始反思"他们对隐喻的使用，以及如果使用不当会造成怎样的混淆"。④

教学研究方面，维尔（Veal et al, 1999）以两份"小品文（vignettes A 和 vignettes B）"作为改进了的干预策略，运用"微观发生法（the micro-genetic method）"调查揭示了"中学科学方法课"和"教育实习"两种情境下，中学职前物理教师 PCK 的演变过程。结果发现，在中学科学方法课和教育实习环境中运用多次运用"小品文"进行教学研究活动，不仅可以监测教师 PCK 发展的认知演变过程，还可以有效地促进教师 PCK 的发展。⑤

国外学者有关这方面的研究相对较少，仅有的一些研究也得到了与基于学习研究文献的专题研讨会类似的结论，即参加学习研究与研讨学习研究文献都可以促进教师的 PCK 在学生科学理解知识和教学策略知识方面有所发展。

（6）有关内容表征表策略的研究

内容表征表，最初并不是被当作教师 PCK 发展策略提出来的。提出内容

---

① Arthur N. Geddis. Transforming subject-matter knowledge：the role of pedagogical content knowledge in learning to reflect on teaching[J]. International Journal of Science Education, 1993, 15(6)：673-683.

② Van Driel J. H., Verloop N., De Vos W. Developing science teachers' pedagogical content knowledge[J]. Journal of Research in Science Teaching, 1998, 35 (6), 673-695.

③ Driel J H V, Jong O D, Verloop N. The development of preservice chemistry teachers' pedagogical content knowledge[J]. Science Education, 2002, 86(4)：572-590.

④ Nilsson P. When Teaching Makes a Difference：Developing science teachers' pedagogical content knowledge through learning study[J]. International Journal of Science Education, 2014, 36 (11)：1794-1814.

⑤ Veal W R, Tippins D J, Bell J. The evolution of pedagogical content knowledge in prospective secondary physics teachers[J]. Epistemology, 1999：41.

表征表的最初目的是为了捕获或描绘科学教师的 PCK。

2006 年,劳伦(Loughran)等人①研究提出了捕获或描绘科学教师 PCK 的两种重要工具:内容表征表(Content Representations,即 CoRes)与教学经验库(Pedagogical and Professional-experience Repertoires,即 PaP-eRs)。自此以后,陆续有学者,比如劳伦(Loughran et al. 2008)、休谟(Hume,A.,2011,2013)、勃特伦(A. Bertram,2012)、尼尔森(P. Nilsson,2012)等,将这两种工具作为策略去发展科学教师的 PCK,并获得了较好的实证效果。

2008 年,劳伦等人②研究了"职前科学教师教育中明确关注 PCK 对职前教师思维方式与实践方法的影响"。他们认为,将 PCK 作为概念工具,引导职前教师运用内容表征(CoRe)——教学经验模型(PaP-eRs)表征优秀教师的 PCK 和自身的 PCK,是可以提高职前教师 PCK 的。

2011 年,休姆等人③在行动研究的框架下,运用内容表征表(CoRe)工具发展职前化学教师的 PCK。行动研究结果显示:第一,职前化学教师的 PCK 都朝着经验教师 PCK 中所展示的特征方向发展;第二,在职前化学教师教育中,有计划和策略性地利用内容表征表,不仅有利于提升职前教师对 PCK 各组成要素本质的认识,有利于职前教师建构基于特定主题的这些要素知识,还有利于职前教师获得 PCK 发展所必需的思维与经验。

2012 年,勃特伦等人④通过一项为期 2 年的纵向经验研究,验证了"内容表征-教学经验模型"对教师 PCK 发展的价值。他们的研究结果显示,内容表征表和教学经验库是有价值和有效的工具,不仅可以提高了科学教师对自己实践的理解,特别 PCK 的理解和认识,还可以帮助科学教师对科学教学知识在特定内容、特定方式、特定原因(即他们的 PCK)的发展方式有了一定的认识,进而促进科学教师教学专业知识的发展。关于内容表征-教学经验模型的具体价值,勃特伦等人研究认为,从本质上看,内容表征表(CoRes)为科学教师提

① Loughran J, Mulhall P, & Berry, A. Understanding and Developing Science Teachers' Pedagogical Content Knowledge[M]. Sense Publishers, 2006:19-20, 21-27.

② Loughran J, Mulhall P, Berry A. Exploring Pedagogical Content Knowledge in Science Teacher Education[J]. International Journal of Science Education, 2008, 30(10):1301-1320.

③ Hume A, Berry A. Constructing CoRes—a Strategy for Building PCK in Pre-service Science Teacher Education[J]. Research in Science Education, 2011, 41(3):341-355.

④ Bertram A, Loughran J. Science Teachers' Views on CoRes and PaP-eRs as a Framework for Articulating and Developing Pedagogical Content Knowledge [J]. Research in Science Education, 2012, 42(6):1027-1047.

供了一种探索"向特定学生讲授特定内容"的知识的精细化方式，而教学经验库(PaP-eRs)则为科学教师提供了思考教学实践知识的窗口。

同样是在2012年，尼尔森等人①利用"修订版的内容表征表(CoRes)"研究了一组职前小学科学教师"空气"主题PCK的发展变化情况。通过经验研究，他们认为，内容表征表的使用不仅可以促进职前教师PCK的发展，还可以揭示出职前教师PCK随时间发展的真实过程，即"内容表征表方法以一种全新的、令人兴奋的方式为大家提供了理解职前教师PCK发展过程的真正可能性"。

如前所述，内容表征表作为一种表征和测评教师PCK的专业方法已经得到了非常广泛的认可，但内容表征表作为一种发展策略的探索却仍在继续。不仅如此，内容表征表作为一种把知识积累与思维运用综合起来的发展策略，也给很多研究者提供了开发PCK发展策略的新颖视角。

(7)有关课程策略的研究

自1990年格罗斯曼把教师教育课程当作PCK的四个可能来源之一提出来以后，也有研究者进行了这方面的研究与探索。

1991年，巴奈特(Barnett C.)在斯皮罗(Spiro)的认知灵活性理论的框架下针对数学教师教育设计了"基于案例的课程"。在课程中，巴奈特通过鼓励数学教师构建问题，分析情况，论证各种替代方法的优缺点，不仅可以在扩展和深化PCK方面发挥关键作用，还可以给数学教师提供机会来扩大他们的教学思维或推理能力。② 课程有效性的检验，也只是结合具体数学主题从四个方面进行质性说明。

2002年，范德瑞尔在概括总结自己与他人PCK经验研究的基础上，较为清楚地说明了"教师教育课程"对教师PCK的发展也有着潜在的作用。他认为，教师教育课程可以拓展职前教师的学生前概念知识或者有关学科主题的具体表征知识。③

2012年，拜尔和戴维斯也通过经验研究，验证了"明确要求职前教师基于

① Nilsson P, Loughran J. Exploring the Development of Pre-Service Science Elementary Teachers' Pedagogical Content Knowledge[J]. Journal of Science Teacher Education, 2012, 23(7): 699-721.

② Barnett C. Building a Case-Based Curriculum to Enhance the Pedagogical Content Knowledge of Mathematics Teachers[J]. Journal of Teacher Education, 1991, 42(4): 263-272.

③ Driel J H V, Jong O D, Verloop N. The development of preservice chemistry teachers' pedagogical content knowledge[J]. Science Education, 2002, 86(4): 572-590.

教学改革标准分析课程材料，并把课程材料修改得更有探究性"的"教师教育课程"对职前教师 PCK 发展的重要价值。他们报告说，通过参与这样的课程，职前教师的 PCK 均得到了比较好的发展。①

从总体上，国外有关这方面的研究非常少，仅有个别研究也是针对数学教师教育的；多数学者跟格罗斯曼一样，也只是笼统地强调"教师教育课程"对教师 PCK 发展的可能价值。

2. 有关 PCK 发展模式的研究

国外学者这方面的研究并不多，归纳起来，比较有影响力主要包括：

(1)舒尔曼的"教学推理与行动"模式

"教学推理与行动"模式，是舒尔曼在 1987 年论述"教学与知识"之间关系的时候，提出来用以解释"教师如何使用他们自己教学知识库"本质过程的一个理论模式。舒尔曼认为，这一模式有助于理解"教师是如何实现从学习者向教师角色的转变""教师又是如何把自己对学科主题知识的理解，通过用新方式解释，通过重组、区分和删减等方式将它们融进活动、隐喻、联系、举例、演示之中，进而转变成学生对相应学科知识内容的理解与掌握。"在舒尔曼看来，教学推理与行动模式由理解、转化、教学、评价、反思与新理解六个步骤组成，而这六个步骤在教学过程中都有其独特的内涵与任务要求，具体内容见表 2-3。在论述完每一步骤的具体内涵与要求之后，舒尔曼进一步强调，虽然这个模式中的步骤是按顺序呈现的，但这并不代表它们之间有固定的次序或阶段。此模式如图 2-4 所示。

表 2-3　舒尔曼的教学推理与行动模式

步骤	任务要求
理解 （Comprehension）	教师对所教内容有批判性的理解。教师要理解教学目的、学科结构、学科思想及其与学科内外其他相关思想之间的关联。教师最好能以多种方式理解所教内容

---

① Beyer C J, Davis E A. Learning to critique and adapt science curriculum materials: Examining the development of preservice elementary teachers' pedagogical content knowledge [J]. Science Education, 2012, 96(1)：130-157.

续表

步骤	任务要求
转化 （Transformation）	理解了的东西只有按某种方式转化才能变得可教。教师的这一转化过程大致可以分五个阶段： （1）准备：批判性地分析、解释既定材料（教科书） （2）表征：运用包含类比、隐喻、举例、论证、模拟等表征方式的表征库，表征学科内容 （3）选择：从教学方法或策略库中选择可以体现上述表征的具体方法 （4）适应：调整上述表征以适应被教学生的一般特征 （5）调整：微调这些表征以适应课堂中的特定学生
教学（Instruction）	这一活动包括各种教学行动的可观测性能，具体包括管理、描述、解释、互动、讨论、提问以及其他所有已经被有效教学研究证实了的教学行动
评价（Evaluation）	检验互动教学期间学生的理解与误解；课后或单元结束后测试学生的理解；评价自己的表现与调整经验
反思（Reflection）	对自己和班级表现进行基于证据的回顾、重构、重新设计与批判性分析
新的理解 （New omprehension）	教师从经验中学习，形成对教学目的、学科、学生及教学本身新的理解

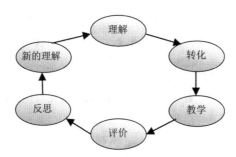

图 2-4 舒尔曼的"教学推理与行动"模式图

由于舒尔曼的"教学推理与行动"模式客观准确地描述了教师使用他们包

含 PCK 在内的教学知识库的真实思维过程,尤其是分五个阶段,详尽、清楚、透彻地描述了教师"转化"他们学科内容知识的过程,而 PCK 本身就是教师把自己所掌握的学科知识转化成学生容易理解的形式的知识,转化在学科教学知识形成与发展中起着举足轻重的作用,同时又由于任何知识的学习都与该知识的使用过程有着密切的关联,因此,本书将该模式作为 PCK 发展的第一种模式提出来。事实上,我国学者蔡铁权①也将该模式作为科学教师学科教学知识建构的重要形式进行了论述。

(2)吉蒂斯的"三步转化"理论

"三步转化"模式,是吉蒂斯(Geddis A. N)于 1993 年探讨"PCK 概念在教师学科内容知识转化过程中角色与具体作用"的时候,提出来的。② 吉蒂斯认为,教师教学最核心的智力任务是将学科内容知识转化成学生可理解的形式,而教师要实现这一转化需要具备三种知识、经历三个步骤。

对于特定主题来说,教师需要具备的这三种知识包括:

①使主题知识变得容易理解或难以理解的知识;

②可以有效消除学生误解,帮助学生形成新的理解的策略知识;

③各种有效的学科知识表征知识,比如类比、插图、例子、解释和演示等。

而教师完成"转化",需要经历的三个步骤如图 2-5 所示。

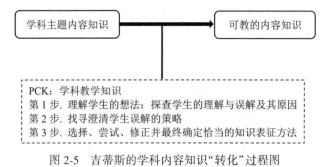

图 2-5　吉蒂斯的学科内容知识"转化"过程图

① 蔡铁权,陈丽华.科学教师学科教学知识的结构[J].全球教育展望,2010,39(10):91-96.

② Geddis, A. N. Transforming subject-matter knowledge:the role of pedagogical content knowledge in learning to reflect on teaching[J]. International Journal of Science Education, 1993, 15(6), 673-683.

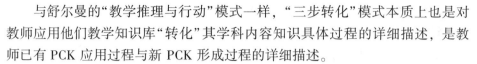

与舒尔曼的"教学推理与行动"模式一样，"三步转化"模式本质上也是对教师应用他们教学知识库"转化"其学科内容知识具体过程的详细描述，是教师已有 PCK 应用过程与新 PCK 形成过程的详细描述。

（3）克那克的"五要素认知"策略

"五要素认知"（five-element cognitive）策略，是克那克（Kinach B. M.）于2002年专门为职前教师提出来的一种非常有效的 PCK 发展策略。① 不过，克那克的职前教师 PCK 发展策略是在中学数学方法课程的框架之内建构的，至于它对其他学科职前教师 PCK 发展的价值还有待于更多研究的证实。

克那克的"五要素认知"策略，主要包括五个环节，即识别（Identify）、评价（Assess）、挑战（Challenge）、转化（Transform）、保持（Sustain），简称为 IACTS。

关于这些环节的具体内容，我国学者鲍银霞②已经做了较为详细的说明。毫无疑问，克那克的"五要素认知"策略，为大家提供了一条在教师教育中发展职前教师 PCK 的有效途径，对 PCK 发展理论和教师教育实践都具有重要的贡献。同时，由于它仅关注了 PCK 的一个方面——教学解释，因此，很难代表 PCK 全部的内涵。

总的来看，国外已有的发展模式，已经为大家展示了教师使用 PCK 基本过程或者最核心过程的一两种思路，其中，舒尔曼旨在描述在职教师 PCK 使用过程的"教学推理与行动"模式获得了较为广泛的认同，而吉蒂斯的"三步转化"理论虽然对于理解 PCK 的本质功能也有一定的价值，但由于她对教师使用 PCK 的最核心过程的描述过于简单，因此，并没有获得更多研究者的持续关注。克那克的"五要素认知"策略，虽然是针对职前数学教师提出来的，也有一定的价值，但是由于"五要素认知"策略是一个相对封闭的自循环发展策略，没有考虑到职前教师的各种系统学习，因此，其作用也非常有限。

第二节　国内文献综述

国内有关 PCK 研究的文献始于台湾地区学者段晓琳，中国大陆学者辛涛

---

① Kinach, B. M. A cognitive strategy for developing pedagogical content knowledge in the secondary mathematics methods course: toward a model of effective practice[J]. Teaching and Teacher Education, 2002, 18: 51-71.

② 鲍银霞，谢淑雯，梁智丹. 学科教学知识的发展策略——克那克五要素认知策略评析[J]. 教育导刊，2014，（14）：61-64.

等人①于 1996 年在探讨教师知识结构、强调教师条件性知识重要性时，最早提及舒尔曼的 PCK 概念。当时他们把 PCK 翻译为"教育内容知识"。不过，第一次专门对 PCK 进行了探讨的大学学者是白益民②。自 1996 年 PCK 概念引入，我国大陆学者在 PCK 研究方面，已经积累了较为丰富的经验，取得了相对丰硕的成果。

一、有关学科教学知识内涵的研究

国内学者对 PCK 内涵的理解与界定，大致可以分为两种情况：一种是认同并借鉴舒尔曼对 PCK 内涵的界定；二是在介绍几位国外学者对 PCK 的界定后，给出自己的理解或定义。

第一种情况下，国内学者虽然都认同舒尔曼的 PCK 定义，但他们对 PCK 内涵的表述却不尽相同，还可以分为三种类型：

一是翻译、借鉴舒尔曼 1986 年对 PCK 内涵的表述，即"PCK 是教师面对具体学科内容主题时所特有的将学科知识转化为学生易于理解的教学形式的知识"，国内学者孙可平（2008③）、廖梁（2014④）、张小菊（2014⑤）、赵晓光（2015⑥）等持这一观点（需要说明的是，这几位学者的表述也不是完全相同，不过，通过分析可以看出，他们的表述都是基于舒尔曼 1986 年论文中的相关内容）。

二是翻译、借鉴舒尔曼 1987 年对 PCK 内涵的表述，即"学科教学知识是指教师在面对特定的主题时，如何针对学生的不同兴趣与能力，将学科内容知识加以调整、组织，而后进行教学的一种知识"，国内学者袁维新（2005⑦）、

---

① 辛涛，申继亮，林崇德. 从教师的知识结构看师范教育的改革[J]. 高等师范教育研究，1999(6)：12-17.

② 白益民. 学科教学知识初探[J]. 现代教育论丛，2000(4)：27-30.

③ 孙可平. 理科教师培养的新视角：教学内容知识[J]. 全球教育展望，2008，37(5)：65-69.

④ 廖梁. 主题式学科教学知识的不同教学取向及其成因——以化学学科为例[J]. 课程·教材·教法，2014，34(7)：72-77.

⑤ 张小菊. 学科教学知识的结构化—叙事表征—内容表征—教学经验模型[J]. 外国教育研究，2014，41(3)：50-57，128.

⑥ 赵晓光，马云鹏. 卓越教师培养背景下的师范生学科教学知识发展[J]. 黑龙江高教研究，2015(2)：91-93.

⑦ 袁维新. 学科教学知识：一个教师专业发展的新视角[J]. 外国教育研究，2005，32(3)：10-14.

冯苗（2006①）、谢赛（2010②）、柳杨辉（2011③）、高芹（2011④）、梁永平（2011⑤、2013⑥、2013⑦）、陆勤超（2015⑧）、皇甫倩（2015⑨）、石耀华（2015⑩）、钱海峰（2016⑪）、辛继湘（2017⑫）、陶卉（2017⑬）等持这一观点。

三是翻译、综合了舒尔曼1986年与1987年对PCK内涵的表述，国内学者廖元锡（2005）、王芳（2010⑭）、郑志辉（2013⑮）等持这一观点，比如在廖元锡看来，"学科教学知识是指教师将学科内容转化和表征为有教学意义的形式、适合于不同能力和背景学生的能力，是综合了学科知识、教学和背景的知

---

① 冯苗、曲铁华. 从PCK到PCKg：教师专业发展的新转向[J]. 外国教育研究，2006，33（12）：58-63.

② 谢赛、胡惠闵. PCK及其对教师教育课程的影响[J]. 教育科学，2010，26（5）：55-58.

③ 柳阳辉. 学科教学知识——PCK_对幼儿教师教育的启示[J]. 上海教育科研，2011（11）：73-75.

④ 高芹. PCK-教师教育改革的新视角[J]. 教育探索，2011（12）：116-118.

⑤ 梁永平. PCK-教师教学观念与教学行为发展的桥梁性知识[J]. 教育科学，2011，27（5）：54-59.

⑥ 梁永平. PCK视域下教师的学生知识及其发展[J]. 教育科学，2013，29（5）：58-63.

⑦ 梁永平. 职前教师学科教学知识发展的理论与实践路径[J]. 课程·教材·教法，2013，33（1）：106-112.

⑧ 陆勤超、陈群波 袁晓东. 教师学科教学知识调查——以S市H区小学语文教师为例[J]. 教育发展研究，2015（10）：77-84.

⑨ 皇甫倩. 基于学习进阶的教师PCK测评工具的开发研究[J]. 外国教育研究，2015，42（4）：96-105.

⑩ 石耀华、余宏亮. 论说课作为教师PCK的生发路径[J]. 教育发展研究，2015（20）：80-84.

⑪ 钱海锋、姜涛. 职前教师学科教学知识发展：一种系统的视角[J]. 教育评论，2016（6）：122-126.

⑫ 辛继湘. 教师学科教学知识传递的影响因素与路径选择[J]. 课程·教材·教法，2017，37（5）：89-94.

⑬ 陶卉、董静. 缄默知识理论视域下PCK的发展[J]. 教育理论与实践，2017，37（7）：46-50.

⑭ 王芳、卢乃桂. 教学内容知识：教师教育中教学实践课程的重点[J]. 教育发展研究，2010（2）：69-73.

⑮ 郑志辉、魏书敏、赵新云. 学科教学知识发展中的转化：国外研究探微[J]. 黑龙江高教研究，2013（6）：68-71.

识而形成的知识"。①

第二种情况下，国内学者一般都会在介绍说明国内外（主要是国外）学者的 PCK 内涵之后，分析提出自己对 PCK 内涵的理解。基于国外学者纽瑟姆对 PCK 本质的两种划分（即整合模型与转化模型）与国内学者自身的理解，可以把国内学者的 PCK 界定分为四种类型：

第一类是"整合"型，即认同 PCK 的整合本质，主张 PCK 是几种教师知识的整合或综合理解，比如，刘婕认为，"学科教学知识是教师对教育学、心理学、学科知识、学生特征和学习背景的综合理解"②；刘小强认为，"教师知识的成分应包括学科知识、教育知识和情境性知识等，PCK 是在所有这些知识相融合（integrated）、合成（synthesize）的基础上产生的，但它又不同于原来的知识成分"。③

第二类是"转化"型，即认同 PCK 的转化本质，主张 PCK 是把学科知识转化成学生易于理解的形式的知识，比如，杨彩霞认为，"教师学科教学知识是教师关于如何将自己所知道的学科内容以学生易理解的方式加工、转化给学生的知识"④；李伟胜认为，"学科教学知识内涵中的核心因素"是"从学生立场出发实现知识转化"。⑤

第三类是"整合转化"型，即既认同 PCK 的整合本质也认同它的转化本质，主张 PCK 是在教师各类知识整合基础上用于知识转化的知识，比如，李小红认为，"学科教学知识是指教师在教学及其准备过程中，结合特定学科特定课题并考虑学生情况及发展需要，融合本专业的学科知识、教育学、心理学以及一般教学法知识，将它们转化为学生可接受的形式时所需要的知识"⑥；解书认为，"PCK 应该是教师在特定的教学情境里，基于对学生和特定学科内容的

① 廖元锡. PCK——使教学最有效的知识[J]. 教师教育研究，2005，17(6)：37-40.

② 刘捷. 建构与整合：论教师专业化的知识基础[J]. 课程·教材·教法，2003(4)：60-64.

③ 刘小强. 教师专业知识基础与教师教育改革：来自 PCK 的启示[J]. 外国中小学教育，2005(11)：5-8，16.

④ 杨彩霞. 教师学科教学知识：本质、特征与结构[J]. 教育科学，2006，22(1)：60-63.

⑤ 李伟胜. 学科教学知识(PCK)的核心因素及其对教师教育的启示[J]. 教师教育研究，2009，21(2)：33-38.

⑥ 李小红，秦晋. 教育实习中实习生学科教学知识的发展及其改进[J]. 教育研究，2015(12)：141-145.

综合理解，选择教学策略表征，将学科知识转化为学生理解的知识过程中所使用的知识"。①

第四类是"功能"型，即对 PCK 的本质没有明确的认同，只是含糊地说明 PCK 的功能，比如，常攀攀认为，学科教学知识是"教师教学中基于学科知识（即本体性知识）和教学知识（即条件性知识），依据情境知识（即实践性知识）而生成的促使自身专业发展和促进教学效果最优化的知识体系"②。

综合以上分析，可以发现：

（1）国内学者对 PCK 内涵的认识莫衷一是，尚未形成一致的认识。不过，在众多观点之中，认同舒尔曼最初界定的仍然是主流。

（2）国内学者对 PCK 内涵的本土化探讨，虽然已经开始，比如已有不少学者提出了自己的 PCK 定义，也有学者分析提出了自己对学科教学知识的本土化分类（邢红军，2013③），但从整体上看，目前仍处于初级阶段。这一阶段的表现主要有两个：一是学者们提出的 PCK 内涵，不仅分析不够、解释不透彻，而且界定方法过于简单，科学性不强（国内学者 PCK 的界定方法大致可分为"直接给出""综述给出""综述加分析"给出三种类型）；二是绝大多数学者在提出自己的 PCK 内涵时，不综述、更不评论国内同行对 PCK 已有的认识与理解。

二、有关学科教学知识要素结构的研究

从总体上看，国内学者有关 PCK 结构的研究，虽然仍然以翻译引介为主，但已经有个别学者分析提出了自己有关 PCK 要素结构的认识。

从 2000 年白益民开始至今，国内学者已翻译引介了舒尔曼（Shulman）、格罗斯曼（Grossman）、科克伦（Cochran）、范德瑞尔（Van Driel）、马格努森（Magnusson）、威尔（Veal）、帕克（Park）等 34 位国外学者或课题组的 PCK 要素结构观点。国内学者在翻译引介 PCK 要素结构观点时，呈现出以下几个特点：

第一，从被翻译引介的数量看，大多数学者翻译引介国外 PCK 要素结构

① 解书，马云鹏，李秀玲.国外学科教学知识内涵研究的分析与思考[J].外国教育研究，2013，40(6)：59-68.

② 常攀攀，罗丹丹.PCK 视阈下的教师专业发展路径探究[J].教育理论与实践，2014，34(17)：18-20.

③ 邢红军，陈清梅，胡扬洋.教师教育学院：学科教学知识中国化的实践范本[J].现代大学教育，2013(5)：97-105，封三.

观点的数量在 1~5 个，不同学者翻译引介的数量差异很大，多则可达 23 位，少则仅有 1 位。

第二，从被翻译引介的次数看，格罗斯曼的四要素观点、舒尔曼的二要素观点、科克伦的四要素观点、马克斯的四要素观点、马格努森的五要素观点、威尔的金字塔层次模型与塔米尔的四要素模型，是国内学者提得最多的七个 PCK 模型。

第三，从国外学者 PCK 要素结构观点被介绍的程度看，大致可分为提到、介绍、详细介绍与要素拓展四种情况。其中，"提到"是指论文中仅提及了该学者对 PCK 要素有过研究，或增加过某个要素；"介绍"是指明确提出 PCK 的各个要素；"详细介绍"是指在明确介绍 PCK 各个要素的基础上，对每个要素的内涵也进行了解释说明；而"要素拓展"实际上已经是国内学者自己的创新性研究了，是指在国外学者要素框架的基础上，细化了每个要素的子要素，或者是具体化了这些要素。34 种国外 PCK 要素观点中，舒尔曼、格罗斯曼和科克伦的要素观点被详细介绍的次数最多。

自 2010 年王政①提出 PCK 构成的"三要素"结构之后，国内学者也陆续提出了一些自己的 PCK 要素结构，比如，2012 年梁永平②提出了四要素结构等。国内学者分析提出 PCK 要素结构的具体情况见表 2-4。

表 2-4 国内学者分析提出的 PCK 要素观点具体情况

论文作者及年份	要素结构
王政 2010	三要素结构，即学科内容知识、情境性知识和一般教育性知识
汤杰英 2012	三要素结构，即关于教学内容的知识、关于教学对象的知识和关于教学策略的知识
梁永平 2012	四要素结构：(1)基于化学科学理解的化学学科知识；(2)关于学生理解化学的知识；(3)关于化学课程的知识；(4)化学特定课题的教学策略及表征的知识

① 王政，任京民. 论教师学科教学知识及其养成[J]. 外国中小学教育，2010(3)：29-32.

② 梁永平. 论化学教师的 PCK 结构及其建构[J]. 课程·教材·教法，2012，32(6)：113-119.

续表

论文作者及年份	要素结构
刘燕楠 2014	三要素结构，一是关于学科领域内容知识的呈示；二是对学生前概念、认知能力、发展能力与发展现状之间的矛盾的把握；三是教学法如何运用、对教育的感悟及教育智慧的获得。简单来说就是：教师教什么（What）、教谁（Who）和怎样教（How）
张小菊 2014	三要素结构，即对特定教学主题下的教学内容的认识，对特定教学主题下的学生认知特征的认识，对特定教学主题下的教学策略的认识
李小红 2015	四要素结构：（1）关于教学目的的知识：学科整体的教学目的知识+具体课题的教学目标知识；（2）关于教学内容的知识：价值的知识+广度的知识+深度的知识重点的知识；（3）关于学生的知识：已有基础的知识+学习难点和易错点的知识；（4）关于教学策略的知识
陆勤超 2015	四要素结构，即教学内容知识、教学策略知识、学生知识和课程知识
张茂林 2016	五要素结构，即学科教学内容知识（教什么）、教学对象知识（教谁）、教学策略知识（怎么教）、教学价值知识（为什么这样教）和教学提高知识（如何提高教的水平）
辛继湘 2017	三要素结构，即教学内容知识、教学对象知识、教学策略知识
高成 2019	四要素结构，课程的知识、学生的知识、教学策略与表征的知识、教学评价的知识

由表 2-4 可以看出，国内学者在提出自己的 PCK 要素观点时，表现出如下几个特点：

第一，从总体上看，国内学者提出的 PCK 构成以三要素为主，即都是从教什么、教谁、如何教的视角，都可以表述为教学内容知识、教学对象知识与教学策略知识三个要素。不过，有趣的是，虽然学者们提出了基本一致的"三要素"结构，但他们的依据却是不同的，其中，汤杰英①的依据是 15 位国外学者与 1 位国内学者的 PCK 要素观点，刘燕楠②依据的是巴雷特的 PCK 定义，

① 汤杰英，周兢，韩春红. 学科教学知识构成的厘清及对教师教育的启示[J]. 教育科学，2012，28(5)：37-42.

② 刘燕楠. 教师"新教学知识观"的构建：从形成学科教学知识到生成学科教学认知[J]. 教育理论与实践，2014，34(29)：26-28.

而辛继湘①依据的则是舒尔曼的 PCK 定义，张小菊②则是通过文献梳理与理性分析提出的。

第二，从提出方式上看，大致可分为三类：一是从国外学者的 PCK 定义直接分析提出，比如，刘燕楠和辛继湘的三要素结构；二是综述提出，比如陆勤超的四要素结构③；三是在综述提出后又进行分析论证或解释说明，比如，李小红的四要素结构④。

第三，从具体内容上看，已提出的 PCK 要素结构都是针对在职教师的，有关职前教师 PCK 结构的研究目前还没有，而且已提出的 PCK 要素结构最多只是进行了理性的分析论证，并没有进行要素结构的科学性检验。另外，已提出的 PCK 要素结构中只有极少数学者对 PCK 各组成要素及其子要素的内容进行了较为详细的论述，比如，梁永平就详细论述了自己的四要素结构，并把这四种要素再分成 9 个子要素，多数学者只是提出四要素，没有具体介绍其内容，也没有进行更加细致的分类。因此，无论是职前还是在职，教师 PCK 的要素结构都还需要进一步研究探索，尤其是职前教师的 PCK 要素结构，目前尚属空白。

三、有关学科教学知识特征的研究

从总体上看，国内学者的论述总共提到了 32 种不同名称的 PCK 特征或特点，具体情况见表 2-5。

从表 2-5 可以看出，国内学者研究 PCK 特征或特点时，呈现出以下几个特点：

第一，从特征的总个数看，国内不同学者提及或提出的 PCK 特征数量不等，少则有 1 个，多则有 7 个，其中，提出 4 个特征的最多。

第二，从单个特征被提及或提出的次数看，个体性、情境性、实践性、缄默性、建构性、整合性与生成性、转化性与专业性是大家关注最多的七个特征。

---

①　辛继湘. 教师学科教学知识传递的影响因素与路径选择[J]. 课程·教材·教法，2017，37（5）：89-94.

②　张小菊. 化学学科教学知识研究[D]. 上海：华东师范大学，2014.

③　陆勤超，陈群波，袁晓东. 教师学科教学知识调查——以 S 市 H 区小学语文教师为例[J]. 教育发展研究，2015（10）：77-84.

④　李小红，秦晋. 教育实习中实习生学科教学知识的发展及其改进[J]. 教育研究，2015（12）：141-145.

第三，从 PCK 特征的说明方式看，国内学者关于 PCK 特征的说明主要包括零散提及与系统论述两种情况。多数学者均专门针对 PCK 的特征进行了较为详尽的分析论述。

表 2-5　国内学者提及或提出的 PCK 特征具体情况

论文作者及年份	建构性6	整合性5	转化性3	与内容有关1	实践性7	个体性12	情境性9	专业性3	生成性5	缄默性7	观念性1	阶段性1	合作性1	学科性2	模糊性1	发展性1	经验性1	综合性1
白益民，2000						○	○											
袁维新，2005	●	●	●															
杨彩霞，2006				●	●		●											
唐泽静，2010			●						●	●								
柳阳辉，2011	●						●	●										●
高芹，2011	●	●				●												
李斌辉，2011	○	○	○		○	○	○			○								
梁永平，2011					●						●							
汤杰英，2014		●				●			●	●								
郑志辉，2014	●						●						●	●				
张小菊，2014	○									○								
李小红，2015					○	○								○				
赵晓光，2015						●			●	●								
皇甫倩，2015		○			○	○	○		○	○				○				
石耀华，2015					○	○									○			
杨 卉，2015					●	●	●		●									
辛继湘，2017										●								
陶 卉，2017						●	●			●						●	●	

说明：符号意义：○零散提及；●系统论述

综合以上分析，可以发现：无论在内涵研究，还是在要素研究、特征研究方面，国内研究都存在这样那样的问题。除前文所述的个性化问题外，国内研究在 PCK 本体论方面还存在以下共性问题：

第一，PCK 概念虽然已经得到国内不少学者的关注与研究，也已经纳入我国 2012 年公布的《中学教师专业标准（试行）》的具体要求中，但至今未能成为国内教师教育研究的主流，尚未对国内中学教师的职前培养与职后培训产生实质影响。

第二，虽然国内已有为数不少的学者提出了自己的见解，但由于国内很多学者在研究方法上"重翻译引介、轻理性分析""重国外研究综述、轻国内研究述评"，因此，至今尚未出现认可度比较高的观点，更没有形成较为一致的认识。尤其是在 PCK 要素结构方面，职前教师 PCK 要素结构的研究并没有引起国内学者的关注，目前有关该方面的研究尚属空白。

第三，从教师 PCK 研究与国内教师教育已有研究成果的关联程度看，除个别学者分析论述了学科教学知识与学科教学法知识、学科教学论知识、学科教育学知识之间的关联外，国内大多数并不提及或论述"舒尔曼的学科教学知识与国内长期存在的学科教学论知识"之间的关联。PCK 与学科教学论知识之间的关系问题，是摆在所有 PCK 研究者与教师教育者、教师教育研究者面前不可回避的一个关键性问题。

四、有关学科教学知识发展的研究

1. 有关 PCK 发展的理论研究

国内学者提出的发展策略主要包括间接发展策略与直接发展策略两种类型。间接发展策略，是指在论述 PCK 对教师专业发展或教师教育重要影响的基础上，通过促进教师教育改革与教师专业发展，间接促进教师 PCK 发展的策略。这类策略一般都是以分析论述 PCK 对教师专业发展或教师教育产生的各种启示或意义的方式出现，比如，国内学者袁维新分别针对培养模式、课程结构、教学方式、实践方式提出的宏观发展策略①，属于间接发展策略。直接发展策略，是指在论述 PCK 内涵、结构、特征等本体问题的基础上，专门针对教师 PCK 整体或某一构成要素设计提出，直接促进教师 PCK 发展的策略。

① 袁维新.学科教学知识：一个教师专业发展的新视角[J].外国教育研究，2005，32(3)：10-14.

这类策略一般都是以分析论述教师个人 PCK 建构、PCK 如何养成或者如何促进教师集体 PCK 发展的方式出现，通常可以分为指向教师专业发展的个体发展策略与指向教师教育改革的集体发展策略两种类型，比如，梁永平在 2013 年专门针对 PCK"学生知识"要素提出了六条具体策略①，就是指向教师专业发展的个体发展策略，而杨卉设计提出的"教师在线实践社区 PCK 知识发展研修活动"②就是指向教师教育改革的集体发展策略。

为了进一步总结概括国内学者在 PCK 发展策略方面的研究经验，本课题分别对 2000—2019 年 CSSCI 收录（含扩展版）期刊以及科学教育领域博士论文中所有的教师 PCK 的个体发展策略（共 12 篇论文）与集体发展策略（共 10 篇论文），经过准确理解、完整摘录（即对作者所提发展策略的摘录，不拘泥于原论文中的宏观策略框架，而是基于策略实施方法细节描述基础上的全部摘录）、形式归类（即按组织形式把作者所提发展策略进行归类）、相近合并（即把名称不尽相同但意思相近的实施方法合并）、去虚存实（即去掉那些只说明应该发展什么内容，而不解释如何操作的方法或路径）五个步骤归纳总结后（见表 2-6），可以发现：

第一，从类型上看，国内学者提出的教师 PCK 发展策略主要涉及教学反思（22 篇论文中有 15 篇提到，标记为 17/22）、教学研讨（15/22）、教学经验（12/22）、课堂观察（11/22）、专业学习（9/22）、教学研究（5/22）六种类型。

第二，从方法上看，不同教师 PCK 发展策略，有着不同的实施方法；相同教师 PCK 发展策略也会有多种不同的实施方法。"教学反思"类策略主要涉及反思学科知识、日常教学反思（教学反思、经验反思日常化、基于格罗斯曼六问题框架的教学反思、基于格罗斯曼六问题与哈斯威赫七问题框架的教学反思、基于"内容表征-教学经验模型"的教学反思、行动中反思、对行动的反思、集体教学反思）与反思总结（教学实习总结、编写教学案例）三种方法。"教学研讨"类策略主要涉及开展教研活动（开展专题教研、集体备课、说课、集体设计教案、边缘性参与、经验分享）、临床指导（现场答疑、与指导教师沟通、后续讨论、课堂点评、评课、专家督导）、组织其他专业活动（青蓝结对、公开课、优秀课展示、案例研讨、教师沙龙、热点讨论、难题会诊、教学

①　梁永平. PCK 视域下教师的学生知识及其发展［J］. 教育科学，2013，29（5）：58-63.

②　杨卉. 基于教师在线实践社区的教师 PCK 知识发展活动设计及评价研究［J］. 电化教育研究，2015（10）：113-120.

表 2-6 国内学者提出的教师 PCK 个体发展策略汇总

类型 作者	教学研讨	专业学习	教学研究	教学反思	教学经验 （实践）	课堂观察
袁维新， 2005	青蓝结对；集体备课；说课；评课				个人在特定情境中探究	听课
应国良， 2006	青蓝结对；集体备课；说课；评课	教材教学法加工		教学反思		听课
王政， 2010			教育叙事	教学反思		
刘义兵， 2010	优秀课展示；现场答疑	专题讲座；案例教学与互动参与				现场教学观摩；录像观摩
王芳， 2010				基于格罗斯曼六问题框架的教学反思		
蔡铁权， 2010	集体设计教案；说课；评课					听课
李斌辉： 2011	青蓝结对；集体备课；说课；评课；教师沙龙；难题会诊；热点讨论；学比武；骨干示范；课例评价	开展专业阅读；专家带路；案例教学	行动教育模式	经验反思日常化	课堂教学	课堂观摩

续表

类型　作者	教学研讨	专业学习	教学研究	教学反思	教学经验（实践）	课堂观察
梁永平：2012,2013	开展专题教研	研究课标与教科书；研究优秀教师案例；研究教研期刊；参加教师培训	开展行动研究；课后深度访谈	编写教学案例	优化教学设计；形成关注学生学习的教学思维方式；课堂讨论；学生作业	课堂观察
梁永平：2013*	与指导教师沟通	教学案例解释；研读课程标准；教科书加工分析		反思学科知识；教学反思；教学实习总结	核心内容教学设计；教学实施	观察指导教师实践
郑志辉，2013				基于格罗斯曼六问题与哈斯威赫七问题框架的教学反思		
刘燕楠，2014				教学反思	教学经验积累	
张小菊等：2014				基于"内容表征-教学经验模型"的教学反思		
郑志辉：2014	课堂点评			教学反思	主题教学设计；模拟教学	

续表

类型\作者	教学研讨	专业学习	教学研究	教学反思	教学经验（实践）	课堂观察
杨卉，2015	案例研讨；作品展示	短期课程学习		个人教学反思；集体教学反思	教学实践经验	典型案例观摩自我教学观察
李小红等，2015	后续讨论			教学反思	备课；试讲；课堂教学体验；作业与试卷批改；辅导答疑	听课
石耀华，2015	说课					
赵晓光，2015	三方（高校教师、一线教师与教研员）合作	案例课程；基于实践问题的学习；专家引领		教学反思		
钱海峰，2016	说课；公开课；教学比武；专家督导；课例探讨		行动学习	实践中反思；反思后实践的再反思	小组试讲；模拟上课；教学竞赛	旁观学艺
陶丹，2017				在行动中反思；对行动的反思		
陈法宝，2017	边缘性参与与经验分享			个人与集体反思	课堂教学实践	
王燕荣，2018		案例剖析			课堂教学；批改作业；课后辅导；班级管理	课堂观摩

比武、骨干示范、课例评价、作品展示、三方合作等)三种方法。"教学经验"类策略主要涉及备课(优化教学设计、核心内容教学设计、主题教学设计)、试讲(模拟教学)、课堂教学(个人在特定情境中探究、教学实施、课堂讨论、教学经验积累、教学实践经验、课堂教学体验、课堂教学实践、教学竞赛)、专家型教学思维养成(形成关注学生学习的教学思维方式)、作业与试卷批改(学生作业、批改作业)、辅导答疑(课后辅导)、班级管理七种方法。"课堂观察"类策略主要涉及现场观摩(听课、现场教学观摩、观察指导教师实践、课堂观摩、课堂观察、旁观学艺)、录像观摩(典型案例观摩、自我教学观察)两种方法。"专业学习"类策略主要涉及案例教学(案例教学与互动参与、案例教学、研究优秀教师案例、案例课程、教学案例解释、案例剖析)、研读课程材料(教材教学法加工、研读课程标准、研读课标与教科书、教科书加工分析)、专家引领(专题讲座、专家带路、短期课程学习、参加教师培训)、开展专业阅读(研究教研期刊)四种方法。"教学研究"类策略主要涉及教育叙事、行动研究(行动教育模式、行动学习)、课后深度访谈三种方法。

发展理论方面,我国学者朱连云、刘义兵等围绕 PCK 发展的相关理论问题进行了较为深入的研究与探讨。

2007 年,上海青浦实验研究所提出了教师 PCK 生成的二次"转化"观点。[①] 他们认为:第一,教师生成学科教学知识需要经历两次"转化":"第一次'转化'主要反映在教师的教学设计中;第二次'转化'主要体现于课堂教学中。第二,新手与专家教师 PCK 的差异主要体现在二次"转化"方面。与新手教师相比,专家教师不仅具有良好的二次"转化"能力,而且"专家的二次'转化'是以交互的形式呈现于教学过程之中,认知图式更丰富、更精致"。显然,这里的二次"转化"观点,无论是对 PCK 生成全部过程的理解,还是对职前教师 PCK 发展侧重点的把握,都具有十分重要的意义。

2010 年,西南大学刘一兵教授首次针对"学科教学知识是否可以传递""学科教学知识的形成是否是各要素平均作用的结果"两个"教师 PCK 发展"的前提性问题进行理论分析与实践回应。[②] 关于"学科教学知识是否可以传递"的问题,他的回答是肯定的,即"教师的学科教学知识具有一定程度的可传递

① 上海市青浦试验研究所. 小学数学新手和专家教师 PCK 比较的个案研究[J]. 上海教育科研, 2007(10): 47-50.
② 刘义兵, 郑志辉. 学科教学知识再探三题[J]. 课程·教材·教法, 2010, 30(4): 96-100.

性"。当然，为了避免大家误解，他进一步解释道，"学科教学知识具有一定的可传递性，并不是为了否定学科教学知识的动态性、建构性与个体性"。实际上，刘教授强调的学科教学知识的"可传递性"仅仅是对"中低层次的教师"、是对处于"生存关注"阶段的教师而言的。关于"学科教学知识的形成是否是各要素平均作用的结果"的问题，他的回答是否定的，即"学科教学知识的形成不是各要素平均作用的结果，教师专业发展不同阶段学科教学知识的构建具有量和质的变化"。文中，他借助叶澜教授的教师专业发展"三阶段"模型，较为客观地分析指出了每一阶段老师 PCK 发展的具体情况：首先，处于"生存关注"时期的教师，往往只是提取学科知识与一般教学法知识来构建自己的学科教学知识；其次，处于"任务关注"时期的教师，其学科教学知识的建构，逐步转向以关于学生的知识为主体的，关于学生的知识、学科知识、一般教学法知识的新融合；最后，处于"自我更新阶段"的教师，其学科教学知识的建构，在以关于学生的知识为主体的情况下，不仅融入关于学生的知识、学科知识、一般教学法知识，更有关于评价的知识、情境的知识、环境的知识、课程的知识、社会文化的知识、课堂管理的知识，等等。

同样是在 2010 年，西南大学博士研究生郑志辉在导师刘义兵教授前期论述的基础上，分析提出了 PCK 发展的三阶段模型①(见图 2-6)，即教师 PCK

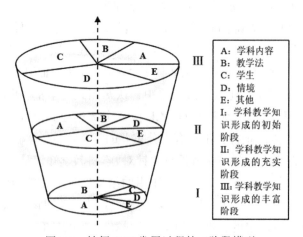

图 2-6 教师 PCK 发展过程的三阶段模型

① 郑志辉. 引领教师专业发展学科教学知识再探[J]. 中国教育学刊，2010(3)：50-53.

发展的过程可以分成初始、充实和丰富三个阶段。郑志辉认为，PCK 形成的三阶段模型，不仅揭示了教师 PCK 随教学实践积累而呈现出一个螺旋上升的态势，而且说明了每一阶段教师 PCK 发展的重点。

2012 年，华东师大博士汤杰英等人在厘清学科教学知识构成的基础上，从理论上分析指出了 PCK 三个构成要素各自的发展步骤。[①] 他们认为，"关于教学内容的知识"要素的发展转换，需要经过理解、选择、转化三个步骤；"关于教学对象的知识"要素的发展转换需要经过了解、分析、评价三个步骤；而"关于教学策略的知识"要素的发展转换则需要经过学习、表征、调整三个步骤。汤杰英提出的 PCK 三个构成要素的发展步骤以及他的这种基于 PCK 各个构成要素发展步骤的理论分析方法，为其他学者研究发展理论与发展策略提供了很好的努力方向。

2012 年，河南师大侯新杰教授在对优秀物理教师进行个案研究后，也提出了教师 PCK 发展的三阶段观点，即优秀教师 PCK 的发展可以分成初始、充实和丰富三个阶段。[②] 侯新杰教授提出的三个阶段，与郑志辉在 2010 年提出的 PCK 发展三阶段模型，无论是从名称还是从具体内涵上看，都基本一致。不同的是，郑志辉的 PCK 三阶段模型是基于叶澜教授教师专业发展"三阶段"模型的理性分析结果，而侯新杰的 PCK 三阶段观点则是基于优秀物理教师个案研究的经验实证结果。两位学者提出的教师 PCK 发展三阶段观点，较为清晰地指明了每一阶段关注"重点"的递进演变，即按照初始、充实和丰富的顺序从关注"学科知识"到关注"学生"再到关注"情境"的演变，给后续研究者设计、提出"符合教师专业发展实际阶段"的发展策略提供了较为可靠的理论依据。不过，由于三阶段观点只是针对在职教师 PCK 的发展而提出，因此，对于职前教师该如何发展 PCK，三阶段观点的实际意义不大。

2012 年，梁永平教授在分析论述"化学教师的 PCK 结构及其建构"的时候，从 PCK 与实践的关系、PCK 发展的动态本质与 PCK 构成要素层级关系等三个角度，初步阐述了他对教师 PCK 发展的理论认识[③]：

（1）"实践是 PCK 发展的基础"。"学科知识与教学理论知识的融合最根本

① 汤杰英、周竞、韩春红. 学科教学知识构成的厘清及对教师教育的启示[J]. 教育科学，2012，28(5)：37-42.

② 侯新杰、王莹、栗素姣. 优秀物理教师学科教学知识发展的个案研究[J]. 教育理论与实践，2012，32(23)：25-27.

③ 梁永平. 论化学教师的课程知识及其发展[J]. 化学教育，2012，33(6)：1-5.

的途径就是实践，只有通过教学实践才能将学科知识由学术形态转化为属于教师个体的具有可教性的学科知识形态"。

（2）PCK 发展是一个动态过程，教师 PCK 不是随学科知识和一般教学知识的获得而自然获得，其形成是一个动态的、生成的、建构的过程，其形成需要教师个人在特定情境中不断进行探究。

（3）构成 PCK 的基本要素存在着层级关系，学科知识是 PCK 的第一重要基础和首要来源，关于学生的知识是 PCK 的第二重要基础和来源。

以此为基础，梁永平教授在 2013 年的论文中，再次对教师 PCK 发展的有关理论问题进行了更加清晰分析论述，并初步形成了自己的理论架构。在文中，他分析阐述了教师 PCK 发展的三种理论基础，即本体论基础、认识论基础和角色基础，简要说明了 PCK 发展的阶段论。① 这三种理论基础分别回应了"学科专业知识""教学实践"以及"关于学生的知识"对教师 PCK 发展的重要价值。关于本体论基础，他主张"学科知识是 PCK 发展的第一必要条件"。关于认识论基础，他先是介绍了国外学者的三种转化方式观点，即"由学科知识转化而形成""由一般教学知识转化而形成""由学科知识与一般教学知识一起转化而形成，或由原有的 PCK 建构而来"，随后进一步分析提出了自己有关职前教师"PCK 发展的基本路径"——教学实践的三种方式的理论认识，即教学设计为基本活动的模拟性实践、观察学习为基本活动的教学见习和真实情境下的教学实习。关于角色基础，他认为"教师的角色意识影响着教师 PCK 的发展，而关注学生学习是教师角色的根本体现"，"教师只有理解学生在教学中的重要性，将'为了学生的理解'作为教学的根本任务，才能有效地发展PCK"。关于 PCK 发展的阶段论，他只是简要陈述"教师 PCK 的发展也是有阶段的"这样一个观点，并没有进行更为具体细致的论述。

发展模式方面，我国学者郑志辉、钱海峰、陈法宝、陶卉分别研究提出了自己的教师 PCK 发展模式。其中，郑志辉与钱海峰是针对职前教师 PCK 的发展而提出的发展模式；而陈法宝与陶卉则是针对在职教师 PCK 发展而提出的发展模式。

2014 年，郑志辉在阐述了 PCK 的分类与 PCK 发展的关键——"转化"的

---

① 梁永平. 职前教师学科教学知识发展的理论与实践路径[J]. 课程·教材·教法，2013，33（1）：106-112.

特征与实质之后，提出了基于教育学的职前教师学科教学知识发展模式(见图2-7)。① "职前教师的学科教学知识发展并非需要额外的课程设置与教学实施，在目前的课程设置(即职前教师的理论课程，如《教育学》《教育心理学》)中，只要遵循学科教学知识发展的规律，就能够促进学生学科教学知识的发展"，是郑志辉提出该发展模式的基本前提。"由教育学知识向学科教学实践的转化"是郑志辉 PCK 发展模式的根本遵循。一个起点(即教育学理论学习)、两次转化(即基于教育学的学科思考与基于特定主题的教学设计)与五个环节(即理论学习、学科转化、模拟教学、课堂点评、反思与改进)，则是郑志辉发展模式的核心要点。其中，两次转化观点则是郑志辉对 PCK 发展理论的积极探索。纵观郑志辉近几年的论文，可以看出，该模式从根本上说，是基于马克斯对 PCK 发展的理论认识，即 PCK 发展的"三种转化方式"观点。

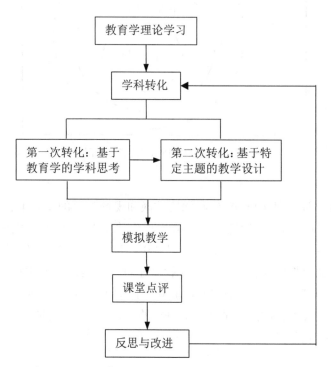

图 2-7 基于教育学的职前教师学科教学知识发展模式

① 郑志辉. 职前教师学科教学知识发展：理论基础与模式建构[J]. 教育理论与实践，2014，34(20)：35-37.

2016 年，钱海峰等人以袁维新 PCK 两种构建形式的观点与他们对主体、行动学习、社会介入和关于特定主题教学策略四种影响因素的分析论述为依据，提出了一个以个体自主构建为基础的职前教师 PCK 发展模式——"四环模式"（见图 2-8）。① 在钱海峰的四环模式中，职前教师 PCK 的发展方式，由内而外依次是自我指导式、同侪合作式、任务导向群体式与专家督导式。其中，自我指导式属于个人建构形式，而同侪合作式、任务导向群体式、专家督导式均属于学习共同体合作建构形式。

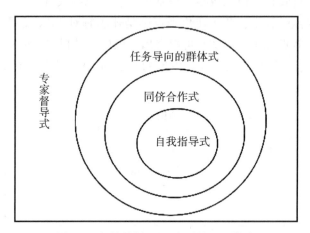

图 2-8 职前教师 PCK 发展的四环模式

2017 年，浙江师大陈法宝"在深度访谈和现场观察的基础上，建构了教研活动中 PCK 发展的扎根理论，探究出教研活动促进教师 PCK 发展的'理解—参与—分享—实践—反思'模式（见图 2-9）。② 在他看来，理解是指"教师对所教内容和如何教的理解"，参与包括"基于自身发展需要的主动参与和'边缘性'的被动参与"，分享是"对自身经验和集体知识的分享"，实践是指"把经验库中的知识迁移到新的问题情境中而进行的实践"，反思则是"对'经验'与'实践'的结合进行反思"。

① 钱海锋、姜涛. 职前教师学科教学知识发展：一种系统的视角［J］. 教育评论，2016(6)：122-126.

② 陈法宝. 基于教研活动的教师学科教学知识(PCK)发展模式研究［J］. 教师教育研究，2017，29(3)：75-80.

图 2-9　基于教研活动的教师 PCK 发展模式

2017 年，陶卉和董静依据 PCK 的缄默特征，分析提出了缄默知识理论视域下的教师 PCK 发展模式（见图 2-10）。① 在她们看来，教师"原有的 PCK"最初是以缄默的专题内隐于教师头脑中的，教师要发展自身 PCK 首先需要将其

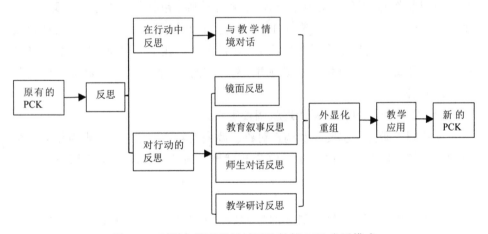

图 2-10　缄默知识理论视域下的教师 PCK 发展模式

"显性化"，而"显性化"缄默知识的最有效方式是教师批判性的自我反思，因此，在她们的模式中，教师 PCK 的发展的主要路径是"反思"。借鉴唐纳德·舍恩（Donald Schon）教授对反思的分类，她们又把这种反思分成"在行动中反

① 陶卉，董静. 缄默知识理论视域下 PCK 的发展［J］. 教育理论与实践，2017，37（7）：46-50.

思"与"对行动的反思"两种具体形式。其中，"在行动中反思"主要通过与教学情境对话实现；"对行动的反思"主要通过"镜面反思""教育叙事反思""师生对话反思""教育研讨反思"实现。整个模式的核心线索可以概括为原有 PCK、反思外显、重组、应用、新的 PCK 五个基本环节。

仔细分析国内学者提出教师 PCK 发展模式，可以发现，郑志辉、钱海峰与陶卉提出的发展模式只是一种纯粹的理性认识结果，而陈法宝提出的发展模式则是一种基于实证经验的扎根理论研究结果。截至目前，国内尚没有提出基于实证经验的、专门针对职前教师 PCK 的发展模式。

2. 有关 PCK 发展的实证研究

国内有关学科教学知识实证研究的论文，从研究对象上看，不仅涉及幼儿教师（如欧阳嫣妮，2017[①]）、中小学教师（如盛莉，2016[②]；史红霞，2020）、教研员（如梁爽爽，2017[③]）、师范生（王干，2016[④]）、教育硕士（如许应华，2018[⑤]；贾梦莹，2019）、大学教师教育者（如郭晓梅，2019[⑥]）等各个学段的在职与职前教师，还涉及中小学所有学科教师（包括语、数、英、理、化、生、政、史、地、音、体、美等 12 个学科）；从研究内容上看，不仅涉及现状调查、调查比较与相关调查等研究，还涉及线上线下、职前职后等各种教师 PCK 发展研究。为了聚焦，本课题着重综述化学教师 PCK 的现状调查研究与实证发展研究。

（1）有关化学教师 PCK 的现状调查研究

现状调查研究，主要涉及调查对象、调查内容、调查工具、调查结果四个方面。文献分析发现，化学教师 PCK 现状调查研究具有以下特点或问题：

① 欧阳嫣妮.示范性幼儿园教师科学领域的学科教学知识现状探究［D］.桂林：广西师范大学，2017.
② 盛莉，张文华.PCK 视域下高中化学教师"学生知识"的调查研究与分析［J］.化学教育，2016，37（3）：47-51.
③ 梁爽爽.优秀化学教研员学科教学知识个案研究［D］.石家庄：河北师范大学，2017.
④ 王干，张婉.化学师范生 PCK 现状探查［J］.化学教学，2016（12）：24-28.
⑤ 许应华，封红英，王迎新.全日制化学教育硕士生 PCK 现状的调查［J］.化学教学，2018（11）：27-32.
⑥ 郭晓梅.中国高校英语教师教育者学科教学知识发展研究［D］.上海：上海外国语大学，2019.

第一，化学教师 PCK 现状调查的研究对象，不仅覆盖了职前教师(包括高师化学本科生与全日制化学教育研究生)、新手教师(初任教师)、普通在职教师与专家型教师等处在教师专业发展不同阶段的各类化学教师，而且覆盖到了全国很多省市、多所高校的职前或在职化学教师，因此，单从调查对象的视角看，化学教师 PCK 现状调查研究已经较为全面地揭示了国内化学教师 PCK 的现有状况。

第二，从调查结果的视角看，不同类型化学教师 PCK 的调查结果有所不同。首先，几乎所有针对职前化学教师 PCK 的调查结果都显示，职前化学教师 PCK 的整体水平比较低，职前化学教师 PCK 各要素的发展均呈现出不均衡的状态。不过，由于这些研究者有关 PCK 要素结构的观点并不一致，因此，从现有的研究结果也看不出，职前化学教师 PCK 各要素发展的规律性特点。其次，不同研究者对新手化学教师和在职教师 PCK 现状调查的结果并不一致。无论是从整体上还是从某个要素上，均出现不一致的情况。最后，所有研究者对专家型教师 PCK 的调查结果都显示，专家型教师在 PCK"学生知识""课程知识""教学策略"三个维度的认识最为丰富和突出。国内学者针对职前化学教师 PCK 现状调查的一致性结论，也为本课题开展发展研究提供了可靠的研究依据。

第三，从调查方法的视角看，多数研究采用了"自我报告式"问卷调查法。由于教师 PCK 具有个体性、缄默性等特征，因此，单纯的"自我报告式"问卷与单一的质性方法很难完整、准确揭示教师 PCK 的真实水平。这是当前国内教师 PCK 现状调查存在的主要问题之一。

第四，从调查内容的视角看，基本上都是针对 PCK 整体进行调查研究，而且同类调查研究所依据的教师 PCK 要素结构或教师 PCK"学生知识"维度的子要素结构均不相同，国内研究者对教师 PCK 要素结构或教师 PCK"学生知识"维度的子要素结构的认识完全不一致。不仅如此，由于缺乏对国内外已有"PCK 要素结构"的充分研究、缺乏对自身构建的"PCK 要素结构"的论证与解说，部分调查研究依据的"PCK 要素结构"，无论是从名称上还是从内涵上看，已经与舒尔曼提出的 PCK 概念的本义渐行渐远，甚至已经完全背离了舒尔曼的 PCK 本义，比如，国内研究者提出的"教育素材知识①或素材知识"②、"化

① 冯琳. 化学新手教师 PCK 现状及其专业发展建议[D]. 石家庄：河北师范大学，2016.

② 张辰妹，刘敬华. 农村初中化学教师 PCK 现状及其相关因素的调查研究[J]. 化学教育，2015，36(1)：56-60.

学新手教师专业发展策略①""化学教学知识②或教学知识"③"对教师职业的情感态度"④等教师 PCK 要素(维度),已经与舒尔曼最初提出的 PCK 概念渐行渐远。当然,这也是当前国内教师 PCK 现状调查存在的最主要问题。

实证发展研究,主要涉及研究对象、发展内容、发展策略、数据采集方法、研究结论(包括发展效果与发展规律)五个方面。化学教师 PCK 实证发展研究具有以下特点或问题:

第一,国内化学教师 PCK 发展研究的研究对象,不仅在类型上涉及化学师范生、化学教育硕士等职前教师与高中一线化学教师,还在数量上包含从 1 到 100 之间的多种研究案例。虽然已经对各层次研究对象进行过研究,但由于国内发展研究多集中在硕士层面,无论是从理论设计上还是从实践深度上,目前都缺乏针对某一个特定层次研究对象的深层次研究。

第二,从发展内容的视角看,国内所有的发展研究都是针对教师 PCK 整体进行的实证研究。10 篇论文中除两篇采用格罗斯曼的 PCK 要素模型外,其余 8 篇论文的 PCK 要素模型均不相同。与现状调查研究类似,大家均缺乏对自身构建的 PCK 要素模型的分析论述,也都缺乏对国内同类研究的关注与综述。因此,构建认可度比较高的教师 PCK 发展模型,是确保发展研究沿着正确的方向的关键也是当前一段时间国内发展研究亟待解决的理论问题。

第三,从发展策略的视角看,国内研究者的主要策略主要分两种类型:对在职教师而言,发展策略主要是课例研究与行动研究;对职前教师而言,发展策略主要包括教师教育课程(《化学教学论》与《中学化学微格教学》)、教育实习与 PLC(专业学习共同体)干预三种类型。其中,关于"教师教育课程"干预,既有基于移动学习技术的课程教学模式的改变,⑤也有基于理性分析的课程内容与实施方法的改变⑥,当然也有个别研究只提到课程名称但并

---

① 冯琳. 化学新手教师 PCK 现状及其专业发展建议[D]. 石家庄:河北师范大学,2016.

② 姜鑫. 高中化学教师学科教学知识研究 ——以新手教师和职前教师为研究对象[D]. 西安:陕西师范大学, 2016.

③ 王干, 张婉. 化学师范生 PCK 现状探查[J]. 化学教学, 2016(12):24-28.

④ 王迎新. 全日制化学教育硕士学科教学知识现状及来源调查研究[D]. 重庆:重庆师范大学, 2016.

⑤ 郑美菊. 基于移动学习技术的化学教学论课程对职前化学教师 PCK 发展的影响研究[D]. 武汉:华中师范大学, 2017.

⑥ 张婉. 化学师范生 PCK 的研究[D]. 扬州:扬州大学, 2015.

没有说明干预细节①；关于"教育实习"干预，有研究者不仅总结说明了师范生入校实习的八种类型活动，即听课、备课、试讲、课堂教学、教学反思、后续讨论、批改作业与试卷以及辅导答疑，还较为详细地分析说明了听课、备课、课堂观察与试讲四种具体活动的 PCK 发展价值②，不过，也有研究者没有对"教育实习如何干预"进行分析说明③；而关于 PLC（专业学习共同体）干预，贾梦英等人④则较为详尽介绍了他们构建的 PLC 干预的理论与实践模式。

第四，从数据采集的视角看，除个别研究采用单一的数据采集方式，大多数研究均采用包含教学文本、教学录像、访谈录音、田野笔记、反思日记、问卷调查、观察量表在内的各种数据采集方式的不同组合。由此可见，多种数据采集方式组合使用是教师 PCK 实证发展研究中认可度比较高的做法。

第五，从发展效果的视角看，所有研究中提出的发展策略或多或少都能促进化学教师 PCK 的发展。其中，李小红、郑美菊和贾梦莹的发展策略均能促使教师 PCK 得到前后"差异显著"或"比较明显"抑或"较大的、进阶式"的发展。从发展规律的视角看，所有研究都得到"相同发展策略对 PCK 不同要素，促进程度不同"的结论。

第三节　文献述评

一、有关学科教学知识模型的研究

关于 PCK 要素模型，国外的研究相对较多，虽然对 PCK 的要素模型尚存在分歧，但在科学教育领域也形成一定的共识，马格努森等人的科学教师 PCK 五要素模型已得到了多数国外研究者的认同。而国内相关研究相对较少，仅有的几个要素模型也没有得到国内其他研究者的认同；虽说国内也有几位学

---

① 刘迪. 职前化学教师 PCK 发展研究——以中学化学微格课程为例[D]. 武汉：华中师范大学，2016.

② 李小红，秦晋. 教育实习中实习生学科教学知识的发展及其改进[J]. 教育研究，2015(12)：141-145.

③ 李娟. 化学师范生实习前后 PCK 的差异比较研究[D]. 福州：福建师范大学，2017.

④ 贾梦英，郑长龙，何鹏，杨勇. PLC 干预模式下全日制专业学位教育硕士 PCK 发展研究与思考——基于东北师范大学教育硕士培养改革的研究[J]. 教育理论与实践，2019，39(6)：3-5.

者提出了相似的 PCK 要素模型，但他们提出模型时也都是基于自身的认识，而不是相互认同。

从 PCK 要素模型提出的方法上看，国外研究大多数是采用理性分析或（和）文献综述的方法；只有极少数 PCK 要素模型是基于个案分析提出。不仅如此，国外所有已提出的模型都是针对在职教师的，也都没有运用统计方法检验其科学性。国内有关 PCK 要素模型的研究本来就少，不仅都是针对在职教师的，而且大多数只是单纯的理性思辨提出，既没有充足的文献依据，也缺乏大量经验的支撑，更缺乏统计方法的科学性检验。

另外，从已提出的要素模型的细化程度来看，国外研究更精致一些，一般都会在各要素的基础上再次进行细分，而国内研究相对粗糙一些，只有极少数学者对 PCK 的组成要素进行了再次分类，因此，单从这个角度看，国内仍然需要在 PCK 要素模型的精致化方面做很多工作。

二、有关学科教学知识发展的理论研究

在发展策略方面，国外学者提出的发展策略，大多数都经过案例研究的实证检验，有着较为充分的经验证据支撑，一般也都是非常具体而又可操作的策略；国内学者的发展策略，不仅绝大多数都是采用纯粹思辨的方式提出一些可能有效的策略，而且大多数策略都是宏观的方向性的策略。综合国内外研究，可以发现：

（1）教学反思、专题研讨会、教学经验与课堂观察四种策略对于教师 PCK 发展的价值，国内外学者已基本形成共识，是高度认可的。不仅如此，有关这些策略也已经形成了不少的理论认识，比如教学反思可以分成两种形式，即个人反思与集体反思；再比如教学经验也包括两种具体类型，即个人经验与他人经验。

（2）内容表征表的价值，也已获得了较多学者的认同，但对于一些使用的细节，比如是单独使用还是与其他策略结合使用、什么时候使用、如何使用等，尚未明确结论，至今仍在研究探索。

（3）教学或学习研究策略，由于其常常跟研讨会融到一起，所以单独的研究并不多，其价值也需要进一步研究证实；而专业学习策略，目前还处在观念层面上，要想真正走到实践、指导实践，还有很多问题需要进一步研究探索。

（4）课程策略，国内外有关这方面的研究非常少，仅有的个别研究只是针对数学教师教育的，且多数学者只是笼统地强调"教师教育课程"对教师 PCK 发展的可能价值。与国外相比，虽然国内已经有一些发展研究提到了在某门具

体课程的框架下进行研究，但仔细分析就会发现，它实际上也都只是在原有课程体系与课程内容基本不变的情况下进行的教学层面的改革。从课程视角探寻职前教师 PCK 的发展策略是一个亟待开发的研究领域。

在发展模式方面，虽然国内外学者也提出了一些针对职前教师的 PCK 发展模式，但是也都存在较为明显的问题：①有的模式是一个相对比较封闭的自循环模式，没有考虑到职前阶段系统学习的价值；②有的模式是过于笼统，只列出了几种大的学习方式，没有细节，也无法操作；③还有的模式缺乏实证经验的支撑，只是一种理论构想，并不具备指导实践的意义。

三、有关学科教学知识发展的实证研究

国内外研究者在这方面的研究差异较大。国外这方面的研究群体中有着许多拥有丰富经验的 PCK 专家或学者，而国内这方面的研究群体则主要集中在硕士研究生层面，博士研究生从事这方面研究的相对较少。因此，无论是从理论的深度上还是从实践的精致化程度上，国内在这方面的研究仍需加强。

第三章　研究设计与理论基础

第一节　研究目的

　　教师教学最核心的智力任务是把学科内容知识转化成学生容易理解的形式，而教师要完成这一任务就必须具备学科教学知识(PCK)。PCK 是教师专业发展的重要知识基础。

　　职前教育作为教师专业发展的关键阶段，在教师 PCK 形成与发展的过程中扮演着非常重要的角色，发展职前教师 PCK 已经成为国内外职前教师教育的重要目标。PCK 模型是教师 PCK 发展的思想基础与目标指向，构建职前教师 PCK 模型对职前教师 PCK 发展来说意义重大。相对已经比较成熟的在职教师 PCK 模型而言，职前教师的 PCK 模型却鲜有报道。同时，由于目前大多数职前化学教师 PCK 的发展研究只是在教学层面进行，而在课程层面，即从课程目标的确定、课程内容的选择、课程内容的组织、课程的实施等课程开发全过程层面进行的研究还很少。因此，本研究的目的主要在于构建指向职前阶段化学教师的 PCK 模型，探讨职前化学教师 PCK 的核心要素与主要成分，并据此在现有教师教育框架下，开发促进职前化学教师 PCK 发展的"PCK 课程"，设计该课程的实施策略，并实证检验已开发的"PCK 课程"及其实施策略的有效性。

第二节　研究内容与方法

　　根据研究目的、内容、方法的不同，本研究可以分成以下四个部分：

　　(1)职前化学教师 PCK 模型的构建

　　职前化学教师 PCK 模型的构建，从梳理国内外学者对 PCK 构成要素的现有认识出发，评析已有教师 PCK 模型的认可度、精致化程度以及内容与方法的科学性；再结合教师专业发展阶段论的有关理论，在前人研究的基础上，综合考虑 PCK 的"本土化"因素以及国内外科学教育与教师知识领域存在的各种差异，分析确立职前化学教师 PCK 的核心要素与具体成分，构建职前化学教师 PCK 模型，并运用统计方法检验其科学性。

（2）促进职前化学教师 PCK 发展的"PCK 课程"的设计

"PCK 课程"的设计，也是从国内外职前化学教师 PCK 课程策略的研究现状出发，基于本书构建的职前化学教师 PCK 模型、课程开发的"泰勒原理"以及伯恩斯坦整合性课程理论，在现有教师教育框架下，选择并依托某一门学科教师教育课程，确定"PCK 课程"的课程目标，选择并组织"PCK 课程"的课程内容。

（3）"PCK 课程"的实施

"PCK 课程"的实施，包括"PCK 课程"实施策略的设计与实施过程的组织。"PCK 课程"实施策略在本研究中实际上就是"PCK 课程"的教学策略。从国内外职前化学教师 PCK 发展策略的研究现状出发，评析各种策略研究过程中获得的经验与存在的问题，基于职前化学教师 PCK 模型、"PCK 课程"的目标与内容、PCK 的性质以及鲁姆哈特和诺曼的知识建构理论，设计"PCK 课程"的实施策略。而后采用目的性抽样方法选择实施对象，组织实施"PCK 课程"。

（4）"PCK 课程"的评价

采用基于个案研究的质性评价法，使用目的性随机抽样方法随机抽取某一位职前化学教师作为研究对象，采用半结构访谈、模拟教学录像、文档收集等多种方法收集数据，运用显性 PCK 深度分析法、PCK 图法与持续比较法分析数据，以职前化学教师 PCK 发展的具体情况与 PCK 课程目标的达成情况为结果评价的两个指标对"PCK 课程"及其实施策略进行实证评价。

本研究核心内容如图 3-1 所示。

第三节　理论基础

一、舒尔曼的学科教学知识定义

明确 PCK 的定义，是进行任何 PCK 研究的概念基础。虽然国内外很多学者都对 PCK 的内涵进行了界定，但是本研究采用的是舒尔曼（Shulman）1986年对 PCK 内涵的最初界定，即"教师将自己所掌握的学科内容知识转化成学生

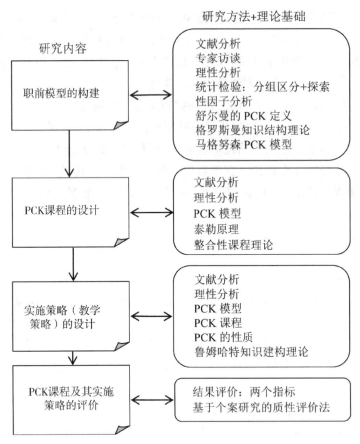

图 3-1 本研究核心内容与研究方法及理论基础

易于理解的形式的知识。"

本研究之所以采用舒尔曼的 PCK 定义，不仅是因为舒尔曼的 PCK 内涵已经得到了全世界教师教育领域的广泛认可①，更是因为笔者认同舒尔曼关于 PCK 内涵的几个基本观点：

①PCK 是教师知识体系中一种独立的知识类型，是教师专业理解的特殊形式。这一观点主要解决的是 PCK 是否是一种独立的教师知识类型的问题。事实上，关于这一问题，舒尔曼本人的认识也是逐渐形成的。PCK 提出之初，舒尔曼也只是把 PCK 作为学科知识的一种形式，他认为"PCK 是一种最具可

① Abell S. K. Twenty years later: Does pedagogical content knowledge remain a useful idea? [J]. International Journal of Science Education, 2008, 30(10): 1405-1416.

教性的学科知识"(Shulman，1986：9)。后来，也就在 1987 年，舒尔曼修正了他对这一问题的认识，认为 PCK 是与学科知识并列的、隶属于教学七种知识基础之一的教师知识类型(Shulman，1987：8)。

②PCK 是"学科内容知识与一般教学法知识的特殊融合"(special amalgam)。这一观点主要解决的是 PCK 的生成机制与本质问题。关于 PCK 本质，由于舒尔曼的"特殊融合"本质的表述过于模糊，所以笔者更倾向于接受 Gess-Newsome J. (1999)的"化合物(compound)"本质。① 因为 PCK 的"化合物"本质，可以让我们更好地理解 CK 与 PCK 的关系，即"虽然 CK 可以在一定条件下与一般教学法知识'化合'生成 PCK，是 PCK 生成的必要条件，但 CK 与 PCK 却都是教师知识的不同类型，不存在包含关系"。关于 PCK 的生成机制，笔者只认同 PCK 是学科内容知识与一般教学法知识两类知识的"化合"，并不认同 Gess-Newsome & Lederman(1999)等学者提出的"PCK 是学科知识、教学知识和情境知识三类知识融合"②的观点。之所以如此认为，原因有三：第一，在笔者看来，情境知识并不是 PCK 生成的必要条件，也不是 PCK 生成的主要参与者；第二，把情境知识加入融合过程中会使得 PCK 的生成变得不可捉摸、无法完成；第三，不同情境下的具体教学问题可以通过 PCK 的丰富度与适应性予以解决。

③学科内容知识(CK)是一种独立于 PCK 之外的教师知识类型。这一观点主要解决的是 CK 是否是 PCK 组成要素的问题。虽然国外有学者，比如，马克(Marks，1990)等人③认为 CK 与 PCK 没有清晰的界限，理应包含在 PCK 之内，是 PCK 的一种组成要素，但笔者并不认可这样的观点。因为"CK 独立于 PCK 之外"是"PCK 由 CK'化合'而来"的必要前提。国内学者杨彩霞在论述学科教学知识本质时，也持相同的观点，认为"学科教学知识是关于某一主题的教学知识，因此，本质上它也不同于学科知识"。④

---

① Julie Gess-Newsome & Norman B. Lederman. Examining Pedagogical Content Knowledge：The Construct and its Implications for Science Education [M]. Dordrecht, BOTSon, London, Kluwer Academic Publishers. 1999.

② Julie Gess-Newsome & Norman B. Lederman. Examining Pedagogical Content Knowledge：The Construct and its Implications for Science Education [M]. Dordrecht, BOTSon, London, Kluwer Academic Publishers. 1999.

③ Marks R. Pedagogical content knowledge：From a mathematical case to a modified conception[J]. Journal of Teacher Education, 1990, 41 (3)：3-11.

④ 杨彩霞. 教师学科教学知识：本质、特征与结构[J]. 教育科学, 2006, 22(1)：60-63.

④PCK 是一种教师特有的、最能区分学科专家与教学专家、新手教师与专家教师的知识类型，是教师知识的核心内容。这一观点主要解决的是 PCK 在教师知识体系的地位问题。笔者坚持这样认为的原因有两个：第一，这一观点已获得众多国内外研究者的支持（Shulman，1987；刘清华，2005；袁维新，2005；谢赛等，2010）；第二，这一观点是"几乎没有教师不是学科的"这一广为接受的事实的自然而然的推论。

二、格罗斯曼的"四类型"教师知识结构理论

明确教师知识结构理论，不仅是对教师知识领域与类型的整体理解，而且是深入理解 PCK 及其要素构成的重要前提。国内外很多学者对 PCK 要素构成认识的差异，往往体现在把某一具体知识类型归到教师知识结构理论的大框架中，还是把它归到 PCK 模型的小框架中。

有关教师知识结构理论，国内外很多学者都探讨过，也提出过为数不少的理论观点。例如，在国外，著名学者埃尔贝兹（Elbaz，1983）、雷恩哈特与史密斯（Leinhardt & Smith，1985）、舒尔曼（Shulman，1986，1987）、格罗斯曼（Grossman，1990）等都对教师知识体系进行过探讨，也都提出过自己的结构理论；而在国内，林崇德（1996，1999）、陈向明（理论性知识与实践性知识，2003）等知名学者，也都探讨过教师知识的类型，同样也提出过自己的结构理论。众多教师知识结构理论中，研究者比较认同格罗斯曼的教师知识结构理论。

作为舒尔曼的学生，格罗斯曼在对舒尔曼"三类型""七类型"教师知识结构理论分析批判的基础上，提出了包含学科内容知识、一般教学法知识、学科教学知识与情境性知识在内的"四类型"教师知识结构理论（见图 3-2）。

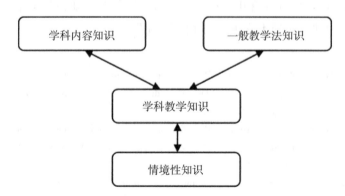

图 3-2 格罗斯曼的"四类型"教师知识理论模型

促使笔者接受格罗斯曼教师知识结构理论的原因，主要有两个：

一是因为格罗斯曼的教师知识结构理论得到了纽瑟姆（J. Gess-Newsome，1999）、帕克（S. Park & J. S. Oliver，2008a）、弗雷泽（S. P. Fraser，2016）、李伟胜等国内外众多 PCK 知名学者的认同。纽瑟姆（1999）就曾经指出，格罗斯曼的"四类型"知识结构理论"是有关教学知识基础最全面、最有力的描述"。

二是因为受到国内学者林崇德、申继亮、辛涛等人提出的教师知识结构的影响。无论是他们最初提出的"三类型"（本体性知识、条件性知识与实践性知识三种类型，1996①）教师知识结构，还是他们后来修正的"四类型"教师知识结构（本体性知识、条件性知识、实践知识与文化知识四种类型，1999②），都给笔者留下了非常深刻的印象，成为这些年笔者思考、研究教师知识的重要依据。因此，教师知识类型的数量与实质都与林崇德等人的教师知识结构十分相似的格罗斯曼的"四类型"教师知识结构理论，自然容易为笔者所接受。同时，考虑到格罗斯曼教师知识结构理论中的"学科教学知识与情境知识"比林崇德等人教师知识结构中的"实践知识与文化知识"的内涵与外延更明确，更贴近学科教学实际、更有利于理解学科教学的专业性、更有利于研究与培养学科教师，所以，笔者最终选择了格罗斯曼的"四类型"教师知识结构理论作为本研究的理论基础。

三、马格努森的学科教学知识五要素模型

马格努森等人的在职教师 PCK 模型是一种专门针对科学教育领域而构建的 PCK 模型，是科学教育领域内提出最早、认可度最高的 PCK 模型（Kind，2009③）。

马格努森等人提出的在职科学教师 PCK 的五要素结构与舒尔曼、格罗斯曼的 PCK 要素结构观点是一脉相承的。它不仅是舒尔曼 PCK 思想的延续，还是格罗斯曼 PCK 四要素结构在科学教育领域中的延续与完善：

第一，同舒尔曼和格罗斯曼一样，马格努森等人也认为学科内容知识（CK）是一种独立的知识类型，认为 PCK 是一种教师专门用来转化他/她的学

---

① 林崇德，申继亮，辛涛. 教师素质的构成及其培养途径[J]. 中国教育学刊，1996（6）：16-22.

② 辛涛，申继亮，林崇德. 从教师的知识结构看师范教育的改革[J]. 高等师范教育研究，1999（6）：12-17.

③ Kind V. Pedagogical content knowledge in science education: potential and perspectives for progress[J]. Studies in science education.，2009，45（2）. pp. 169-204.

科内容知识(CK)以使学生受益的特殊知识类型。①

　　第二，同格罗斯曼一样，马格努森等人也认为应该在 PCK 模型中增加"取向(orientations)"(类似于格罗斯曼的"目的")与"课程知识"两种要素。不过，与格罗斯曼不同，马格努森等人一方面认为在科学教育领域内用"取向(orientations)"作为新增要素比"目的"更精确一些，认为在科学教育领域内的"取向(orientations)"要素又可分成发现(discovery)、概念转变(conceptual change)、过程(process)、讲授(didactic)和探究(inquiry)五种具体类型；另一方面，关于"课程知识"要素，除了认同格罗斯曼增加该要素的理由，马格努森等人还认为课程知识是最能区分"学科专家与教学专家"的 PCK 要素。

　　第三，马格努森等人借鉴塔米尔(Tamir，1988)的观点，在 PCK 要素结构中又增加了包含"科学学习评价维度"与"科学学习评价方法"两种成分的"评价知识(Knowledge about assessment)"要素。

　　关于 PCK 五要素模型，马格努森等人在纽瑟姆和赖德曼的著作 *Examining Pedagogical Content Knowledge：The Construct and its Implications for Science Education* 中，做了详尽的剖析与论述。

　　考虑到本书在第四章还要详细介绍马格努森科学教师 PCK 模型的"5 个要素、9 种类型"(见图 3-3)，在此不再赘述。

　　正如前文所述，马格努森等人的科学教师 PCK 五要素模型，无论是从时间跨度看(自提出至今)还是从地域分布上看(遍布美洲、欧洲、亚洲、澳洲、非洲五大洲)，都得到了世界范围内、科学教育领域的最广泛认可。

四、学科教学知识的性质

　　知识的性质同教育的关系十分密切，深刻地影响到教育的方方面面。② 具体到本研究中，PCK 的性质与类型，不仅影响着随后设计的"PCK 课程"中课程目标的制定、课程内容的选择，还影响到"PCK 课程"的课堂教学过程。

　　国内外学者有关 PCK 性质与类型的认识，归纳起来主要包括以下几点：

---

　　① Magnusson S., Krajcik J., & Borko H. Nature, sources and development of pedagogical content knowledge[J]// Gess-Newsome J. & Lederman N. G., Eds. Examining pedagogical content knowledge. Dordrecht, The Netherlands：Kluwer, 1999：95-132.

　　② 石中英. 知识转型与教育改革[M]. 北京：教育科学出版社，2001.5(2013.1 重印)：126-128.

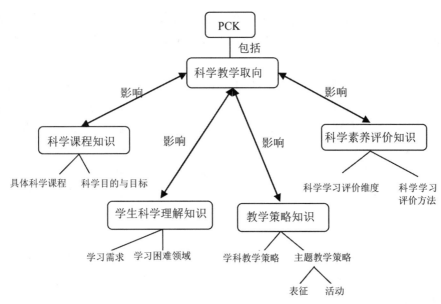

图 3-3 马格努森等人的 PCK 五要素模型

①PCK 是主题对应性的①②③④(有学者⑤⑥把这种意义上的 PCK 简称为 TSPCK，即 topic specific pedagogical conent knowledge），而构成 PCK 每一要素

① Magnusson S., Krajcik J., & Borko H. Nature, sources and development of pedagogical content knowledge for science teaching[J]// Gess-Newsome J., & Lederman N. G., Eds. Examining pedagogical content knowledge：The construct and its implications for science education. BOTSon：Kluwer, 1999：95-132.

② Loughran J., Mulhall P. & Berry A. In search of pedagogical content knowledge in science：developing ways of articulate and documenting professional practice [J]. Journal of Research in Science Teaching, 2004(41)：370-391.

③ Abell S. K. Twenty years later：Does pedagogical content knowledge remain a useful idea? [J]. International Journal of Science Education, 2008, 30(10)：1405-1416.

④ Aydin S., Friedrichsen, P., Boz Y. & Deborah L. Hanuscin. Examination of the topic-specific nature of pedagogical content knowledge in teaching electrochemical cells and nuclear reactions[J]. Chemistry Education Research and Practice, 2014, 15：658-674.

⑤ Mavhunga E, & Rollnick M. The development and validation of a tool for measuring topic specific PCK in chemical equilibrium [C]. Paper presented at the ESERA Conference, Lyon, France, 2011.

⑥ 史红霞. 化学教师特定主题的学科教学知识(TSPCK)测评研究[D]. 济南：山东师范大学, 2020.

的具体成分则是学科对应的，同一 PCK 要素的具体成分会因学科不同而有所不同。优秀教师不仅需要发展某一特定主题 PCK 的所有要素，也需要发展所有学科主题的 PCK。

②PCK 应该被视为整体而不是单独的要素，PCK 各种要素的有机整合才是结构良好的 PCK 的重要标志。①②③ PCK 单一要素知识的发展，不仅不能预测教师的教学实践，也不足以引起教师教学行为的改变。PCK 各个要素之间缺乏整合或整合不到位，会影响到 PCK 的发展与使用。

③PCK 与教学实践紧密联系④⑤，是实践形态的知识，是教师实践性知识的典型表征形式。⑥ 它既是在实践中建构的，又是关于实践的，还是指向实践的。⑦ 实践是 PCK 发展的基础，学科知识与教学理论知识的融合最根本的途径就是实践。⑧

④PCK 是一种缄默的、隐性的知识。⑨ PCK 目前还不是一种教师自觉使用的显性"工具"，比如，教师在备课时，只会觉得自己在"备"课，而不会觉得正在使用自己的 PCK。

---

① Marks R. Pedagogical content knowledge：from a mathematical case to a modified conception[J]. Journal of Teacher Education，1990，41(3)：3-11.

② Fernandez-Balboa J. M.，& Stiehl J. The generic nature of pedagogical content knowledge among college professors[J]. Teaching & Teacher Education，1995，11(3)：293-306.

③ Magnusson S.，Krajcik J.，& Borko H. Nature，sources and development of pedagogical content knowledge for science teaching[J]// Gess-Newsome J & Lederman N. G.，Eds. Examining pedagogical content knowledge：The construct and its implications for science education. BOTSon：Kluwer，1999：95-132.

④ Van Driel J. H.，de Jong O.，& Verloop N. The development of preservice chemistry teachers' pedagogical content knowledge[J]. Science Education，2002，86：572-590.

⑤ Hume A.，& Berry A. Constructing CoRes—A strategy for building PCK in pre-service science teacher education[J]. Research in Science Education，2011，41：341-355.

⑥ 魏戈，陈向明. 教师实践性知识研究的创生与发展[J]. 华东师范大学学报(教育科学版)，2018(6)：107-117，158，159.

⑦ 杨彩霞. 教师学科教学知识：本质、特征与结构[J]. 教育科学，2006，2(1)：60-63.

⑧ 梁永平. 论化学教师的 PCK 结构及其建构[J]. 课程·教材·教法，2012，32(6)：113-119.

⑨ Kind V. Pedagogical content knowledge in science education：potential and perspectives for progress[J]. Studies in Science Education，2009，45 (2)：169-204.

五、课程开发的"泰勒原理"

课程开发需要课程理论的指导。指导本课程开发研究的课程理论是"现代课程理论之父"拉尔夫·泰勒创立的"泰勒原理"。

"泰勒原理"的内容非常丰富，涉及课程开发的方方面面。指导本课程开发研究的"泰勒原理"的内容，可以简单地概括为课程开发的"四个步骤"、课程目标的"三个来源"、课程内容的"两种类型"与课程内容组织的"三个准则"。

（1）课程开发的"四个步骤"

"四个步骤"是泰勒对课程开发全部过程最具概括性的描述。泰勒认为，课程开发的全部过程可以简化成四个著名的问题①：第一，学校应该达到哪些教育目标？第二，提供哪些教育经验才能实现这些目标？第三，怎样才能有效地组织这些教育经验？第四，我们怎样才能确定这些目标正在得到实现？这四个问题也可以概括为确定目标、选择经验、组织经验和评价结果四个步骤。②

课程开发的"四个步骤"是指导本书"课程开发"研究的总依据，无论是研究工作的开展还是论文书写框架的设置都是在这"四个步骤"的指引下完成的。

（2）课程目标的"三个来源"

"三个来源"是泰勒给"课程目标确定"指出的最可靠路径。泰勒认为，对学生的研究、对当代社会生活的研究以及学科专家对目标的建议，是课程目标确定的最重要来源。③

（3）课程内容的"两种类型"

"两种类型"是泰勒对那些可以充当课程内容的"教育经验"的一种理论划分。关于这一问题，泰勒并没有明确提出，只是强调组成课程内容的"教育经验"应该包含"学习者与学习对象及环境、条件的相互作用"④，即学生学习经验活动。

（4）课程内容组织的"三个准则"

"三个准则"是泰勒提出的有效组织课程内容的三个基本准则。泰勒认为，

①　从立新.课程论问题[M].北京：教育科学出版社，2000：36.

②　[美]拉尔夫·泰勒.施良方.课程与教学的基本原理[M].北京：人民教育出版社，1994：17.

③　从立新.课程论问题[M].北京：教育科学出版社，2000：37.

④　从立新.课程论问题[M].北京：教育科学出版社，2000：40.

组织课程内容必须符合的三个准则包括连续性(continuity)、顺序性(sequence)和整合性(integration)。连续性是指直线式地重申主要的课程要素；顺序性是把每一后继经验建立在前面经验基础之上，同时又是对有关内容进行更深入、广泛的探讨；而整合性是指课程经验的横向关系。①②

六、鲁姆哈特和诺曼的知识建构理论

课程实施策略(在本研究中就是教学策略)的设计需要学习理论的指导。1978 年，鲁姆哈特和诺曼(Rumelhart & Norman)根据图式理论提出，知识的学习存在图式的积累(Accretion)、调整(Tuning)和重构(Restructuring)三种方式。③

积累指在原有的图式内积累新的事实和知识，从而导致图式的发展④，是一种正常的事实性知识学习，我们大多数人每天在进行这样的学习。由于通过积累学习到的新经验与原来的图式是一致的，因此，新经验并不需要做任何改变，只是被吸收到原来的图式里面就行了。积累的主要作用是扩充一个人的知识量。

调整指为了更准确地适应新的实际情况，已有图式常常需要做一些小的调整，包括推广或限制它的适用范围，确定其优劣之处等⑤，是一种有意义的学习方式。

重构指打破原来的图式，创建新的图式，这是图式的质变⑥，是一个更有意义也更困难的过程。

鲁姆哈特和诺曼知识建构理论中提出的三种学习方式，与 PCK 发展的内在过程十分吻合。

在 PCK 发展的初期，也就是 PCK 各要素具体成分知识的独立发展过程中，职前化学教师的学习主要是采用"积累"的方式进行。这一方面是因为 PCK 各要素具体成分知识都是一些简单而又独立的事实性知识，适合采用这

---

① 从立新. 课程论问题[M]. 北京：教育科学出版社，2000：41.
② [美]拉尔夫·泰勒. 施良方. 课程与教学的基本原理[M]. 北京：人民教育出版社，1994：67-68.
③ Rumelhart D E, Norman D A. Accretion, Tuning and Restructuring：Three Modes of Learning[M]// Semantic factors in cognition. 1978.
④ 陈琦，刘儒德. 当代教育心理学[M]. 北京：北京师范大学出版社，2007：259.
⑤ 陈琦，刘儒德. 当代教育心理学[M]. 北京：北京师范大学出版社，2007：259.
⑥ 陈琦，刘儒德. 当代教育心理学[M]. 北京：北京师范大学出版社，2007：259.

种"积累"的方式进行学习，另一方面，也是更为重要的原因是职前化学教师在中学生时代就已经形成了许多有关"PCK各要素具体成分知识"的图式，因此，很容易采用这种方式进行学习和发展。

在PCK发展的中期，随着PCK各要素具体成分知识的日益增多，一方面会出现很多比职前化学教师原有图式更精致、更全面的同类知识，另一方面很多联系比较紧密的具体成分知识(无论是新学的还是原有的)会自然而然或无意识地进行各种尝试性的整合，而面临这些问题的职前化学教师则需要通过"调整"的方式进行学习。

在PCK发展的后期，职前化学教师会在特定主题教学设计、模拟教学与教学反思任务的驱动下，专门针对特定主题PCK各要素的具体成分知识进行整合，由于此时的整合不仅是有意识的、理论指导的，还是创新性的、反思性的，因此，职前化学教师这个时期主要通过"重构"的方式进行学习。

鲁姆哈特和诺曼知识建构理论对PCK发展内部过程的描述，是本书随后进行课程实施策略(即"PCK课程"教学策略)设计的重要理论基础。

第四章 职前化学教师学科教学知识模型的构建

　　PCK模型是对PCK要素构成情况的理论认识，也是教师PCK发展的思想基础和目标指引。PCK模型的精致化程度与科学性高低，对本书随后进行课程设计、课程实施与课程评价研究非常重要。

　　在科学教育领域，虽说已经有很多国内外学者，比如马格努森（Magnusson，1999）、帕克（Park，2008）、劳伦（Loughran，2000）、施耐德（Schneider，2012）、蔡铁权（2010）、王后雄（2011）、梁永平（2012）、张小菊（2014）、李小红（2015）、辛继湘（2017）等，都提出了自己有关在职科学（化学）教师的PCK模型，但截至目前尚未形成关于这一问题的一致看法。

　　国外马格努森、帕克、施耐德三位学者提出的科学教师PCK模型，虽说都有五个基本相同的要素，存在较多的一致性，但是由于它们在PCK各要素具体成分上存在着较大差异，由于它们是指向在职教师的，更由于它们在提出方法上也缺乏用统计方法检验的环节，因此，不能作为本书促进职前化学教师PCK发展的课程开发研究的直接基础。

　　相对于国外，国内学者们提出的理科教师PCK模型存在的问题要更多一些，一方面由于很多学者本来就只是对国外学者PCK模型的"本土化"阐释，比如，蔡铁权借鉴的是马格努森科学教师PCK模型、王后雄和梁永平借鉴的是科克伦（1993）PCK模型、李小红借鉴的是格罗斯曼（1990）（英语文学）教师PCK模型、贾梦莹借鉴的是帕克的PCK五边形模型，等等，因此，自然而然地不能作为本书发展研究的直接基础，另一方面由于国内学者缺乏对PCK各组成要素进行更加精细与深入的研究，没有对PCK各组成要素进行区分或者区分的不够彻底，同时由于国内大多数PCK模型只是单纯的理性思辨提出，既没有充足的文献依据，也没有经验研究的支撑，更缺乏统计方法的科学性检验，因此，更不能作为本书发展研究的直接基础。

　　总而言之，考虑到职前教师与在职教师之间、国内外科学教育之间、国内外教师知识之间存在的各种差异以及国内外现有PCK模型存在的种种问题，笔者通过文献分析、专家访谈与理性分析自行构建了"本土化"的职前化学教师PCK四要素模型，并运用测验法统计验证了模型的科学性。

第一节　模型的提出

一、马格努森学科教学知识模型的选择

国内外众多教师 PCK 模型中，本研究最终选择以马格努森等人的 PCK 模型为基础，主要是因为以下两个原因：

（1）马格努森（Magnusson）等人①的科学教师 PCK"五要素"模型已经得到世界范围内很多科学教师教育者与科学教育研究者的认同。艾贝尔（Abell S. K.，2008②）、尼尔森（Nilsson P.，2010③，2014④）、帕迪拉（Padila K. et al.，2011⑤）、费特森（Friedrichsen P. et al.，2011⑥）、施耐德（Schneider R. M.，2011⑦）、艾丁（Aydin S. et al.，2013⑧）、休谟（Hume A. et al.，2013⑨）、唐

---

① Magnusson S., Krajcik J., & Borko H. Nature, sources and development of pedagogical content knowledge for science teaching[J]// Gess-Newsome J. & Lederman N. G., Eds. Examining pedagogical content knowledge：The construct and its implications for science education. BOTSon：Kluwer, 1999：95-132.

② Abell S. K. Twenty years later：Does pedagogical content knowledge remain a useful idea? [J]. International Journal of Science Education, 2008, 30(10)：1405-1416.

③ Nilsson P. & Van Driel J. Teaching together and learning together -Primary school science student teachers' and their mentors' joint learning in the primary classroom[J]. Teaching and Teacher Education, 2010, 26：1309-1318.

④ Nilsson P. When Teaching Makes a Difference：Developing science teachers' pedagogical content knowledge through learning study[J]. International Journal of Science Education, 2014, 36 (11)：1794-1814.

⑤ Padila K. & Van Driel J. The relationships between PCK components：the case of quantum chemistry professors[J]. Chemistry Education Research and Practice, 2011, 12：367-378.

⑥ Friedrichsen P., Van Driel J. H., & Abell S. K. Taking a closer look at science teaching orientations[J]. Science Education, 2011, 95(2)：358-376.

⑦ Schneider R. M. & Plasman K. Pedagogical content knowledge development science teacher learning progressions：A review of science teachers' pedagogical content knowledge development[J]. Review of Educational Research, 2011, 81(4)：530-565.

⑧ Aydin S. & Boz Y. The nature of integration among PCK components：A case study of two experienced chemistry teachers [J]. Chemistry Education Research and Practice, 2013, 14：615-624.

⑨ Hume A., & Berry A. Enhancing the practicum experience for pre-service chemistry teachers through collaborative CoRe design with mentor teachers [J]. Research in Science Education, 2013, 43：2107-2136.

纳利(Donnelly D. F., 2015①)、戴维斯(Demirdögen B. et al., 2016②)、弗雷泽(Fraser S. P., 2016③)等学者都是以该PCK模型为基础展开研究的。

(2)马格努森等人的PCK模型也是以舒尔曼对PCK的论述为基础，也承认学科内容知识(CK)是一种独立于PCK之外的教师知识类型，承认PCK是由学科内容知识转化(transformative)或化合而来。

马格努森等人的在职教师PCK"五要素"模型认为，科学教师PCK由5个要素、9种类型、17种具体成分组成。其中，5个要素，即科学教学取向、科学课程知识、学生科学理解知识、教学策略知识和科学评价知识，是科学教师PCK的核心组分；9种类型，即特定年级科学教学整体观念、国家规定的目的与目标、不同科学课程方案及材料、特定主题学习需求、学生困难类型、学科教学策略、主题教学策略、科学学习评价维度和科学学习评价方法，作为5个要素的具体化，是科学教师PCK的基本框架；而特定取向下的科学教学理念等17种具体成分，作为5个要素和9种类型的进一步细化，则是科学教师PCK的内容要点(具体情况见表4-1)。

表4-1 马格努森等人的科学教师PCK"五要素"模型

五个要素	九种类型	十七种成分
科学教学取向	特定年级科学教学整体观念	特定取向下的科学教学理念
		特定取向下的科学教学特征
科学课程知识	国家规定的目的与目标	科学课程的总体目的与目标
		特定主题目的与目标的准确表述
	不同科学课程方案及材料	科学课程方案一般学习目标
		实现一般学习目标所需活动与材料
		纵向课程安排：已学过和将学到什么

① Donnelly D. F., & Hume A. Using collaborative technology to enhance pre-service teachers' pedagogical content knowledge in Science [J]. Research in Science & Technological Education, 2015, 33: 1, 61-87.

② Demirdögen B., Hanuscin D., Uzuntiryaki-Kondakci E. & Köseoğlu F. Development and Nature of Preservice Chemistry Teachers' Pedagogical Content Knowledge for Nature of Science [J]. Research in Science Education, 2016, 46: 575-612.

③ Fraser S. P. Pedagogical content knowledge (PCK): Exploring its usefulness for science lectures in higher education [J]. Research in Science Education, 2016, 46, 141-161.

续表

五个要素	九种类型	十七种成分
学生科学理解知识	特定主题学习需求	学习特定主题所需前提知识
		不同类型学生理解特定主题所需学习方式
	学生困难领域	概念原理抽象：哪些方面学生最难接受
		问题解决困难：学生常犯错误类型
		新旧认识矛盾：学生存在哪些迷思概念
教学策略知识	学科教学策略	实施科学教学的一般途径
	主题教学策略	特定主题对应活动类型
		特定主题对应表征方式及其优缺点
科学评价知识	科学学习评价维度	学习特定主题所需评价的科学素养维度
	科学学习评价方法	上述科学素养维度对应的评价方法

　　虽然 PCK"五要素"模型已经比较全面地概括了科学教师 PCK 的主要内容，但在国内借鉴、使用它时仍然存在如下问题：第一，由于马格努森等人是基于国外尤其是西方国家科学教师实际情况构建的 PCK 模型，因此，"五要素"模型中有些类型或成分的表述并不符合国内基础教育的实际情况、不符合国内有关教师知识的表达习惯，"五要素"模型并没有完全涵盖国内学者公认的"科学教学必须关注的内容"，比如教学内容的深度与广度问题①、学科宏观课程结构②③等；第二，由于马格努森等人更多是基于在职教师知识结构实际情况构建的 PCK 模型，因此，"五要素"模型并不能直接用于指导职前教师 PCK 的发展。

二、专家访谈法搜集"本土化"素材

　　初步了解职前化学教师需要哪些与化学学科紧密相关的教学知识，搜集职

---

　　①　李小红，秦晋. 教育实习中实习生学科教学知识的发展及其改进[J]. 教育研究，2015(12)：141-145.

　　②　梁永平. 论化学教师的课程知识及其发展[J]. 化学教育，2012，33(6)：1-5.

　　③　教育部关于印发《幼儿园教师专业标准(试行)》《小学教师专业标准(试行)》和《中学教师专业标准(试行)》的通知[EB/OL]. http://www.moe.edu.cn/srcsite/A10/s6991/201209/t20120913_14560.

前化学教师 PCK 模型构建的"本土化"素材，是本研究开展专家访谈的主要目的。

本着相关而又全面的原则，笔者总共邀请了 8 位相关专家进行访谈。8 位专家中，有化学(师范)专业的学科教授 2 人、化学背景的教育学教授 2 人、中学化学骨干教师 2 人以及高中化学教研员 2 人。所有受访者在本领域都是比较优秀的，他们的教龄在 16~37 年。本次访谈属于开放型访谈，即由访谈者和受访者围绕下面两个开放式问题进行深度交流(完整的访谈提纲，见附录 1)：

①您觉得职前化学教师需要拥有哪些与化学学科紧密相关的教学知识？请尽可能全面地列举出来。如果可能，请按照必要性由大到小的顺序依次排列。

②请把您列举的这些知识进行适当的分类并说明如此分类的依据或理由？

另外，为了获得更多有益的信息，笔者在这两个开放式问题交流过程中，还会结合实际情况针对一些课程、教学、学生相关的知识进行必要的追问，比如，有关高中化学课程方面的知识，会进一步追问"职前化学教师需不需要知道，新课标下高中化学必修、选择性必修与选修课程的具体情况？为什么？""职前化学教师在进行某一特定主题教学时，需不需要了解不同版本高中化学教材该主题的具体内容？如果不需要，为什么？如果需要，需要了解哪些内容？"等；再比如，有关高中化学教学方面的知识，会进一步追问"职前化学教师需要知道某一特定主题内容的多种呈现方法，还是需要知道该内容大家目前最认可的呈现方法？关于某一内容，有没有最认可的呈现方法？"等；还比如，有关高中生学习方面的知识，会进一步追问"职前化学教师需不需要知道，高中生在学习某一特定主题内容时经常会出现哪些错误，会有哪些地方不容易理解、会形成哪些错误认识？为什么会有这样的认识？""职前化学教师需不需要知道，某一特定主题教学前学生必须知道哪些知识点或者必须掌握哪些技能？"等。为了突出对职前教育阶段的关注，笔者在专家回答完之后，都会特别地提醒一句"您说的这些，是职前就需要完成的吗？"

所有的专家访谈均为属于个别访谈，访谈时间在 15~30 分钟。访谈记录根据实际情况采用现场速记或录音的方式。

由于本次访谈的目的只是为随后的理性分析提供必要的素材，因此，笔者在专家访谈之后，仅对访谈数据做了列举和归类两种处理。结果显示，专家们

所列举的"职前化学教师需要拥有的、与化学学科紧密相关的教学知识",大体上可以分成四类:

①第一类是学科知识,主要包括化学前沿知识(前沿技术)、化学工艺知识、生活化学知识、化学基本观念、化学实验知识与能力(操作能力与解释能力)、化学史知识与其他相关学科知识(比如物理有关知识)。

②第二类是传统的化学教学论知识,主要包括中学化学教育目标的知识、不同类型化学知识的教学知识(比如概念教学知识、原理教学知识、元素化合物教学知识等)与中学化学教学原则(如理论联系实际、融会贯通等)。

③第三类是化学课程知识,主要包括化学学科核心素养、学科知识的价值、宏观课程结构知识、知识点深度知识(比如,有专家认为《中国高考评价体系》就描述的很好)与化学知识在各版本教材中的不同表述(比如,有专家表示,"对某些化学反应,不同教材所用符号可能不同,但教师需要知道有哪些表述都是正确的")。

④第四类是学生化学理解知识,主要包括以前学过且学生必须知道的基础知识、老师怎么努力学生都不能理解某些化学知识的原因。

以上各种知识中,"知识点次序"与"宏观课程结构知识"两种,各种专家之间意见并不一致。关于知识点次序,教育学专家认为,"它是一种职前化学教师需要知道的重要知识",而一线骨干教师认为,"大家都有约定俗成的做法,知识点次序基本上和教材一致,不需要提前知道";而教研员则认为,"知识点次序的变动,需要教师有比较深厚的学科功底,如果没有这能力,最好还是不要随意调整,按教材上的知识点次序就好了"。关于"宏观课程结构知识",一线教师和教研员都认为,这些知识职前化学教师参加工作以后自然就会知道,不需要进行专门培养;学科专家和学科背景的教育学专家则认为很有必要,就算是作为常识,职前化学教师也应该知道。事实上,关于课程知识是否可以纳入 PCK 模型中,国内学者们的意见也不一致:有主张将其纳入 PCK 模型中的,比如梁永平就认为,教师关于课程的知识在学科知识"转化"过程发挥着重要的作用,因此,在他提出的化学 PCK 模型中包含"关于化学课程的知识"这一要素①;也有不主张将课程知识作为教师 PCK 的一个

① 梁永平. 论化学教师的 PCK 结构及其建构[J]. 课程·教材·教法,2012,32(6):113-119.

构成要素，比如张小菊就认为，课程知识范畴太宽广，它包括大量与课程相关的理论知识，因此，在她提出的化学教师 PCK 模型中并没有化学课程知识要素。①

三、理性分析法提出模型

寻求已有研究成果的支撑与教育学逻辑的支持，是本研究开展理性分析的主要目的。基于前文专家访谈的结果，通过理性分析，笔者在马格努森 PCK模型的基础上作了如下修改(具体结果见表 4-2)：

表 4-2　职前理科教师 PCK"四要素"模型

4 个要素	7 种类型	17 种成分
科学教学取向	特定年级科学教学理念及特征	特定取向下的科学教学理念
		特定取向下的科学教学特征
科学课程知识	国家规定的目标与要求	学科核心素养与课程目标
		学科宏观课程结构
	不同科学教材及其内容	主题(概念)内容要求
		科学教材一般学习目标
		实现一般学习目标所需活动与材料
		纵向教材安排：已学过和将学到什么
		主题内容要点：次序、深度与广度
学生科学理解知识	特定主题学习需求	学习特定主题所需前提知识
		不同类型学生理解特定主题所需学习方式
	学生困难领域	概念原理抽象：哪些方面学生最难接受
		问题解决困难：学生常犯错误类型
		新旧认识矛盾：学生存在哪些迷思概念
教学策略知识	学科教学策略	实施科学教学的一般途径
	主题教学策略	特定主题对应活动类型
		特定主题对应表征方式及其优缺点

---

① 张小菊.化学学科教学知识研究[D].上海：华东师范大学，2014：66.

第一，删去"科学评价知识"要素，将其变成"四要素"结构。之所以这样做，主要基于以下四个原因：一是从客观上讲，职前教师缺少在真实课堂评价学生科学学习的机会，"科学评价知识"要素在职前阶段实践体验的机会比较少，在职前阶段发展该要素不是最佳时机；二是国内有关化学(师范)专业人才培养方案的调查结果①也显示，绝大多数高校在本科阶段并不开设与"化学教育测量与评价"课程相似的学科教师教育课程，而国内使用最广泛的刘知新主编的《化学教学论》(第3②、4③、5④版)教材中也没有"化学教学测量与评价"方面的内容，以上所有这些都说明，对于职前阶段适合培养什么、不适合培养什么，国内各高校存在一定的共识；三是很多研究都表明，教师专业发展的阶段性是客观存在的，教师专业发展的每一个阶段都有其特殊性，也都有其培养的重点，而职前阶段也属于教师专业发展的一个特殊阶段，是需要有其PCK发展的特定目标的；四是帕迪拉(Padilla, K. et al., 2011)⑤与卡娅(Kaya, O. N., 2009)⑥等人得到的"'评价知识'要素与其他四种PCK要素之间关联不大"的研究结论显示，"科学评价知识"要素在职前阶段(本科阶段)不发展，不仅不会对PCK其他要素的发展产生什么影响，而且对PCK整体的发展也不会造成太大影响。

第二，具体化"科学教学取向"要素中唯一一种类型的名称。该类型名称由原文献中"特定年级科学教学整体观念"改为"特定年级科学教学理念及特征"，如此改变，不仅可以使该类型的内涵更加具体明确，还可以使该类型名称更好地与它的两个具体成分对应起来。

第三，本土化"科学课程知识"要素中两种类型的名称。第一种类型名称由"国家规定的目的与目标"改为"国家规定的目标与要求"，如此改变，主要

① 周钧，唐义燕，龚爱芊. 我国本科层次教师教育课程设置研究[J]. 教师教育研究，2011，23(4)：44-50.

② 刘知新. 化学教学论[M]. 第三版. 北京：高等教育出版社，2004.6(2005重印).

③ 刘知新. 化学教学论[M]. 第四版. 北京：高等教育出版社，2009.6(2016.1重印).

④ 刘知新. 化学教学论[M]. 第五版. 北京：高等教育出版社，2018.11(2019.8重印).

⑤ Padila K. & Van Driel J. The relationships between PCK components：the case of quantum chemistry professors[J]. Chemistry Education Research and Practice, 2011, 12：367-378.

⑥ Kaya O. N. The nature of relationships among the components of pedagogical content knowledge of preservice science teachers：'Ozone layer depletion' as an example[J]. International Journal of Science Education, 2009, 31(7)：961-988.

是为了与 2017 版物理①、化学②、生物学③、地理④等理科课程标准中有关国家规定的表述保持一致。与此相对应，该类型的两种成分，也做了相应地本土化处理，即由"科学课程的总体目的与目标"改为"学科核心素养与课程目标"，由"特定主题目的与目标的准确表述"改为"主题（概念）内容要求"。第二种类型名称由"不同科学课程方案及材料"改为"不同版本科学教材及其内容"，如此改变，也是为了与我国课程知识的习惯表述相一致。因为在我国，总是习惯用"课程方案"表述全部高中的课程情况，比如《普通高中课程方案（2017 年版）》⑤。至于某一学科的课程情况则往往采用"不同版本教材"去表述。与此同时，该类型已有三种成分的相应表述也作了调整，即把"科学课程方案"改为"科学教材""纵向课程安排"改为"纵向教材安排"，其余表述未做修改。另外，为了更好地将国内相关研究成果融入构建的 PCK 结构中，在两种类型中各增加了一种成分，分别是"学科宏观课程结构""主题内容要点：次序、深度与广度"。虽然专家和国内学者对"学科宏观课程结构"的意见并不相同，笔者主张增加"学科宏观课程结构"成分，一方面是因为《中学教师专业标准（试行）》对教师"学科教学知识"的第一条要求就是"要求教师掌握所教学科课程标准"；另一方面是因为认同"教师关于课程的知识在学科知识'转化'过程发挥着重要的作用"的观点，认为"知道所教内容属于必修还是选修，是教师准备特定主题教学的首要问题"，比如必修和选修中"化学平衡"的讲解，无论是从教学的深度、广度还是从要求学生掌握的程度上看，都是不一样的。

第四，PCK 模型中其他未曾提到的要素、类型与成分的表述均未做修改，与马格努森"五要素"模型中的原表述完全一致。

总之，经过以上两个步骤，本研究最终构建的职前理科教师 PCK"四要素"模型，由 4 个要素、7 种类型、17 种成分组成。

---

① 中华人民共和国教育部制定. 普通高中物理课程标准：2017 年版[M]. 北京：人民教育出版社，2018.

② 中华人民共和国教育部制定. 普通高中化学课程标准：2017 年版[M]. 北京：人民教育出版社，2018.

③ 中华人民共和国教育部制定. 普通高中生物学课程标准：2017 年版[M]. 北京：人民教育出版社，2018.

④ 中华人民共和国教育部制定. 普通高中地理课程标准：2017 年版[M]. 北京：人民教育出版社，2018.

⑤ 中华人民共和国教育部制定. 普通高中课程方案：2017 年版[M]. 北京：人民教育出版社，2018.

第二节　模型的验证

笔者采用"设计量表、选样测验、检验量表结构效度"的方式检验职前化学教师 PCK 四要素模型的科学性。之所以这么做，主要是基于以下有关量表结构效度的认识：

①结构效度(construct validity)是指测验能说明心理学上的理论结构或特质的程度，或者是心理学上某种结构或特质解释测验分数的恰当程度。① 从这个意义上讲，量表的结构效度情况，不仅可以直接揭示出量表的质量，还可以间接反映出隐藏在量表背后的教育学或心理学理论模型的科学性。

②关于量表结构效度与量表设计所依据的教育学或心理学理论模型之间的关系，克隆巴赫(Cronbach)也早就表示，结构效度的验证实际上就是"对一特定的理论假说的现实性的检验"。②

③至于如何检验量表的结构效度，国内学者聂建中研究指出，大多数有关结构效度的验证当前仍然是测试后的实证研究"。③

一、基于模型的调查量表的设计

本研究设计的 PCK 问卷是 5 级李克特量表。其中，1 代表完全不同意；2 代表不同意；3 代表不确定；4 代表同意；5 代表非常同意。PCK 量表设计过程分初步设计、个别试测与同行审阅三个步骤：

第一步，根据职前化学教师 PCK 四要素模型对构成要素与成分的具体描述，结合马格努森等人(1999)给出的一些理论解释与实例分析④，笔者初步设计出包含 72 个题项的职前化学教师的 PCK 量表。

第二步，为了检验 PCK 量表各题项的描述是否有歧义、是否存在重复或

---

① 金瑜. 心理测量[M]. 上海：华东师范大学出版社，2001：212-223.

② Cronbach, L. J. Essentials of Psychological Testing[M]. New York：Harper and Row, Publishers, 1990：183.

③ 聂建中，汤晓媚. 试论结构效度的发展演变[J]. 山西大学学报(哲学社会科学版)，2006，2(3)：104-107.

④ Magnusson S., Krajcik J., & Borko H. Nature, sources and development of pedagogical content knowledge for science teaching[J]// Gess-Newsome J. & Lederman N. G., Eds. Examining pedagogical content knowledge：The construct and its implications for science education, BOTson：Kluwer, 1999：95-132.

晦涩难懂的情况，笔者精心挑选了 3 位职前化学教师进行了个别试测。经试测，发现两个问题：

①题项数量较多，长时间作答很难保证测试对象一直认真作答。

②题项表述问题有三个：一是题项"我熟悉新课标高中化学课程结构，知道中学生的选课要求"中的第二句不好理解，对学科教学帮助也不是很明显；二是题项"我会设计'转变已经存在'或'避免新形成'这些迷思概念的教学活动"与之前两个题项"我知道如何转变学生已经存在的、有关特定主题内容的迷思概念"与"我知道如何在特定主题学习时避免形成新的迷思概念"重复；三是众多题项中"知道如何"的表述，烦琐、晦涩难懂。

第三步，完成前两步之后，笔者特意邀请熟悉量表制作的同行专家进行审阅。审阅后，从整个量表中删掉 6 个问题题项，增加 3 个反向题项，即第 21、41、63 题；其中，21 题与 18 题对应、41 题与 39 题对应、63 题与 61 题对应，比如，第 18 题设计成"我熟悉其他版本教材中所讲主题的教材内容"，与之相应的第 21 题则为"我不熟悉其他版本教材中所讲主题的教材内容"。

三个步骤之后，最终得到的 PCK 量表（详见附录 2），围绕职前化学教师 PCK 模型中的 4 个要素、17 种成分，共包括 68 个题项。其中，科学教学取向（OTS）要素对应 6 个题项；科学课程知识（KSC）要素对应 30 个题项；学生科学理解知识（KSU）要素对应 20 个题项；教学策略知识（KISR）要素对应 12 个题项。PCK 模型 4 要素的每一种具体成分都至少对应 3 个题项，17 种成分与题项的对应情况见表 4-3。

表 4-3　PCK 量表中 17 种成分与题项的对应情况

要素-成分	题项
OTS-特定取向下的科学教学理念	1、2、3
OTS-特定取向下的科学教学特征	4、5、6
KSC-学科核心素养与课程目标	7、8、9
KSC-学科宏观课程结构	10、11、12
KSC-主题(概念)内容要求	13、14、15、16
KSC-科学教材一般学习目标	17、18、19、20、21
KSC-实现一般学习目标所需活动与材料	22、23、24、25、26

续表

要素-成分	题项
KSC-纵向教材安排：已学过和将学到什么	27、28、29
KSC-主题内容要点：次序、深度与广度	30、31、32、33、34、35、36
KSU-学习特定主题所需前提知识	37、38、39、40、41
KSU-不同类型学生理解特定主题所需学习方式	42、43、44、45
KSU-概念原理抽象：哪些方面学生最难接受	46、47、48、49
KSU-问题解决困难：学生常犯错误类型	50、51、52
KSU-新旧认识矛盾：学生存在哪些迷思概念	53、54、55、56
KISR-实施科学教学的一般途径	57、58、59
KISR-特定主题对应活动类型	60、61、62、63
KISR-特定主题对应表征方式及其优缺点	64、65、66、67、68

二、选样测验

量表测验样本取自某高校化学专业的职前化学教师，调查时间选择在他们大三第二学期结束，已经完成了教育学与心理学等相关通识课程、学科教学论等学科教师教育课程，但尚未参与教育实习。量表以纸质形式发放，实际发放101 份，回收101 份，有效问卷76 份，有效率为75.2%。由于有效问卷数76>量表总题项数68，因此，调查样本大小符合随后要做的因子分析对样本数多少的要求（多数学者都赞同因素分析要有可靠的结果需要受试样本数比样本题项数要多①）。所有采集的数据均使用统计软件包SPSS22.0 进行录入和处理。

三、统计检验

正如前文所述，由于本次测验的目的主要是为了检验职前化学教师 PCK模型的科学性，因此，本研究的统计检验主要进行量表的信度与结构效度检验。

---

① 吴明隆. 问卷统计分析实务——SPSS 操作与应用[M]. 重庆：重庆大学出版社，2010，5：207.

1. 信度检验

本研究中，信度检验是保障量表质量、确保测验效果的必要环节，也是后续进行结构效度检验的基础。在社会科学领域中，有关类似李克特量表的信度估计采用最多者为克隆巴赫 α 系数（Cronbach's α 系数），克隆巴赫 α 系数又称为内部一致性 α 系数。[①] α 系数越高，代表量表的内部一致性越佳。经验上，如果克隆巴赫 α 系数大于 0.9，则认为量表的内在信度很高；如果克隆巴赫 α 系数大于 0.7 小于 0.8，则可以认为量表设计存在问题，但是仍有一定参考价值；如果克隆巴赫 α 系数小于 0.7，则认为量表设计上存在很大问题应该重新设计。[②]

使用克隆巴赫 α 系数对职前化学教师 PCK 总量表与 PCK 各要素分量表进行内部一致性评价。分析结果如表 4-4 所示，PCK 4 个要素分量表的信度系数从 α=0.779 到 α=0.935，所有 PCK 构成要素分量表的 α 值均表明它们具有较好的内部一致性信度（α>0.7）。总量表的信度系数为 α=0.963，表明总量表内部一致性很高，较为可信。

表 4-4　职前化学教师 PCK 量表总体与各要素的信度（N=76）

项目	科学教学取向（OTS）	科学课程知识（KSC）	学生科学理解知识（KSU）	教学策略知识（KISR）	总量表
Cronbach's α	0.786	0.935	0.913	0.779	0.963

2. 结构效度检验

本研究采用分组区分和探索性因子分析两种方法来验证量表的结构效度，验证职前化学教师 PCK 四要素模型的科学性。

（1）分组区分法

分组区分法是克隆巴赫和米尔（L. J. Cronbach & P. E. Meehl）早在 1955 年

[①] 吴明隆. 问卷统计分析实务——SPSS 操作与应用[M]. 重庆：重庆大学出版社，2010，5：184.

[②] 张虎，田茂峰. 信度分析在调查问卷设计中的应用[J]. 统计与决策，2007（21）：25-27.

就提出的一种结构效度的验证方法①，是一种根据所要预测的效标的性质和种类来推断结构效度的验证方法。具体做法是，根据已经建立的理论模型编制测验工具，并运用这些工具进行调查，然后根据测验得分把调查对象分成高分组和低分组，考察这两组人在所测特质方面是否有差异。若两组人在所测特质方面差异显著，则说明该测验有效，具有较高的结构效度。②③ 按照分组区分法的要求，笔者先根据量表总得分情况，把职前化学教师分成高分组(38 人，总得分>260 分)和低分组(38 人，总得分≤260)两个子样本，而后使用独立样本t 检验进行分析，检验结果如表 4-5 所示。

表 4-5　高分组与低分组两个子样本独立样本 t 检验结果

项目		列文方差相等性检验		平均值相等性的 t 检验						
		F	显著性	t	自由度	显著性（双尾）	平均差	标准误差差值	差值的 95% 置信区间	
									下限	上限
量表总得分	已假设方差齐性	0.427	0.516	11.877	74	0.000	50.763	4.274	42.247	59.279
	未假设方差齐性			11.877	73.995	0.000	50.763	4.274	42.247	59.279

　　结果显示，高分组和低分组两个子样本方差齐性(显著性=0.516>0.05)，且在 PCK 总体上具有极其显著的差异(P=0.000<0.001)。这些结果表明，该量表的结构效度很好，笔者构建的职前化学教师 PCK 四要素模型是科学的。

---

　　① Cronbach L. J. and Meehl P. E. Construct validity in psychological tests[A]. A. W. Ward, H. W. Stoker and M. Murray-Ward. Educational Measurement[C]. Lanham：University Press of America, Inc, 1955. 174-203.

　　② 李明斐. 公务员胜任力模型的构建与检验研究[D]. 大连：大连理工大学, 2006：22.

　　③ 坎特威茨，罗迪格，埃尔姆斯；郭秀艳等. 实验心理学[M]. 第九版. 上海：华东师范大学出版社, 2010；转引自：https://baike.baidu.com/item/%E7%BB%93%E6%9E%84%E6%95%88%E5%BA%A6/10402722? fr=aladdin.

（2）探索性因子分析法

探索性因子分析法是检验量表结构效度的最常用方法。①②③④⑤⑥ 本研究采用主成分分析提取公因子，最大收敛性迭代次数 25 次，不选择因子数，仅根据提取特征值大于 1，分别对职前化学教师 PCK 总量表及各要素进行因子分析。

第一，对职前化学教师 PCK 总量表进行因子分析。

总量表的取样适当性 KMO（Kaiser-Meyer-Olkin measure of sampling adequacy）检验和巴特利特（Bartlett）球形检验结果如表 4-6 所示。

表 4-6 职前化学教师 PCK 总量表的 KMO 值及 Bartlett 检验（N=76）

KMO 取样适切性量数		0.624
Bartlett 的球形度检验	上次读取的卡方	4966.397
	自由度	2278
	显著性	0.000

结果显示，总量表 KMO 值＝0.624＞0.6。根据凯泽（Kaiser）1974 年提出的 KMO 指标值的判断准则，即 KMO＞0.6 即可做因子分析的观点，⑦ 该量表是可以做因子分析的。另外，Bartlett 球性检验显示显著性 Sig.＝0.000＜0.05，也

① Cronbach L. J. and Meehl P. E. Construct validity in psychological tests[A]. A. W. Ward, H. W. Stoker and M. Murray-Ward. Educational Measurement[C]. Lanham：University Press of America, Inc, 1955.

② 苗丹民, 皇甫恩. MBTI 人格类型量表的效度分析[J]. 心理学报, 2000, 32(3)：324-331.

③ 齐建林等. 五项空间能力测验的结构效度分析[J]. 第四军医大学学报, 2004, 24(21)：1993-1995.

④ 吴明隆. 问卷统计分析实务——SPSS 操作与应用[M]. 重庆：重庆大学出版社, 2010, 5：195.

⑤ 亓莱滨, 张亦辉等. 调查问卷的信度效度分析[J]. 当代教育科学, 2003(22)：53-54.

⑥ 聂建中, 汤晓媚. 试论结构效度的发展演变[J]. 山西大学学报(哲学社会科学版), 2006, 2(3)：104-107.

⑦ 吴明隆. 问卷统计分析实务——SPSS 操作与应用[M]. 重庆：重庆大学出版社, 2010, 5：208.

说明各变量间具有相关性，可以进行因子分析。

总量表的因子分析解释的总方差结果如表4-7所示。

表 4-7 职前化学教师 PCK 总量表因子分析解释的总方差

组件	初始特征值			提取载荷平方和		
	总计	方差百分比	累积 %	总计	方差百分比	累积 %
1	23.027	33.863	33.863	23.027	33.863	33.863
2	5.038	7.409	41.272	5.038	7.409	41.272
3	4.010	5.897	47.169	4.010	5.897	47.169
4	3.019	4.439	51.608	3.019	4.439	51.608
5	2.360	3.470	55.078	2.360	3.470	55.078
6	2.109	3.102	58.180	2.109	3.102	58.180
7	1.995	2.934	61.114	1.995	2.934	61.114
8	1.830	2.692	63.805	1.830	2.692	63.805
9	1.662	2.445	66.250	1.662	2.445	66.250
10	1.633	2.401	68.651	1.633	2.401	68.651
11	1.527	2.246	70.898	1.527	2.246	70.898
12	1.356	1.994	72.892	1.356	1.994	72.892
13	1.269	1.866	74.758	1.269	1.866	74.758
14	1.166	1.714	76.473	1.166	1.714	76.473
15	1.110	1.632	78.104	1.110	1.632	78.104
16	1.041	1.531	79.635	1.041	1.531	79.635
17	0.930	1.367	81.002			
18	0.902	1.326	82.328			
19	0.811	1.193	83.521			
20	<以下数据省略>					
提取方法：主成分分析						

结果显示，总量表共提取16个共同因子，16个共同因子构念联合解释变异量为79.635%>60%，68个题项的因子负荷量在0.709~0.877（见表4-8），

说明保留提取的 16 个因子其结构效度良好。与笔者构建的职前化学教师 PCK 模型的 17 个具体成分相比，虽然没有完全吻合，但较为接近，因此，此种结果也说明笔者提出的职前化学教师 PCK4 要素 17 种具体成分的理论模型基本合理。至于为什么会出现不吻合的情况，笔者将在随后的各要素因子分析中予以说明。另外，总量表提取的 16 个因子中，前四个因子的提取特征值都大于 3，已经可以解释 51.608 的变异量，达到总量表结构效度的基本要求，这也支持了笔者提出的职前化学教师 PCK 的四要素主张。

表 4-8　职前化学教师 PCK 总量表各题项的因子负荷量

题项	提取	题项	提取	题项	提取	题项	提取
Item1	0.709	Item18	0.763	Item35	0.787	Item52	0.840
Item2	0.801	Item19	0.774	Item36	0.786	Item53	0.781
Item3	0.773	Item20	0.734	Item37	0.777	Item54	0.800
Item4	0.818	Item21	0.731	Item38	0.776	Item55	0.799
Item5	0.829	Item22	0.754	Item39	0.812	Item56	0.769
Item6	0.804	Item23	0.868	Item40	0.853	Item57	0.834
Item7	0.786	Item24	0.828	Item41	0.775	Item58	0.814
Item8	0.772	Item25	0.811	Item42	0.785	Item59	0.813
Item9	0.778	Item26	0.877	Item43	0.768	Item60	0.845
Item10	0.748	Item27	0.833	Item44	0.811	Item61	0.823
Item11	0.794	Item28	0.841	Item45	0.810	Item62	0.788
Item12	0.803	Item29	0.842	Item46	0.870	Item63	0.801
Item13	0.714	Item30	0.803	Item47	0.841	Item64	0.757
Item14	0.747	Item31	0.807	Item48	0.796	Item65	0.849
Item15	0.768	Item32	0.791	Item49	0.828	Item66	0.797
Item16	0.794	Item33	0.807	Item50	0.818	Item67	0.726
Item17	0.776	Item34	0.762	Item51	0.797	Item68	0.788

第二，对职前化学教师 PCK 量表各要素进行因子分析。

职前化学教师 PCK 量表各要素的取样适当性 KMO 检验和巴特利特（Bartlett）球形检验结果如表 4-9 所示。

表 4-9 职前化学教师 PCK 各要素 KMO 值及 Bartlett 检验（N=76）

项目	OTS	KSC	KSU	KISR
KMO	0.740	0.862	0.849	0.825
Bartlett 近似卡方分布	136.797	1462.408	977.008	449.119
自由度	15	435	190	66
显著性	0.000	0.000	0.000	0.000

由表 4-9 中统计数据可见，PCK 各要素 KMO 值在 0.740 至 0.862 之间，所有 Bartlett 球形检验显著性均为 0.000，均小于 0.05 的显著水平，因此，量表各要素部分都适宜做因子分析。职前化学教师 PCK 量表各要素因子分析解释的总方差结果如表 4-10、表 4-11、表 4-12、表 4-13 所示。

表 4-10 职前化学教师 PCK 量表 OTS 要素因子分析解释的总方差

组件	初始特征值			提取载荷平方和		
	总计	方差百分比	累积 %	总计	方差百分比	累积 %
1	2.932	48.866	48.866	2.932	48.866	48.866
2	1.105	18.416	67.283	1.105	18.416	67.283
3	0.721	12.014	79.297			
4	0.499	8.316	87.613			
5	0.467	7.789	95.402			
6	0.276	4.598	100.000			
提取方法：主成分分析						

如表 4-10 所示，量表 OTS 部分共提取出 2 个共同因子，特征值分别为 2.932、1.105，2 个共同因子构念联合解释的变异量为 67.283%＞60%，量表 OTS 部分共包括 6 个题项，各题项的因子负荷在 0.709～0.829。这些数据说明量表 OTS 部分的结构效度良好。这里的 2 个共同因子与笔者提出的 OTS 要

素的 2 个具体成分正好对应。

表 4-11　职前化学教师 PCK 量表 KSC 要素因子分析解释的总方差

组件	初始特征值			提取载荷平方和		
	总计	方差百分比	累积 %	总计	方差百分比	累积 %
1	11.870	39.566	39.566	11.870	39.566	39.566
2	2.478	8.261	47.827	2.478	8.261	47.827
3	1.774	5.914	53.741	1.774	5.914	53.741
4	1.573	5.244	58.985	1.573	5.244	58.985
5	1.400	4.665	63.651	1.400	4.665	63.651
6	1.240	4.135	67.785	1.240	4.135	67.785
7	1.062	3.540	71.325	1.062	3.540	71.325
8	0.902	3.006	74.332			
9	0.843	2.809	77.141			
10	0.789	2.629	79.769			
11	<以下数据省略>					
提取方法：主成分分析						

如表 4-11 所示，量表 KSC 部分共提取出 7 个共同因子，特征值分别为 11.870、2.478、1.774、1.573、1.400、1.240、1.062，7 个共同因子构念联合解释的变异量为 71.325% > 60%，量表 KSC 部分共包括 30 个题项，各题项的因子负荷量在 0.714~0.877。这些数据说明量表 KSC 部分的结构效度良好。这里的 7 个共同因子与笔者提出的 KSC 要素的 7 个具体成分正好对应。

表 4-12　职前化学教师 PCK 量表 KSU 要素因子分析解释的总方差

组件	初始特征值			提取载荷平方和		
	总计	方差百分比	累积 %	总计	方差百分比	累积 %
1	8.830	44.152	44.152	8.830	44.152	44.152
2	2.203	11.013	55.166	2.203	11.013	55.166
3	1.431	7.156	62.321	1.431	7.156	62.321

续表

组件	初始特征值			提取载荷平方和		
	总计	方差百分比	累积 %	总计	方差百分比	累积 %
4	1.146	5.731	68.053	1.146	5.731	68.053
5	0.973	4.864	72.917			
6	0.747	3.734	76.651			
7	0.720	3.601	80.252			
8	0.640	3.201	83.453			
9	0.471	2.356	85.809			
10	0.416	2.079	87.888			
11	<以下数据省略>					
提取方法：主成分分析						

如表 4-12 所示，量表 KSU 部分共提取出 4 个共同因子，特征值分别为 8.830、2.203、1.431、1.146，4 个共同因子构念联合解释的变异量为 68.053%>60%，量表 KSU 部分共包括 20 个题项，各题项的因子负荷量在 0.768～0.870。这些数据说明量表 KSU 部分的结构效度良好。这里的 4 个共同因子与笔者提出的 KSC 要素的 5 个具体成分稍有不同。不过，从表中数据可以看出，紧接着前 4 个共同因子的第 5 个组件，其提取特征值为 0.973，很接近因子分析时规定的特征值 1，且与第 6 个组件的特征值(0.747)差异较大，因此，可以近似认为也有 5 个共同因子，基本符合笔者对该要素 5 个具体成分的模型构建。

表 4-13 职前化学教师 PCK 量表 KISR 要素因子分析解释的总方差

组件	初始特征值			提取载荷平方和		
	总计	方差百分比	累积 %	总计	方差百分比	累积 %
1	4.931	41.091	41.091	4.931	41.091	41.091
2	2.105	17.539	58.630	2.105	17.539	58.630
3	1.152	9.601	68.231	1.152	9.601	68.231
4	0.812	6.764	74.995			

续表

组件	初始特征值			提取载荷平方和		
	总计	方差百分比	累积 %	总计	方差百分比	累积 %
5	0.734	6.117	81.113			
6	0.533	4.442	85.555			
7	0.429	3.571	89.126			
8	0.355	2.962	92.087			
9	0.293	2.438	94.526			
10	0.254	2.117	96.643			
11	0.246	2.047	98.690			
12	0.157	1.310	100.000			
提取方法：主成分分析						

如表4-13所示，量表 KISR 部分共提取出3个共同因子，特征值分别为4.931、2.105、1.151，3个共同因子构念联合解释的变异量为 68.231% > 60%，量表 KISR 部分共包括12个题项，各题项的因子负荷量在 0.726 ~ 0.845。这些数据说明量表 KSC 部分的结构效度良好。这里的3个共同因子与笔者提出的 KSC 要素的3个具体成分正好对应。

从以上各要素因子分析数据可以看出，OTS、KSC、KSU、KISR 四个要素的共同解释变异量均大于 60%；四个要素所包含的题项的因子负荷量均大于 0.7，均能有效反映其因子构念；OTS、KSC、KISR 三个要素分析产生的共同因子与笔者提出的这三个要素的具体成分完全对应，KSU 要素分析产生的共同因子与笔者提出的具体成分基本对应。也就是说，每一个要素所对应的职前化学教师 PCK 量表，结构效度都很好；笔者提出的职前化学教师 PCK 每个要素的具体成分是基本科学的。

综上所述，无论是从总量表还是从各要素的视角来看，以上数据均可以说明职前化学教师 PCK 量表的结构效度良好，也都验证了笔者构建的职前化学教师 PCK 模型的科学性。

第五章 促进职前化学教师 PCK 发展的课程设计与实施研究

课程设计与课程实施是课程开发的两个非常重要的环节，也是本书职前化学教师 PCK 课程开发研究的核心内容。根据施良方课程设计与课程实施的定义，本章主要进行课程开发前四个步骤的研究工作，即课程目标的确定、课程内容的选择、课程内容的组织与课程的实施。由于本研究只是在现有教师教育框架下针对教师教育专业原课程体系中某一门具体课程的改革，并不涉及课程的增删与课程体系的调整，因此，本研究的工作首先从选择一门可以依托的课程开始。

第一节 学科教师教育课程的选择

教师教育专业的各类课程中，学科教师教育课程是为帮助职前教师学习如何开展某一学科的教学而专门设置的。因此，学科教师教育课程对于帮助职前化学教师获得 PCK，是最为重要的，也是最合乎逻辑的。①

国内高校化学(师范)专业设置的学科教师教育课程有很多，如化学教学论(化学课程与教学论)、化学教学论实验(中学化学实验研究)、化学教学设计与微格教学(微格教学、化学教学技能训练)、化学课程标准与教材分析(课程标准与教材分析、化学教材分析与教学设计)等。笔者最终选择以"化学教学设计与微格教学"课程依托，进行促进职前化学教师 PCK 发展的课程设计与实施研究，理由如下：

(1)开设"化学教学设计与微格教学"课程与发展 PCK 对职前化学教师有相同的基础知识要求

拥有相对比较扎实的学科专业知识与通识的教育学和心理学知识，是开设

---

① ［美］格罗斯曼. 专业化的教师是怎样炼成的［M］. 李广平，何晓芳等，译. 北京：人民教育出版社，2012，5：13.

"化学教学设计与微格教学"课程与发展 PCK 的共同必要条件。从课程角度看，开设"化学教学设计与微格教学"课程与发展 PCK 都需要职前化学教师提前修完"无机化学""有机化学""分析化学""物理化学"等学科专业课程与"教育学""心理学""现代教育技术"等通识教师教育课程。

（2）"化学教学设计与微格教学"课程的教学本就存在许多被证实了的、发展教师 PCK 所需要的教学活动

"化学教学设计与微格教学"课程是一门相对比较成熟的学科教师教育课程。教授这门课程原本就需要进行的教学设计、案例评析、模拟教学、同伴研讨、教师点评等教学活动，也是国内外 PCK 发展研究已经证实了的、可以有效促进教师 PCK 发展的教学活动方式。

（3）教学技能与 PCK 之间存在着本质的、必然的联系

第一，教学技能与 PCK 是同一教学过程的两个方面。任何一个主题的教学都必然有其可以直接观察的外在的教学行为和教学技能表现，也都会有其内部的思维过程、有其内在的知识逻辑关系。教学技能与 PCK 的结合是教学的外在行为表现与教学的内在知识基础的真正"合体"，是行为主义心理学范式与认知主义心理学范式在教师研究领域的有机统一。

"化学教学设计与微格教学"课程，作为一门"微格教学"类课程，主要关注的是职前化学教师教学的外在行为表现，比如教学技巧、教学技能等，是一种在行为主义心理学范式影响下发展起来的、专门用于"培训师范生和提高在职教师教学技能"[1]的课程。虽然这种课程或这类教学模式，曾被誉为"20 世纪 60 年代和 70 年代师范教育中最有影响的创新之一"[2]，但是仔细分析这类课程的教学技能分类（如导入技能、板书板画技能、讲解技能、强化技能、提问技能、变化技能等[3]）与各类教学技能的评价标准（如有学者提出的"课堂讲授技能的要求"是规范性、逻辑性、趣味性、可接受性与艺术性[4]；还有学者

① 陈传峰，欧阳钺. 对微格教学理论问题的探讨[J]. 北京教育学院学报，1994(3)：60-63.
② 张玲. 微格教学模式与课堂教学技能的培养[J]. 电化教育研究，1998(5)：126-127，148.
③ 国家教委师范司. 高等师范学校学生的教师职业技能训练基本要求（试行稿）. 1994.
④ 张庆云，谭建红. 化学教学设计与教学技能训练[M]. 重庆：西南师范大学出版社，2009：165-166.

从语音、语句和无声语言三个方面提出了"课堂讲授的基本要求"①），就会发现这门课程实际上只是关注剔除了学科内容的"空心"的教学行为或教学技能。

PCK 是教师认知研究范式的研究成果，主要关注的是教师教学的知识基础，比如特定学科主题的学生理解知识、特定学科主题的教学策略知识等，是一种在认知主义心理学范式影响下提出来的、专门用于把"学科内容知识"转化成"学生容易理解的形式"的知识。②

因此，关注教学外在行为表现的教学技能与关注教学内在知识基础的 PCK，是教师同一教学过程的两个方面。任何一个化学主题的教学，都必然会以一定的外在教学行为表现出来，也必然会经历各种以学科知识、PCK 等为基础的内在思维活动。比如，任何一位化学教师进行化学平衡主题教学，都必然会以导入、讲解、板书、提问等各种教学技能形式中的一种或多种表现出来，也必然会经历类似"用蓄水池类比化学平衡的动态特征，还是用某一个具体的实验事实展现化学平衡的动态特征"等各种以 PCK 等知识为基础的内在思维活动。

第二，教学设计或教学技能等外在教学行为与 PCK，是沿着不同路径奔向相同目的的。无论是化学教学设计、化学课堂教学还是学科教学知识，在本质上都是通过在一般教学法知识与化学学科知识之间建立联系，进而把学科知识转变成学生容易理解的形式。不同的是，化学教学设计与课堂教学，是沿着从教学理论到学科知识的思路进行的转化，是教学理论指导下学科知识的组织与表征，是一种自上而下的教学思维路线；而学科教学知识，是沿着从学科知识到教学理论的思路进行的转化，是学科知识与学生化学理解知识、化学课程知识融合形成"指向特定学生的学科知识表征"之后再根据教学理论组织表征好了的学科知识，是一种自下而上的教学思维路线。

第三，教学技能训练与 PCK 发展又是相互促进的两个过程，教师通过应用已有的特定主题的学科教学知识，可以促进该主题的教学设计和课堂教学技能的提升，而教师通过完成特定主题的教学设计和课堂教学，同样也可以促进该主题学科教学知识的发展。

通过"化学教学设计与微格教学"课程把教学技能的训练与 PCK 的发展结合到一起，就是把对教学外在行为表现的追求与对教学内在知识基础的充实有

---

① 袁孝凤. 化学课堂教学技能训练［M］. 上海：华东师范大学出版社，2008：103-104.

② 杨彩霞. 教师学科教学知识：本质、特征与结构［J］. 教育科学，2006，22（1）：60-63.

机统一起来。把 PCK 发展融入以培养职前化学教师教学技能为核心任务的"化学教学设计与微格教学"课程，不仅为实现 PCK 发展——这一职前教师教育的新目标找到了长期而又可靠的"安身之所"，而且还为传统的"化学教学设计与微格教学"课程注入了"新活力"。

本研究的主要目的就是希望职前化学教师可以通过完成特定主题的教学设计和课堂教学，以促进他们该主题学科教学知识的发展。

事实上，以上有关"化学教学设计和微格教学训练(或教学技能训练)与职前化学教师 PCK 之间辩证关系"的认识，并不是笔者在接触 PCK 概念之后纯粹理性分析的结果，而是笔者将 10 多年的微格教学训练经验、职前化学教师教学技能调查①与培养②的相关研究成果与 PCK 概念相互融合之后逐步形成的。

第二节　促进职前化学教师 PCK 发展的课程设计研究

为了表述的方便，本研究把随后设计出来专门用于促进职前化学教师 PCK 发展的课程称之为"PCK 课程"。由于课程设计包括课程目标的确定、课程内容的选择与课程内容的组织三个步骤，因此，本部分接下来的论述将从这三个方面依次展开。③ 同时，考虑到"PCK 课程"是依托"化学教学设计与微格教学"课程进行设计，而"化学教学设计与微格教学"课程原本就有自己的课程目标，因此，为了更加清楚地展现笔者为"PCK 课程"所作的设计，本书在随后的论述中将只针对 PCK 相关内容进行阐释。

一、课程目标的确定

确定课程目标是"PCK 课程"设计的出发点和落脚点。

虽然《中学教师专业标准(试行)》对中学教师提出了 PCK 发展的具体要求，但是由于其并非只针对职前教师且过于笼统而不能作为 PCK 课程目标确定的主要依据，比如"标准"要求④"教师掌握所教学科课程标准"，但并未说

---

① 魏壮伟. 师范生教学技能的现状调查及原因分析[J]. 科学教育，2010，16(5)：24-26.

② 魏壮伟. 师范生教学技能培养的方法体系构建[J]. 化学教育，2012，33(8)：54-56.

③ 魏壮伟. 促进职前化学教师学科教学知识发展的课程设计研究[J]. 化学教育，2022(已录用).

④ 教育部关于印发《幼儿园教师专业标准(试行)》《小学教师专业标准(试行)》和《中学教师专业标准(试行)》的通知，http://www.moe.edu.cn/srcsite/A10/s6991/201209/t20120913_14560.

明要求掌握的具体内容；要求了解"中学生在学习具体学科内容时的认知特点"，同样没有指明"需要了解哪些方面的认知特点"。

同时，由于对 PCK 内涵及其要素、成分构成认识的不同以及面向在职教师的定位，国内其他一些学者，比如梁永平、李小红、张小菊等，有关 PCK 各要素的具体说明，也不能作为 PCK 课程目标确定的主要依据，比如，有学者虽然提出了包含四个要素八种成分的化学教师 PCK 模型①，也对这些成分的内涵做了较为详细的说明，但是由于其把化学学科知识作为 PCK 的一种构成要素看待，并不符合舒尔曼、格罗斯曼和马格努森等人的 PCK 内涵，也不被笔者所认同，因此，不将其作为"PCK 课程"目标确定的主要依据；再比如，有学者提出了包含四个要素九种成分的教师 PCK 通用模型②，虽然该模型也较为详细地说明了这种通用模型各个成分的具体内涵，但由于其对各个要素具体成分的认识不够全面，因此，也不将其作为"PCK 课程"目标确定的主要依据；还比如，虽然也有学者提出了较为详细的"3 大类 16 小类"化学教师 PCK 组成模型，③ 但是由于其缺少对宏观把握化学教学的"化学教学取向"的关照、缺少对学科主题教学目标以及学科宏观课程结构的关照，因此，也不将其作为"PCK 课程"目标确定的主要依据。

笔者在文献分析、专家访谈与理性分析基础上自行构建的职前化学教师 PCK 模型，由于已经综合了国内已有 PCK 模型的各种理性认识，也涵盖了"泰勒原理"中确定课程目标的三个来源，即来自学生、社会与学科三个方面的观点（说明：专家访谈法与笔者本人的教师教育工作，确保了职前化学教师 PCK 模型构建对这三个来源的观照），因此，可以作为"PCK 课程"课程目标设计的基础理论框架。

以职前化学教师 PCK 模型所包含的四个要素与十七种具体成分为基本内容维度，以某一个特定主题的 PCK 为主要发展对象，笔者从基础知识理解、四要素具体成分知识的搜集与积累、四要素具体成分知识加工与整合、主题 PCK 学习方法迁移四个方面，设计提出了如下的课程目标：

（1）基础知识的理解

---

① 梁永平. 论化学教师的 PCK 结构及其建构[J]. 课程·教材·教法，2012，32(6)：113-119.

② 李小红，秦晋. 教育实习中实习生学科教学知识的发展及其改进[J]. 教育研究，2015(12)：141-145.

③ 张小菊. 化学学科教学知识研究[D]. 上海：华东师范大学，2014：87.

理解 PCK 有关概念，了解 PCK 的性质，熟悉职前化学教师 PCK 三层次（即要素、类型、成分三层次）理论模型，知道 PCK 对于教师专业发展的意义。

（2）四要素具体成分知识的搜集与积累

知道 PCK 各要素具体成分知识的主要来源；通过文本或视频观察能辨识特定学科主题 PCK 各要素的具体成分，并能对文本或视频中的 PCK 具体成分做出质量判定；初步掌握发展 PCK 四要素具体成分的各种学习方法，并能运用这些方法去发展自己对 PCK 具体成分的认识。

（3）四要素具体成分知识的加工与整合

通过参与教学设计、模拟教学、录像转录与评价研讨等实践活动，体验 PCK 各要素具体成分整合对课堂教学的影响，并能对各具体成分的整合情况作出质量判定。

（4）主题 PCK 学习方法的迁移

通过小组成员之间的分享交流能拓展和加深自己的 PCK 四要素具体成分知识；通过小组之间的分享交流能初步理解其他学科主题 PCK 的有关知识；通过体验某个特定学科主题 PCK 的完整发展过程，初步具备自主发展其他主题 PCK 的能力。

本研究设计的"PCK 课程"的课程目标，可以用泰勒的二维图表（two-dimensional chart）①表示如下（见表 5-1）。

表 5-1　"PCK 课程"课程目标中内容与行为关系的二维图表

		目标的行为方面					
目标的内容方面	PCK 基础知识	概念：理解	性质：了解		意义：知道		职前模型：熟悉
	四要素具体成分知识	初级目标			中级目标		高级目标
		知道来源	能够辨识	能做出质量判定	能加深	能拓展	能掌握学习方法	会自主发展
		✓	✓	✓	✓	✓	✓	✓
	学科教学知识（PCK）	初级目标			中级目标	高级目标	
		能整合或能形成	能对整合情况或 PCK 水平做出质量判定		能拓展	能掌握学习方法	会自主发展
		✓	✓		✓	✓	✓

———————

①　[美]拉尔夫·泰勒. 课程与教学的基本原理[M]. 施良方，译. 北京：人民教育出版社，1994：37.

由表 5-1 可以看出，本研究专门为"PCK 课程"设计的课程目标，不仅选用了具体的、可操作的行为的形式进行陈述，而且针对不同层面的 PCK 知识提出了不同的要求，针对同一类知识也提出了初级、中级和高级三个层次的要求。

二、课程内容的选择

回答"教什么"和"学什么"的课程内容，是一门课程的重要组成部分，从某种意义上讲，也是最重要的组成部分。课程内容的选择是课程开发过程的有机构成，是课程开发研究的关键步骤。而在选择课程内容时，除了需要课程目标为其提供一个基本的方向之外，还要考虑到课程内容的科学性与有效性，考虑到职前化学教师的接受能力。[①]

首先，从课程目标的角度看，"PCK 课程"内容主要指向 PCK 基础知识、PCK 四要素具体成分知识、主题 PCK 知识（PCK 四要素具体成分知识的整合）以及主题 PCK 的学习方法四个方面。下面，笔者将结合课程理论对课程内容科学性和有效性的要求，围绕以上四个方面分析说明"PCK 课程"内容的选择情况。

（1）有关 PCK 基础知识的内容

笔者在前文已经进行过较为详细的分析论述，无论是 PCK 的概念、性质、模型，还是 PCK 对于教师专业发展的意义，其主要内容都是明确的、清晰的。由于它们满足课程内容科学性和有效性的要求，因此，这部分内容是可以直接纳入"PCK 课程"的内容体系。

（2）有关 PCK 四要素具体成分与主题 PCK 知识的内容

两个原因导致现阶段没有办法直接从现有研究结果中选取相应内容来解决"教什么"和"学什么"的问题：

第一，由于 PCK 学科化研究的数量有限，迄今仍有大量的化学学科主题 PCK 尚未被关注、尚未被研究，因此，对于"PCK 课程"中有关这些"尚未被研究"的化学主题的 PCK 四要素具体成分与主题 PCK 知识的内容来说，是没有办法直接从各种研究文献中选取课程内容的。

---

① 施良方. 课程理论：课程的基础、原理与问题［M］. 北京：教育科学出版社，1996：106.

第二，对于那些"已经被研究过"的化学学科主题，诸如化学平衡①、多重表征②、电化学电池③、溶解度④、化学反应速率⑤、溶液的浓度⑥、氯气⑦等的 PCK 而言，有关它们的研究结果也常常因为缺乏共同的理论基础——PCK 模型、缺乏相互的印证支持、缺乏全面的介绍说明、缺乏深刻的分析论述而显得科学性和有效性不足，因此，就目前而言，选取这些研究结果作为"PCK 课程"中有关 PCK 四要素具体成分与主题 PCK 知识的内容，也不符合课程理论对课程内容选择标准的要求。

比如，关于化学平衡主题的 PCK，虽然有学者研究指出了优秀化学教师该主题 PCK 教学策略知识维度的具体内容，即"通过二氧化氮与四氧化二氮的转化实验，帮助学生建立动态平衡的心智模型""用公交车上下乘客的例子给学生建构动态平衡"⑧；"可以利用生活中的实例，如水池进出水来比拟化学平衡状态""可以利用化学实验如蔗糖溶解类比化学平衡状态"，等等⑨，但是，由于这些有关 PCK 教学策略知识内容的表述过于简单，既没有清楚说明它们的使用条件与优缺点，又没有详细介绍它们的使用细节，因此，把它们作为化学平衡主题 PCK 的教学策略知识内容，不全面也不精确。

总之，就目前来说，无论是对于"尚未被研究"还是对于"已经被研究过"的化学学科主题，通过为"PCK 课程"选取科学性和有效性兼备的内容来解决

① Driel J. H. V., Jong O. D., Verloop N. The development of preservice chemistry teachers' pedagogical content knowledge[J]. Science Education, 2002, 86(4)：572-590.

② Driel J. H. V., Verloop N., Vos W. D. Developing science teachers' pedagogical content knowledge[J]. Journal of Research in ence Teaching, 1998, 35(6)：673-695.

③ Sevgi Aydin, Friedrichsen P. M., YezdanBoz, et al. Examination of the topic-specific nature of pedagogical content knowledge in teaching electrochemical cells and nuclear reactions[J]. Chemistry Education Research and Practice, 2014, 15：658-674.

④ 史红霞. 化学教师特定主题的学科教学知识(TSPCK)测评研究[D]. 济南：山东师范大学，2020：94.

⑤ 张小菊. 化学学科教学知识研究[D]. 上海：华东师范大学，2014：178.

⑥ 高成. 中学化学教师学科教学知识(PCK)建构研究[D]. 重庆：西南大学，2019：49.

⑦ 贾梦莹. PLC 干预下全日制教育硕士(学科教学·化学)研究生 PCK 发展研究[D]. 长春：东北师范大学，2019：71.

⑧ 黄元东、闫春更、高慧、周青. 高中化学教师的学科主题 PCK 表征探究——以化学平衡为例[J]. 化学教育，2018，39(7)：39-45.

⑨ 史红霞. 化学教师特定主题的学科教学知识(TSPCK)测评研究[D]. 济南：山东师范大学，2020：209.

有关 PCK 四要素具体成分与主题 PCK 知识的内容，都是不现实的。

鉴于此种情况，笔者借鉴伯恩斯坦整合性课程理论，即整合性课程具有"相对松散的结构，教师和学生对课程的主动选择程度高，受到课程控制的程度低"的观点，① 采用开放性原则来处理"PCK 课程"中有关 PCK 四要素具体成分与主题 PCK 知识内容的选择问题，即只指出 PCK 四要素具体成分知识可能存在的来源及其获得途径，只提供主题 PCK 知识可能的来源或者有利于 PCK 四要素具体成分整合的各种教学活动，并不提供现成的、唯一的、固定的课程内容。

具体来说，"PCK 课程"该部分内容可能用到的资源，包括：

第一，文本资源。主要包括：①高中化学三个版本教材。不过，并不需要提供全部高中化学教材，只需要提供包含特定主题在内的那几本教材就可以。例如，发展职前化学教师的化学平衡主题 PCK 时，只需要提供三个版本教材中包含化学平衡内容的《必修·化学 2》和《化学反应原理》两本教材。②大学化学专业相关教材。同样，也不需要提供四大化学课程的所有教材，究竟需要提供哪些教材由是否涉及特定学科主题内容来决定。仍然以化学平衡主题的 PCK 为例，需要提供《无机化学》和《物理化学》两门课程的教材；③国家课程文件与相关研究文献。需要提供的国家课程文件，包括《普通高中化学课程标准》《基础教育课程改革纲要》《普通高中课程方案》等，每个小组一份即可；需要提供的 PCK 研究文献，中英文均可，每个小组至少一份文献。

第二，数字资源。主要包括：①笔者自行制作的 PCK 基础知识与本课程可能用到的基本学习方法案例示范的课件；②相关学科主题优质课录像（教学实录）；③中国知网上中学化学相关期刊《化学教育》《化学教学》《中学化学教学参考》《化学教与学》中有关特定主题前提知识、学习方式、学习困难与教学策略等方面的研究文献。不同学科主题所需电子资源不同，因此，需要按照每个小组的特殊需要分类打包提供。

需要进一步说明的是，在以上所有资源当中，高中化学教材、大学化学专业相关教材、相关学科主题优质课录像等资源的使用相对比较容易，因为职前化学教师很容易就能够理解从它们中间可以获得什么、怎么获得、从哪里获得？以化学平衡主题 PCK 的发展和高中化学教材的使用为例，教师教育者只要通过简单地示范，职前化学教师就很容易知道：①所有包含化学平衡及其相

① 全国十二所重点师范大学联合编写. 课程论［M］. 北京：教育科学出版社，2007：176-178.

关知识的三个版本高中化学教材，比如人教版高中《必修·化学 2》第二章"化学反应与能量"第三节"化学反应的速率和限度"以及人教版高中《选修 4·化学反应原理》第二章"化学反应速率与化学平衡"，都是化学平衡主题 PCK 的可能来源，都需要认真去研读、去分析；②高中化学必修与选修教材，不仅可以提供化学平衡主题所包含的各个核心要点及其在教材中的编排顺序，可以提供不同核心要点所占教材版面大小及其在教材中的重复次数，可以提供化学平衡主题在必修和选修中的纵向编排情况及其化学平衡主题与其他相邻主题内容之间的关系，可以提供不同核心要点教材的呈现方式（如文字叙述、图像表示、实验事实、科学故事等），可以提供每一个核心要点解释的深度与涉及内容的广度，可以提供每一个核心要点教材设定的考查方式（如习题类型），还可以提供不同版本高中化学教材中化学平衡主题所包含的核心要点及其对每个核心要点的目标要求；③研读、分析、比较，是从高中化学教材中获取化学平衡主题 PCK 四要素具体成分知识的基本途径。而各种期刊、国家课程文件等资源的使用则相对比较困难，因为职前化学教师在利用这些资源学习的时候，经常会遇到以下问题：

①资源范围太广，有用的信息隐藏在海量的资源库当中，高质量信息的搜索与鉴别，需要花费大量的时间与精力，需要具备较高的文献检索与信息鉴别能力；

②资源内容丰富、思想性强，有用的信息混杂在各种综合性很强的内容当中，这些信息对某个化学主题 PCK 的发展有没有用、有什么作用、如何起作用，需要比较深刻地思考才可以做出判断。

以化学平衡主题 PCK 的发展和《化学教育》《化学教学》等各种期刊资源的使用为例，教师教育者仅仅提供那几篇研究结果不够全面或不够精确的"化学平衡"主题 PCK 研究文献，职前化学教师的化学平衡主题 PCK 是很难得到比较好的发展的。事实上，由于化学平衡主题 PCK 的内容大多都还分散在化学平衡学习困难、教学策略、学习进阶、迷思概念等各种不同类型的研究文献中，且这些方面研究成果的质量参差不齐，因此，如何快速、精确地找到有价值的化学平衡研究文献，又如何从这些文献中找到促进化学平衡主题"PCK 各要素具体成分知识"或"PCK 整体"发展所需要的各种信息，就需要职前化学教师具备较高的文献检索与信息鉴别能力。教师教育者需要从文献检索、论文质量鉴别、论文内容分析等各个方面进行示范，才可以帮助职前化学教师理解、掌握这些期刊资源的使用方法。

（3）有关主题 PCK 学习方法的内容

笔者借鉴泰勒对课程内容"两种类型"的划分，把包含"学习者与学习对象及环境、条件的相互作用"①在内的、指向主题 PCK 学习方法的学生学习经验活动也纳入"PCK 课程"的内容体系之中。具体地说，纳入 PCK 课程中的学生学习经验活动，主要包括基于调查的学习活动、基于优质课录像的课堂观察活动、教学设计活动、模拟教学活动、模拟教学中"学生"扮演活动、教学录像转录活动与反思评价活动，等等。

　　其次，从职前化学教师接受能力的角度看，因为处于成年早期（包括青年中期 15～25 岁）的大学生，无论在智力表现还是在思维特点上，均已达到相对成熟的状态，比如，在智力表现方面，大学生的观察力"具有主动性、多维性及持久性的特点，既能把握对象或现象的全貌，又能深入细致地观察对象或现象的某一方面，而且在实际观察中，观察的目的性、自觉性、持久性进一步增强，精确性和概括性也明显提高"，大学生的记忆力也是他们"人生中逻辑记忆能力发展的高峰期"；再比如，在思维特点方面，辩证的、相对的、实用的思维形式逐渐成为大学生的重要思维方式②，所以前文所选的四方面"PCK 课程"内容是职前化学教师在修完"无机化学""有机化学""分析化学""物理化学"等学科专业课程与"教育学""心理学""现代教育技术"等通识教师教育课程以及"化学教学论""课程标准与教材分析"等学科教师教育课程之后，完全可以接受的。不过，需要强调的是，"PCK 课程"的内容，尤其是除"有关 PCK 基础知识的内容"之外的其余三个方面内容，因其本身缺乏"现成的、唯一的、固定的课程内容"而需要职前化学教师通过各种个人和集体学习活动逐步分析、探索、获得相关认识，所以对职前化学教师的自主学习能力、合作学习能力、研究性学习能力以及 PCK 学习兴趣与学习动机，均有着较高的要求。

三、课程内容的组织

　　有效组织课程内容，不仅可以使学生的各种学习有效地联系在一起，使学生的学习产生累积的效应，还可以使它们起到相互强化的作用。③ 课程内容的组织也是课程开发的一个重要步骤。

　　泰勒有关课程内容有效组织的三个基本准则，即"顺序性""连续性"和"整

---

　　①　从立新. 课程论问题［M］. 北京：教育科学出版社，2000：40.

　　②　林崇德. 发展心理学［M］. 2 版. 北京：人民教育出版社，2008：372，378-379.

　　③　施良方. 课程理论：课程的基础、原理与问题［M］. 北京：教育科学出版社，1996：114.

合性"准则①②，是指导本研究"PCK 课程"内容组织的最主要依据。

首先，根据"顺序性"准则的要求，即课程内容（或课程要素）需要"根据学科的逻辑体系和学习者的身心发展阶段，由浅至深、由简到繁地组织起来"③，本研究中"PCK 课程"的内容，一方面严格按照职前化学教师 PCK 形成与发展的内在逻辑，即从"孤立的学科知识和一般教学法知识的学习"到"要素成分知识的获取"到"主题 PCK 整体的形成"再到"其他主题 PCK 的迁移"的逻辑顺序，进行组织；另一方面严格遵循职前化学教师智力与思维发展的阶段性特点，把"PCK 课程"的四方面内容按照由浅至深、由简到繁的顺序，即从"PCK 基础知识"到"PCK 四要素具体成分知识"到"主题 PCK 知识"再到"主题 PCK 的学习方法"的顺序，进行组织。例如，旨在促进职前化学教师学科知识深刻理解的"文本资源"——高中化学三版本教材与大学相关教材，在"PCK 课程"中需要在他们掌握"PCK 基础知识"后首先提供；旨在促进职前化学教师 PCK 各要素具体成分知识单独发展的学习经验活动也需要安排到"PCK 课程"的靠前一点的阶段，而旨在促进职前化学教师 PCK 各要素整合以及主题 PCK 学习方法迁移的学习经验活动，则需要安排到"PCK 课程"的靠后一点的阶段。

其次，根据"连续性"准则的要求，即课程内容（或课程要素）需要"在不同学习阶段予以重复"④，同时考虑到"主题 PCK 知识形成"，即"PCK 四要素具体成分之间整合"的复杂性，本研究在"PCK 课程"中连续安排了四次"有助于职前化学教师 PCK 四要素具体成分整合"的学生经验活动，即设计教学方案、录制教学录像、转录自身教学录像、反思评价研讨四种活动，希望职前化学教师可以通过反复尝试最终实现 PCK 四要素具体成分的有机整合，实现职前化学教师 PCK 四要素的整合由"少"变"多"，由"粗糙"变"精致"。

最后，根据"整合性"准则的要求，即各种课程内容（或课程要素）"在尊重差异的前提下，找出彼此之间的内在联系，然后整合为一个有机整体"⑤，同时考虑到"PCK 课程"依托"化学教学设计与微格教学"课程进行设计的事实，本研究"PCK 课程"中的 PCK 相关内容，即 PCK 基础知识、PCK 四要素具体成分知识、PCK 四要素具体成分知识加工和整合以及 PCK 四要素具体成分知

①　从立新. 课程论问题[M]. 北京：教育科学出版社，2000：41.

②　[美]拉尔夫·泰勒. 施良方. 课程与教学的基本原理[M]. 北京：人民教育出版社，1994：67-68.

③　张华. 课程与教学论[M]. 上海：上海教育出版社，2001：233.

④　张华. 课程与教学论[M]. 上海：上海教育出版社，2001：232.

⑤　张华. 课程与教学论[M]. 上海：上海教育出版社，2001：233-234.

识与 PCK 整体拓展所需的各种学习经验活动等，与"化学教学设计与微格教学"课程原有内容，即化学教学设计与教学技能基础知识、教学设计与教学技能训练所需的各种学习经验活动等，将按照前文所述"教学技能与 PCK 之间本质的、必然的联系"有机整合起来。具体做法是在"化学教学设计与微格教学"课程原本就需要进行的教学设计、模拟教学、同伴研讨、教师点评等教学活动中，既要关注职前化学教师教学技能（知识）的"理解、体验与应用"，又要关注职前化学教师主题 PCK 要素成分知识的"明确、加工与整合"。以模拟教学为例，实现技能与 PCK 的双重关注，就意味着无论是在职前化学教师组织实施"模拟教学"的过程中，还是在教师教育者观察评价职前化学教师"模拟教学"的过程中，不仅需要关注各种常见教学技能（如导入技能、板书技能、提问技能、讲解技能等）的基础知识是否掌握、要素是否全面、实施是否流畅、功能是否实现等许多非学科的、纯技能关照的外在行为表现，还需要关注这些教学技能所用的材料与方法是否真正契合"当前"学生的学习和生活经验、是否最有利于"当前"学生感受或理解特定学科主题的问题、是否可以激发"当前"学生学习特定学科主题知识的内在动机、是否满足"课标"规定或当前中小学约定俗成的特定学科主题内容要点的深广度要求、是否可以实现"课标"规定的有关特定学科主题的"素养"发展目标、是否可以克服"当前"学生有关特定学科主题的迷思概念、是否可以避免所用材料和方法自身的缺陷等一些学科的、主题 PCK 观照的内在思维过程。

第三节 促进职前化学教师 PCK 发展的课程实施研究

由于笔者既是课程的开发者，又是课程的实施者，因此，在本研究中"PCK 课程"的实施实质上就是"PCK 课程"的教学。而有关"PCK 课程"实施的研究主要包括实施对象的选择、实施策略的设计与实施过程的组织三个部分。

一、课程实施的对象

本研究采用目的性抽样方法（即按照研究目的抽取能够为研究问题提供最大信息量的研究对象）[①]，选择中国某一部属师范大学处在大三第二学期的 56 名职前化学教师作为"PCK 课程"的实施对象。

这样选择的理由有两个：

---

① 陈向明. 质的研究方法与社会科学研究[M]. 北京：教育科学出版社，2000：103.

第一，这个样本是典型的，它具有国内所有处在大三第二学期的职前化学教师的共性特征，即没有或缺乏正式的教学经验、"无机、有机、分析、物化等学科专业课程已基本修完"以及"教育学、心理学、现代教育技术等通识教师教育课程也已基本修完"，能够代表职前化学教师这个群体进行准确的研究。之所以选择修完"学科专业课程"与"通识教师教育课程"的职前化学教师，是因为 PCK 是学科知识与一般教学法知识的特殊融合，学习掌握足够的学科知识与一般教学法知识是 PCK 形成与发展的逻辑前提。

第二，这个样本是独特的，它是职前化学教师群体中学科内容知识与一般教学法知识都比较扎实的独特样本，也是学习主动性和学习能力较强的独特样本。所有这些都能够为职前化学教师 PCK 课程的实施与检验排除许多不必要因素的干扰，提供更多指向研究问题的、有价值的信息。

参与此次发展研究的 56 名职前化学教师来自同一个班级，其中男生 17人，女生 39 人，年龄在 20~22 岁，所学专业为化学(师范)。鉴于 PCK 的主题对应性特征①②，参与研究的职前化学教师又根据所讲学科主题的不同被均分成 7 个小组(每组 8 人)，即化学键小组、化学平衡小组、物质的量、氯气小组，等等。PCK 课程实施与评价过程中，无论是使用的材料、参与的活动，还是布置的任务，各个小组都完全一样，没有差别。

二、实施策略的设计

教学过程是实现课程目标，实施课程的核心活动，只有优化的教学活动过程，才能充分地实现课程计划的目标。③ 因此，本研究中"PCK 课程"实施策略的设计实际上就是"PCK 课程"教学策略的设计。尽管如此，为了与全文课程开发研究的概念一致，本研究统一采用"实施策略"进行表述。基于此种认识，本书以职前化学教师 PCK 模型、"PCK 课程"的目标与内容、鲁姆哈特和诺曼的知识建构理论为依据，借鉴国内外 PCK 发展研究给予的各种经验启示，设计了符合 PCK 自身性质且包含"四个阶段性目标""六类策略""十种实施方

① Magnusson S., Krajcik J., & Borko H. Nature, sources and development of pedagogical content knowledge for science teaching[J]// Gess-Newsome J, & Lederman N G, Eds. Examining pedagogical content knowledge: The construct and its implications for science education, BOTson: Kluwer, 1999: 95-132.

② Abell S. K. Twenty years later: Does pedagogical content knowledge remain a useful idea? [J]. International Journal of Science Education, 2008, 30(10): 1405-1416.

③ 徐继存, 周海银, 吉标. 课程与教学论[M]. 济南: 山东人民出版社, 2010: 211.

法"的、专门针对"PCK 课程"的实施策略。①

其中，"四个阶段性目标"是指"PCK 课程"实施策略中人为设定了四要素单独发展、四要素分别拓展、PCK 形成(四要素整合)、PCK 整体拓展等四个 PCK 发展的阶段性目标；"六类策略"是指"PCK 课程"实施策略中囊括了国内外发展研究提出的教学反思、教学研讨、教学经验、课堂观察、教学研究与专业学习等六个主要的策略类型；而"十种实施方法"则是指"PCK 课程"实施策略中设计提出了基于教科书的学习、基于课程文件的学习、基于期刊文献的学习、基于教学录像的学习、基于回忆与调查的学习、设计教学方案、录制教学录像、转录自身教学录像、汇报交流研讨、反思评价研讨等十种具体的实施方法。

"PCK 课程"实施策略设计的总目标是为了达成 PCK 课程的目标，促进职前化学教师 PCK 的发展。实施策略的设计完成，既有基于国内外已有研究成果的许多理论依据，也有需要后期实证检验的一些基本理论假设。为了可以更加清楚地表达笔者的设计理念，本研究专门做以下三点"理论说明"：第一点，实施策略的理论依据与设计思路；第二点，实施策略的类型归属，即实施策略中十种具体实施方法与六个主要策略类型之间的对应关系；第三点，实施策略的目标指向，即实施策略的六个主要类型及其相应实施方法与 PCK 发展的阶段性目标、PCK 课程的目标之间的对应关系。其中，第一点"理论说明"，回答的是实施策略设计的理论依据；第二、第三点"理论说明"，回答的是实施策略提出的理论假设。

1. 实施策略的理论依据与设计思路

第一，鲁姆哈特和诺曼知识建构理论中提出的积累、重构和调整三种知识学习方式是本研究实施策略设计的总依据。从实施目标的角度看，"四个阶段性目标"中"四要素单独发展"与"四要素分别拓展"目标的达成，主要依靠职前化学教师的"积累"式学习；"PCK 形成(四要素整合)"与"PCK 整体拓展"目标的达成，主要依靠职前化学教师的"重构"式学习；而"调整"式学习则渗透在"四个阶段性目标"达成的全过程。从课程目标的角度看，四方面目标中"基础知识理解""四要素具体成分知识加工与整合"与"主题 PCK 学习方法迁移"目标的达成，主要依靠职前化学教师的"重构"式学习；"四要素具体成分知识的

---

①　魏壮伟，周青. 职前理科教师学科教学知识发展策略研究[J]. 化学教育，2019，40(16)：50-59.

搜集与积累"目标的达成，主要依靠职前化学教师的"积累"式学习；而"调整"式学习同样渗透在四方面课程目标达成的全过程。

第二，由于 PCK 是主题对应的，因此，职前化学教师 PCK 的发展也需围绕某一特定的学科主题展开。基于此种原因，本研究设计的实施策略及其相应的实施方法也仅仅是为了促进职前化学教师某一特定主题 PCK 的发展。

第三，鉴于学科知识对于教师 PCK 发展的前提性作用[1][2][3]，本研究还专门设计了旨在促进职前化学教师学科知识深度理解的特殊实施方法——基于教科书的学习，并将该方法设计安排在教师 PCK 发展的起始阶段。这种实施方法主要是指基于不同版本中学化学教科书与无机、有机、分析、物化、结构化学等化学专业(师范)课程教科书的深度学习。

第四，鉴于 PCK 理应被视为整体而不是孤立的组分以及 PCK 与教学实践的紧密联系，本实施策略特意设计了思辨式整合、体验式整合、反思式整合与研讨式整合等四种基于教学实践且层层递进的 PCK 要素整合方式。

第五，鉴于 PCK 的复杂性[4]，本实施策略不仅精心设计了理解、体验、反思三种方式进行个人深度学习，还巧妙安排了汇报交流、集体反思两种小组学习方式进行 PCK 要素与 PCK 整体的深化与拓展。

第六，鉴于"化学教学设计与微格教学"课程中"微格教学"需要对学生进行分组的实际情况以及 PCK 发展对学生分组的客观需要，本实施策略中的所有实施方法都需要以小组为单位进行。

2. 实施策略的类型归属与目标指向

为了更好地说明"PCK 课程"实施策略的类型归属与目标指向，现将本实施策略所包含的六个主要策略类型、十种具体实施方法、PCK 发展阶段性目

---

[1] Friedrichsen P., Abell S., Pareja E., Brown P., Lankford D., & Volkmann M. Does teaching experience matter? Examining biology teachers' prior knowledge for teaching in an alternative certification program[J]. Journal of Research in Science Teaching, 2009, 46: 357-383.

[2] Aydin S. & Boz Y. The nature of integration among PCK components: A case study of two experienced chemistry teachers[J]. Chemistry Education Research and Practice, 2013, 14: 615-624.

[3] Kind V. Pedagogical content knowledge in science education: potential and perspectives for progress[J]. Studies in Science Education, 2009, 45 (2): 169-204.

[4] Kind, V. Pedagogical content knowledge in science education: potential and perspectives for progress[J]. Studies in Science Education, 2009, 45 (2): 169-204.

标与 PCK 课程的目标之间的对应关系归纳整理到表 5-2 当中。

表 5-2 策略类型、实施方法、阶段性目标与课程目标的对应关系

主要策略类型	各种实施方法	PCK 发展阶段性目标	PCK 课程的目标
课堂讲授	接受式学习	无	基础知识的理解
专业学习	基于教科书的学习	学科知识的深刻理解	四要素具体成分知识的搜集与积累
		课程知识(教学策略知识)的发展	
	基于课程文件的学习	学科教学取向的明确	
		课程知识的发展	
	基于期刊文献的学习	学生知识的发展	
		教学策略知识的发展	
		学科教学取向的明确	
课堂观察	基于教学录像的学习	教学策略知识(学生知识)的发展	
教学研究	基于回忆和调查的学习	学生知识(教学策略知识)的发展	
课堂教学经验	设计教学方案	四要素第一次整合(思辨式)	四要素具体成分知识的加工与整合
	录制教学录像	四要素第二次整合(体验式)	
教学反思	转录自身教学录像:个人	四要素第三次整合(反思式)	
	反思评价研讨会:集体	四要素第四次整合(研讨式)及 PCK 整体拓展	
教学研讨	汇报交流研讨会	四要素分别拓展	主题 PCK 学习方法的迁移
	反思评价研讨会	PCK 整体拓展	

由表 5-2 可以看出:

第一，六个主要策略类型中，专业学习、课堂观察和教学研究主要是为了促进 PCK 四个要素的单独发展；课堂教学经验和教学反思主要是为了促进 PCK 的形成（即 PCK 四个要素的整合）；而教学研讨类策略分成两种情况，一种是为了促进 PCK 四要素的分别拓展，另一种是为了促进 PCK 四要素的研讨式整合及 PCK 的整体拓展。

第二，十种具体实施方法中，①包含"基于教科书的学习""基于课程文件的学习""基于期刊文献的学习""基于教学录像的学习""基于回忆与调查的学习"等在内的"五种学习"旨在促进职前化学教师 PCK 四个要素的单独发展，完成"四要素具体成分知识的搜集与积累"方面的课程目标，即"知道 PCK 各要素具体成分知识的主要来源；通过文本或视频观察能辨识特定学科主题 PCK 各要素的具体成分，并能对文本或视频中的 PCK 具体成分做出质量判定；初步掌握发展 PCK 四要素具体成分的各种学习方法，并能运用这些方法去发展自己对 PCK 具体成分的认识"；②包含"设计教学方案""录制教学录像""转录自身教学录像"在内的"三类实践"旨在促进职前化学教师 PCK 四个要素的整合，完成"四要素具体成分知识的加工与整合"方面的课程目标，即"通过参与教学设计、模拟教学、录像转录与评价研讨等实践活动，体验 PCK 各要素具体成分整合对课堂教学的影响，并能对各具体成分的整合情况作出质量判定"；③"两次研讨"中的"汇报交流研讨"旨在促进职前化学教师 PCK 四个要素的分别拓展，而"反思评价研讨"则旨在促进职前化学教师 PCK 四要素的第四次整合（研讨式）及 PCK 的整体拓展，两者共同完成"主题 PCK 学习方法多迁移"方面的课程目标，即"通过小组成员之间的分享交流能拓展和加深自己的 PCK 四要素具体成分知识；通过小组之间的分享交流能初步理解其他学科主题 PCK 的有关知识；通过体验某个特定学科主题 PCK 的完整发展过程，初步具备自主发展其他主题 PCK 的能力"。

第三，笔者设计的"五种学习"与 PCK 四个要素的发展之间并不存在一一对应关系。它们之间的关系总体上可以分成两类：第一类是一种具体实施方法"主次对应"两个或多个 PCK 要素的发展，比如"基于教科书的学习"这一方法的主要是为了发展 PCK 的"课程知识"要素与 PCK 发展前提条件——学科知识，次要（一般放在括号内）则是为了发展 PCK 的"教学策略知识"要素；第二类是一种实施方法"等同对应"多个 PCK 要素的发展，比如"基于课程文件的学习"这一方法则是为了相同程度地促进 PCK"学科教学取向"要素与"课程知识"要素的发展。

第四，笔者设计的"三种实践"并不是简单地机械重复，而是精致地螺旋上升。其中，作为 PCK 四个要素的第一次整合，"设计教学方案"是一种基于已有认识的"思辨式"整合；作为第二次整合，"录制教学录像"是一种基于真实感受的"体验式"整合；而作为第三次整合，"转录自身教学录像"则是一种基于深度思考的"反思式"整合。因此，无论是从思考的深刻程度、认识的精致程度，还是从记忆的牢固程度来看，从"思辨"到"体验"再到"反思"的三次整合，都是层层递进、螺旋上升的。

三、实施过程的组织

根据具体任务性质的不同，本研究针对前文选择的 56 名实施对象，分前期准备、单独发展、整合发展三个阶段①组织实施了"PCK 课程"，共用时 1 个学期，17~18 周的时间。

1. "前期准备"阶段的时间、任务与实施

"前期准备"阶段的实施一般需要 4 周左右的时间。考虑到 PCK 发展的逻辑顺序与 PCK 发展的总时长，"前期准备"阶段一般需要安排在新学期最初的 4 周。

"前期准备"阶段的任务主要有三个。第一个是 PCK 基础知识的学习准备，这一准备过程通常需要 1 周时间，其主要任务是介绍说明：（1）PCK 相关概念，比如教师知识、教学知识、PCK、PK、CK 等，PCK 模型与 PCK 的核心要素（重点介绍职前化学教师的 PCK 要素、类型与成分的三层次模型）；（2）PCK 基本性质；（3）PCK 与教学设计和教学技能之间的关系；（4）PCK 对于教师专业发展的意义以及 PCK 与各类教师教育课程（通识教师教育课程，比如教育学、心理学等；学科教师教育课程，比如化学教学论、化学教学技能训练等）之间的关系等。第二个是相关学习方法的学习准备，这一准备过程通常需要 2 周时间，其主要任务是示范说明"PCK 课程"实施策略随后用到的、旨在促进职前化学教师 PCK 发展的十种具体实施方法，比如"基于教科书的学习"这一实施方法，就需要在介绍教科书分析加工主要维度与针对性方法的基础上，明确本实施方法所用"教科书"不仅包括各个版本中学化学教科书、教师用书，还包括大学有关专业课程教科书，明确"指向 PCK 发展不同阶段目标的具体教科书内容及其相应的分析加工方法"；再比如"基于期刊文献的学习"

---

① 魏壮伟，周青. 职前理科教师学科教学知识发展策略研究［J］. 化学教育，2019，40（16）：50-59.

这一实施方法，不仅需要明确指出与中小学化学教育密切相关的文献类型与文献名称(如化学教育、化学教学等)、需要分析确定"指向具体目标的、用于文献检索的主题词或关键词"，还需要示范说明"如何快速有效地从一篇具体的文献中获取 PCK 要素发展所需关键信息"等旨在提高文献学习效率与效果的各种细节知识。第三个是任务活动的安排，这一任务的完成通常需要 1 周时间，其主要任务是清楚告知"课程实施对象"本学期后 13 周的学习目标、具体任务与完成任务的时间节点，并有效利用 QQ、微信、电话、面谈等各种途径对他们进行督促与指导。

2. "单独发展"阶段的时间、任务与实施

"单独发展"阶段大致需要 8 周的时间，通常需要安排在"前期准备"阶段之后。

该阶段的主要任务是分别促进职前化学教师特定主题 PCK 四个要素的独立发展。"单独发展"阶段的实施通常分两个步骤完成：第一步以"个人理解"为主要形式，用 6 周时间力推职前化学教师独立开展"五种学习"(其中，"基于教科书的学习"需要 2 周时间，其余四种学习各需 1 周时间)，针对性促进他们 PCK 四个要素的单独发展；第二步以"小组研讨"为主要形式，用 2 周时间精心组织以小组为单位的"汇报交流研讨会"，拓展性促进他们 PCK 四个要素的深入发展。

(1)"五种学习"的独立开展

"五种学习"是 PCK 四要素单独发展的个人路径。依据学习活动对象的不同，"五种学习"又可分为两类：一类是文本学习活动，包括"基于教科书的学习""基于课程的学习"和"基于期刊文献的学习"三种；一类是经验学习活动，包括"基于教学录像的学习"和"基于回忆与调查的学习"两种。

进入"单独发展"阶段后，首先开展的是三种文本学习活动。通常，开展文本学习活动有两个具体要求：一是学习材料的准备；二是学习任务的完成。

第一，不同学习活动需要准备不同的学习材料：①"基于教科书的学习"需要准备"大学专业课和高中不同版本"教科书(大学教科书，以化学专业为例，包括无机、有机、分析、物化、结构等专业课教科书；高中教科书，以高中化学为例，包括"人教版""苏教版""鲁科版"三版本教科书)；②"基于课程文件的学习"需要准备《基础教育课程改革纲要》《普通高中课程方案》与学科课程标准等国家层面的课程文件；③"基于期刊文献的学习"则需要准备专门研究特定学科主题教与学的国内外高质量纸质文献(以国内为主，国外 1~2 篇即

可；国内文献由职前化学教师检索且经教师教育者确认，国外文献则由教师教育者直接提供）。

第二，不同学习活动，目标指向不同，学习的任务与工具也有所不同：①"基于教科书的学习"需要职前化学教师完成"一图三表"的绘制与填写，一图即主题内容要点概念图，三表即主题内容要点中学大学对比表、不同版本主题教材编排对比表、主题内容要点呈现方式汇总表；②"基于课程文件的学习"需要职前化学教师实现"四理解"（即理解学科课程理念、理解学科核心素养、理解学科课程总目标、理解学科宏观课程结构），清楚"一要求"（即清楚学科主题内容要求）；③"基于期刊文献的学习"则需要职前化学教师在强化上述"四理解"的基础上，完成"主题学习困难与教学策略汇总表"。

开展文本学习活动，对教师教育者与职前化学教师的要求都很高。对教师教育者而言，不仅需要提前准备各种教学基本资料、精心挑选 1~2 篇经典文献，还需要具有深厚的教育与学科功底，尤其是学科知识功底。没有深厚的学科知识功底，教师教育者很难真正指导职前化学教师完成"主题内容要点中学大学对比表"（当然，如果学科知识确实存在问题，邀请大学专业课教师参与指导，可以较好地解决此类问题）。对职前化学教师而言，开展这些活动，一方面需要他们有充足的时间保障，另一方面需要他们有较强的学习动机与学习能力。缺乏较强的学习动机与较高的学习能力，职前化学教师很难高质量地完成相应学习任务（其中，PCK 意义的充分理解可以增强职前化学教师的学习动机，而学习方法的反复练习则可以提高职前化学教师的学习能力）。

三种文本学习之后，紧接着开展的是两种经验学习活动。"基于教学录像的学习"是一种基于课堂观察的自主学习。教学录像是否经典、录像分析方法是否得当是开展这种活动学习的关键；"主题教学经验分析总结表"的填写是这种学习活动的基本任务，而录像内学生表现的记录则是这种学习活动的附加任务。"基于回忆与调查的学习"是一种基于教学研究的自主学习。研究过程是否规范、调查方法是否得当是开展这种活动学习的关键；"主题学习困难调查表"的填写是这种学习活动的基本任务，而原中学教师学习困难解决策略的记录则是这种学习活动的附加任务。

（2）"汇报交流研讨"的精心组织

"汇报交流研讨"是 PCK 四要素"单独发展"的第二步，也是 PCK 四要素分别拓展的集体路径。依据活动内容与形式的不同，"汇报交流研讨"又可分为"分类整理"和"汇报研讨"两个环节。"分类整理"环节属于职前化学教师个人学习，其主要任务是把前文所述"五种学习"的结果，以 PCK 四个要素为依据进行归类、加工、整理。"汇报研讨"环节属于职前化学教师集体学习，其主要任务是集中汇报、研讨每位职前化学教师 PCK 四要素的"分类整理"结果，并最终共同完成一份"主题 PCK 四要素分类统计表"。

3. "整合发展"阶段的时间、任务与实施

"整合发展"阶段大约需要 5 周时间，通常需要安排在"单独发展"阶段之后。

该阶段的主要任务是促进职前化学教师 PCK 各组成要素的有效整合，实现他们特定学科主题 PCK 的形成与发展。该阶段的实施也可以分两步完成：第一步以"个人实践"为主，用 3 周时间力推职前化学教师独立开展"三种实践"，"思辨""体验""反思"三种方式强力促进他们特定学科主题 PCK 四个要素的有效整合；第二步以"集体反思"为主，用 2 周时间精心组织以小组为单位的"反思评价研讨会"，"研讨式"促进他们特定学科主题 PCK 四个要素的再次整合、实现他们特定学科主题 PCK 的整体拓展。

(1)"三种实践"的独立开展

"三种实践"是 PCK 整合发展的第一步，也是 PCK 四要素有效整合(形成)的个人路径。思辨是否科学、体验是否用心、转录是否认真以及反思是否深刻，是开展这三种实践学习活动的关键；而教学方案的设计、教学录像的录制、录像转录稿的完成则是这三种实践学习活动的基本任务。

(2)"反思评价研讨"的精心组织

"反思评价研讨"是 PCK"整合发展"的第二步，也是 PCK 再次整合与整体拓展的集体路径。"反思评价研讨"的组织，可分为"主题 PCK 结构图绘制"和"评价研讨"两个环节。"主题 PCK 结构图绘制"环节属于职前化学教师的个人学习，其主要任务是把内隐于教学方案、教学录像与录像转录稿中的主题PCK，提取、加工、绘制成"主题 PCK 结构图"。"评价研讨"环节属于职前化学教师的集体学习，其主要任务是集中汇报、研讨每位职前化学教师绘制的"主题 PCK 结构图"。

以上三个阶段中，"前期准备"阶段是必要前提，解决的是 PCK 发展的动力、方向、方法与管理问题；"单独发展"阶段是重要基础，解决的是构成PCK 的各层级要素的独立发展问题；"整合发展"阶段是核心关键，解决的是PCK 的最终形成与整体拓展问题。"前期准备""单独发展""整合发展"三个阶段，环环相扣，分层递进，只有把前一阶段的任务完成好，才能确保下一阶段任务的顺利开展。

第六章　促进职前化学教师 PCK 发展的课程评价研究

本章主要从课程评价研究的目的、对象、方法、数据收集与编码、数据处理与分析、研究结果等几个方面进行论述。

第一节　研究的目的、对象与方法

一、课程评价研究的目的

分析判断"PCK 课程"及其相应实施策略的有效性，研究揭示前文设计与实施的"PCK 课程"的价值。

二、课程评价研究的对象

考虑到数据处理的复杂程度、数据收集的完整程度以及基于个案研究的质性评价方法对个案数量的一般要求，本书的课程评价研究的对象是通过在所有参与"PCK 课程"实施研究的 56 名职前化学教师中，两次使用目的性随机抽样方法(即按照一定的研究目的对研究现象进行随机抽样)①选取某一个学科主题小组的某一位职前化学教师而确定的。本书最终选择把"化学平衡"小组中的某一位职前化学教师作为"PCK 课程"与相应实施策略评价研究的对象，编码为 PT(pre-service teacher)。

三、课程评价研究的方法

根据价值取向的不同，课程评价的方法可以分为量化评价与质性评价。②本研究坚持自然主义的立场，采用基于个案研究的质性评价方法对职前化学教

---

① 陈向明. 质的研究方法与社会科学研究[M]. 北京：教育科学出版社，2000：110.
② 张华. 课程与教学论[M]. 上海：上海教育出版社，2000：377.

师 PCK 课程及其相应的实施策略进行评价。主要原因包括：

（1）笔者所持有的自然主义的立场，反对把复杂的教育现象简化为数字，而是倾向于全面充分地揭示和描述评价对象的各种特质①，这就决定了本书将采用质性评价的方法进行"PCK 课程"的评价，而个案研究又是自然主义的"万灵药"——很好的方法，所以本研究最终选择基于个案研究的质性评价方法。

（2）PCK 的特性、国内外同类研究大多采用个案研究法的事实②以及本研究需要通过个案研究"深描"职前化学教师 PCK 发展微观过程与真实面貌的目的，均促使笔者最终选择质的研究方法中的个案研究法。其中，PCK 的特性主要是指教师的 PCK 是一个非常复杂的构念，具有情境性、实践性、经验性、缄默性等一些特性。具有这些特性的 PCK 常常与具体的教学情境、特定的教学实践、已有的教学经验融合到一起，其变化情况很难通过单纯的问卷、量表等量的研究方法客观、全面地描述出来。PCK 的调查需要笔者去理解教师准备教学的过程，去分析教师"如何"以及"为什么"那么做。

个案研究法，又称案例研究法（为了前后表述的一致性，下文统一使用"个案研究"）③，是包括社会学在内的社会科学的基本研究方法之一，也是近年来教育研究领域内兴起的"质的研究"方法的一种。④ 个案研究法发展至今，虽然已有一百多年的历史，但进入教育领域却只是 20 世纪 90 年代以后的事情。教育研究中的个案研究，最初主要用于儿童发展和教育社会学领域的研究，以研究特殊的对象，如适应不良的学生，或是问题青少年为主。⑤ 时至今日，个案研究在教育研究领域的发展已经呈现出如下趋势⑥：

①由非正式或前导性研究到现今成为众人所肯定的正式研究方法；

---

① 张华. 课程与教学论[M]. 上海：上海教育出版社，2000：377.

② Abell S. K. Twenty years later: Does pedagogical content knowledge remain a useful idea? [J]. International Journal of Science Education, 2008, 30(10): 1405-1416.

③ 魏峰. 从个案到社会：教育个案研究的内涵、层次与价值[J]. 教育研究与实验，2016(4)：24-29.

④ 潘苏东，白芸. 作为"质的研究"方法之一的个案研究法的发展[J]. 全球教育展望，2002，31(8)：62-64.

⑤ 潘苏东，白芸. 作为"质的研究"方法之一的个案研究法的发展[J]. 全球教育展望，2002，31(8)：62-64.

⑥ 李长吉，金丹萍. 个案研究法研究述评[J]. 常州工学院学报(社科版)，2011，29(6)：107-111.

②由以往问题的解决到今日着重个案问题之描述、解释与分析;

③研究对象由早期的适应不良、问题行为儿童到现今的正常儿童;

④从关注个案总体的普遍性研究走向关注有关特殊个案的本质性研究。

了解个案研究法的内涵、特征、类型、步骤与评价是科学使用个案研究法的前提与基础。

关于个案研究法的内涵,国内学者提出很多观点,比较明了的是王金红的定义:个案研究是一种"综合运用多种收集数据和资料的技术与手段,通过对特定社会单元(个人、团体组织、社区等)中发生的重要事件或行为的背景、过程的深入挖掘和细致描述,呈现事物的真实面貌和丰富背景,从而在此基础上进行分析、解释、判断、评价或者预测"的独立的研究方法。① 虽然王金红是基于"社会科学以及其他科学研究的综合视角"提出的个案研究法定义,但他的定义同样适用于教育研究。

关于个案研究法的特征,国内外学者主要是从个案研究的研究对象、研究内容、研究方法、研究过程几个方面来概括个案研究的特点,均强调研究对象的独特性、研究内容的深入性、方法的综合性以及在自然情景中进行。②

关于个案研究法的类型,可以根据不同的标准进行分类。比如,根据研究中使用个案的数量,可以分为单一个案研究和多重个案研究;根据研究中个案引入的不同功能,可以分为探索性个案研究、描述性个案研究和解释性个案研究③;根据研究资料获取方式,可将个案研究分为实证个案研究与非实证个案研究;根据理论研究所处的阶段,可将个案研究划分为理论建构型、理论验证型与理论发展型。④

关于个案研究法的步骤,孙海法认为,个案研究一般包括建立基础理论、

① 王金红.案例研究法及其相关学术规范[J].同济大学学报(社会科学版),2007,18(3):87-95,124.

② 李长吉,金丹萍.个案研究法研究述评[J].常州工学院学报(社科版),2011,29(6):107-111.

③ 王金红.案例研究法及其相关学术规范[J].同济大学学报(社会科学版),2007,18(3):87-95,124.

④ 唐权,杨立华.再论案例研究法的属性、类型、功能与研究设计[J].科技进步与对策,2016,33(9):11-121.

选择个案、搜集数据、分析数据、撰写报告与检验结果等五个步骤。①

关于个案研究法的评价，通常需要考虑研究资料质量、个案研究的科学性与研究结论的可推广性三个问题。②③ 首先，研究资料质量，也就是研究资料的信度与效度，一般通过研究资料收集的三个原则，即来源是否多样、研究资料库是否建立、紧密联系的证据链是否形成，进行评价；其次，个案研究的科学性，也就是教育个案的理论意蕴，一般通过个案的"内在特质"、个案资料的分析策略与技术、个案的"深描情况"三个角度进行评价；最后，研究结论的可推广性，也就是研究结论的普遍适用性与学术解释力，一般通过个案研究结论获得其他读者情感共鸣和思想认同的程度、个案事实到结论的逻辑自洽性、是否针对更多个案或不同类型个案进行比较研究(或是否运用了费孝通的类型比较法④)、与其他相关理论观点的互相支持与证实或证伪四个角度进行评价。

具体到本研究中，评价职前化学教师 PCK 课程及其相应实施策略所采用的方法，是实证性的、解释性的、理论检验型的个案研究法。

第二节　数据收集与编码

依据此次课程评价研究的目的与研究所处环境的实际情况，笔者采用了焦点访谈、模拟课堂教学录像、研讨会录音、文档收集等数据收集方法。为了保证个案研究的质量，笔者在数据收集过程中，遵循了个案研究资料收集的如下三个原则：第一，使用多种证据来源；第二，建立个案研究数据库；第三，形成一系列证据链。⑤ 虽然本次课程评价研究的对象是化学平衡小组的某一位职前化学教师，但是考虑到所有的研究数据都是以小组为单位收集的，因此，接

---

① 孙海法，朱莹楚. 案例研究法的理论与应用[J]. 科学管理研究，2004，22(1)：116-120.

② 王金红. 案例研究法及其相关学术规范[J]. 同济大学学报(社会科学版)，2007，18(3)：87-95，124.

③ 魏峰. 从个案到社会：教育个案研究的内涵、层次与价值[J]. 教育研究与实验，2016(4)：24-29.

④ 王富伟. 个案研究的意义和限度[J]. 社会学研究，2012(5)：161-183.

⑤ 王金红. 案例研究法及其相关学术规范[J]. 同济大学学报(社会科学版)，2007，18(3)：87-95，124.

下来有关"数据采集方法和手段"的描述都是针对化学平衡小组的 8 位职前化学教师而言的。

一、数据采集方法和手段

1. 焦点访谈

在深度访谈、焦点访谈和调查访谈三种个案研究访谈类型中①，本书选择使用了焦点访谈法采集数据。焦点访谈的提纲是在劳伦(Loughran et al. 2004②, 2008③)等人开发的内容表征表(Content Representations，即 CoRes)的基础上，基于笔者构建的职前化学教师 PCK 模型自行开发设计的。在正式使用这个访谈提纲之前，先用它分别对两位化学课程与教学论研究生(1 位男生，1 位女生)进行了一次预访谈，并通过预访谈对提纲进行了修订。

最终的访谈提纲主要包括如下三部分内容(详见附录 3、附录 6)：

第一部分：学科内容知识表征与教学策略

①你知道"化学平衡"主题各部分内容，可以用哪些策略或者方法进行教学吗？

②这些策略或方法在"化学平衡"相应部分教学时的优缺点，各是什么？

③你是根据什么得出这些结论的？

第二部分：学习困难与学生前概念或迷思概念

①你觉得学生在学习"化学平衡"主题之前，已学过的知识或经验中有哪些对本节内容学习有比较大的帮助？你是根据什么得出这些结论的？你在试讲时，有没有想到要用这些知识或经验？有没有用？如何用的？

②你觉得学生在学习"化学平衡"主题各部分内容时，会形成哪些错误的认识？你是根据什么得出这些结论的？你在试讲时，有没有想到要帮

---

① 罗伯特·K. 殷(Robert K. Yin)；周海涛、史少杰. 案例研究：设计与方法[M]. 重庆：重庆大学出版社，2017.1：133-134.

② Loughran J, Mulhall P, Berry A. In search of pedagogical content knowledge in science：Developing ways of articulating and documenting professional practice[J]. Journal of Research in Science Teaching, 2004, 41(4)：370-391.

③ Loughran J, Mulhall P, Berry A. Exploring Pedagogical Content Knowledge in Science Teacher Education[J]. International Journal of Science Education, 2008, 30(10)：1301-1320.

助学生避免这些错误认识？有没有帮？如何帮的？

③你觉得学生在学习"化学平衡"主题各部分内容时，所面临的学习困难有哪些？在哪里？你是根据什么得出这些结论的？你在试讲时，有没有想到要帮助学生克服这些困难？有没有帮？如何帮的？

第三部分：学科知识价值与课程内容

①你觉得"化学平衡"主题对化学科学的重要意义在哪里？

②你觉得"化学平衡"主题学习对学生学习其他化学知识有什么帮助？

③除上述两方面价值外，你觉得"化学平衡"主题学习还可以帮助学生获得什么？

④你觉得教师在"化学平衡"主题教学时的主要任务是什么？你做出这种判断的依据是什么？

⑤你觉得"化学平衡"这一主题中，关键概念和思想有哪些？它们应该按照怎样的次序进行教学？为什么要按照这样的顺序？

⑥关于"化学平衡"主题，你还知道什么(但你还没打算在这个阶段让学生知道的)？

通过上述访谈提纲，笔者在职前化学教师"PCK 课程"实施之前和之后，对化学平衡主题小组的 8 位职前化学教师分别进行了两次焦点访谈。两次访谈的访谈提纲主体部分基本相同(后测访谈只是增加了对具体实施方法的感受与评判)，每次访谈都有录音记录。

第一次焦点访谈安排在"前期准备"阶段的最后一周(第 4 周)，共分三个阶段完成：第一阶段访谈了 4 位，用时 1 时 56 分 37 秒；第二阶段访谈了 1 位，用时 29 分 30 秒；第三阶段访谈了 3 位，用时 1 时 56 分 27 秒，平均访谈时间约为 32 分 48 秒。其中，本书个案研究对象——个案教师是在第一阶段第 1 位接受访谈，用时 35 分 45 秒(访谈转录稿见附录 5)。

第二次焦点访谈安排在"整合发展"的最后一周(第 17 周)，共分四个阶段完成：第一阶段访谈了一位，用时 51 分 10 秒；第二阶段访谈了一位，用时 35 分 08 秒；第三阶段访谈了两位，用时 1 时 34 分 59 秒；第四阶段访谈了四位，用时 2 时 29 分 23 秒，平均访谈时间 41 分 20 秒。其中，个案教师在第三阶段第 1 位接受访谈，用时 50 分 51 秒(访谈转录稿见附录 8)。

在本研究中，焦点访谈的作用是与模拟教学录像结合起来分析职前化学教师 PCK 各要素及其具体成分知识的独立发展情况。不过，在具体分析过程中，以模拟教学录像资料为主，焦点访谈资料为辅，之所以如此，主要是考虑到焦点访谈中"应然"的表述可能会多一些，不太能够揭示他们真实的 PCK 水平。欧内斯特（Ernest N. Mazibe，2018）[1]的研究结果已经证实了这一点，即通过访谈报告的 PCK 并不必然反映课堂教学中真实的 PCK，真实的 PCK 往往都等于或低于访谈报告的 PCK。

2. 模拟教学录像

本研究中，每一位职前化学教师共经历了两次模拟课堂教学（详见表 6-2）。两次模拟课堂教学录像分别是在"前期准备"阶段和"整合发展"阶段完成录制的。8 位职前化学教师两次录像的具体情况见表 6-1。

模拟教学录像的作用有两个：一是分析职前化学教师 PCK 的整体发展情况，二是分析职前化学教师 PCK 各要素及其具体成分知识的发展情况。

表 6-1　化学平衡小组 8 位职前化学教师两次模拟录像情况

研究对象编码	第一次录像	第二次录像
PT1	时长 11 分 29 秒	时长 9 分 48 秒
PT2	时长 11 分 18 秒	时长 12 分 54 秒
PT3	时长 14 分 12 秒	时长 12 分 08 秒
PT4	时长 9 分 31 秒	时长 13 分 20 秒
PT5	时长 5 分 44 秒	时长 7 分 51 秒
PT6	时长 8 分 50 秒	时长 14 分 18 秒
PT7	时长 11 分 34 秒	缺失
PT8	时长 14 分 35 秒	时长 10 分 35 秒

3. 研讨会录音

本研究总共组织了两次研讨会（详见表 6-2）。笔者全程参与了两次研讨会；两次研讨会页都有录音记录。第一次研讨会用时 2 时 49 分 53 秒；第二次研讨会用时 3 时 21 分 13 秒。虽然这两次研讨会分别发生在"单独发展"与"整

---

① Mazibe E. N., Coetzee C., & Gaigher E. A comparison between reported and enacted pedagogical content knowledge（pck）about graphs of motion［J］. Research in science Education，2018，50（3），941-964.

合发展"两个阶段，设计目的有所不同，但它们提供的信息却都可以作为"职前化学教师 PCK 发展"证据链的一个关键环节，为深度描述职前化学教师 PCK 的真实面貌提供佐证材料。

4. 文档收集

本研究收集的教学文档，包括模拟教学的教案、自主学习记录汇总表、模拟课堂录像的转录稿等材料(详见表 6-2)。

模拟教学的教案，分纸质文档和电子文档两种形式(前期没有统一要求)，完成时间与模拟教学录像同步。本研究总共收集到 8 份纸质教案、8 份电子教案。虽然模拟教学的教案也可以提供职前化学教师 PCK 发展变化的一些信息，但考虑到"教案"与模拟教学在揭示教师 PCK 真实水平方面存在较大差异(模拟教学比"教案"更接近个案教师的真实水平)，因此，本研究只是将它们作为模拟教学录像的重要补充材料进行数据分析。不过，教案、录像与焦点访谈三种数据，还可以相互印证，起到"三角检验"作用。

自主学习记录汇总表，总共完成过两份，且两份均为电子文档。第一份由职前化学教师独立完成于第一次研讨会之前，第二份由职前化学教师完成于所有发展阶段之后。自主学习记录汇总表，作为一种学习笔记，只是辅助和督促职前化学教师自主学习的一种手段，并不能说明他们已经具备"自主学习记录汇总表"所记录的知识，因此，在本研究中只是将其作为补充材料备用。

模拟课堂教学录像转录稿，只是职前化学教师 PCK 各要素"反思式"整合过程的直接证据，由于前期没有要求撰写反思笔记，因此，转录稿在此处除了跟模拟课堂教学录像一样的价值之外，没有其他额外价值。

二、数据收集过程

本课题主要研究对象所在的"化学平衡"小组，成立于"前期准备"阶段的最后一周(本学期开学第 4 周)。本书的数据收集工作就是从这一周开始的，直至"整合发展"阶段的最后一周(本学期第 17 周)，历时 90 余天。表 6-2 列出了"化学平衡"小组数据收集的过程和数据的形式。

表 6-2　"化学平衡"小组 PCK 发展的数据形式与数据收集过程

收集过程	数据形式
第一次模拟课堂教学	电子文档；教案；模拟课堂教学录像

续表

收集过程	数据形式
第一次焦点访谈	访谈录音
自主学习记录汇总表	电子文档：表格 1
第一次研讨会	研讨会录音
第二次模拟课堂教学	电子或纸质文档：教案；模拟课堂教学录像
教学录像转录稿	电子文档：转录稿
第二次研讨会	研讨会录音
自主学习汇总表更新	电子文档：表格 2
第二次焦点访谈	访谈录音

三、数据来源编码

为清楚区分不同次序、不同来源的数据，本研究采用了如下五种编码方式：PT-m-V；PT-m-I；PT-m-Tab；PT-m-S；PT-m-ID。其中，PT 代表本书课程评价研究的对象——化学平衡小组的个案教师，数字 m 代表数据收集的次序，最后的 V 代表模拟课堂教学录像（Video）、Tab 代表自主学习汇总表（Table）、S 代表研讨会（Seminar），ID 代表教学设计（教案，Instructional design）。例如，PT-2-V 代表数据来自个案教师 PT 的第二次模拟课堂教学录像；PT-1-I 代表数据来自个案教师 PT 的第一次焦点访谈；PT-2-Tab 代表数据来自个案教师 PT 的第二次自主学习汇总表；PT-1-S 代表数据来自个案教师 PT 的第一次研讨活动；PT-2-ID 代表数据来自个案教师 PT 的第二次教学设计。

四、学科教学知识 4 个要素与 17 种具体成分的编码

为满足随后数据分析的需要，本书参考帕克等人的做法，以每个 PCK 要素英文单词首字母表示该要素的方法进行简化编码，结果如下：

①科学教学取向，即 Orientations toward Teaching Science，简称 OTS；

②科学课程知识，即 Knowledge of Science Curriculum，简称 KSC；

③学生科学理解知识，即 Knowledge of Students' Understanding of Science，简称 KSU；

④教学策略知识，即 Knowledge of Instructional Strategies or Knowledge of

Instructional Strategies and Representations，简称 KISR。

采用同样的方法对 PCK 四要素所包含的 17 种成分进行编码，具体情况见表 6-3。

表 6-3 职前化学教师 PCK17 种具体成分的编码方案

成分名称	成分英语简称	成分编码
科学教学理念	teaching philosophy	OTS-Tp
科学教学特征	teaching characteristic	OTS-Tch
学科核心素养与课程目标	discipline key competency and curriculum objective	KSC-DKC
学科宏观课程结构	discipline macro-curriculum structure	KSC-DMCS
主题内容要求	Topic Content Requirements	KSC-TCR
科学教材一般学习目标	Textbook learning objective	KSC-TLO
实现一般学习目标所需活动与材料	Activities and materials	KSC-AM
纵向教材编排	Longitudinal Textbook Arrangement	KSC-LTA
主题内容要点：次序、深度与广度	Order、depth and breadth	KSC-ODB
学习特定主题所需前提知识	prerequisite knowledge for learning specific topic	KSU-PK
学生理解特定主题所需学习方式	approaches to learning	KSU-AL
概念原理抽象	the concepts are very abstract	KSU-CA
问题解决困难	students' difficulties with problem solving	KSU-DPS
新旧认识矛盾	misconceptions	KSU-M
科学教学一般途径	general approaches to enacting science instruction	KISR-GA
特定主题对应活动类型	Topic-specific activities	KISR-TSA
特定主题对应表征方式	Topic-specific representations	KISR-TSR

五、学科教学知识 17 种具体成分的前后测编码

为了区分前后测中相同的 PCK 片段、PCK 要素与 PCK 成分，本书特意在这些 PCK 片段、PCK 要素与 PCK 成分的编码前添加字母"f"或"a"以示区分。其中，f 是 front 的缩写，表示前测数据；a 是 after 的缩写，表示后测数据。

第三节 数据处理与分析

一、数据处理

数据处理从整体上看，主要分两个阶段：音视频转录与分类整理。音视频转录阶段，笔者把访谈录音、研讨会录音、模拟课堂教学录像等音视频资料转录成逐字稿，并将它们打印出来，与原有的纸质资料整理在一起。为了确保音频资料转录的质量，每一份逐字稿都经历了至少三次校对。分类整理阶段，笔者首先把所有资料按发展前与发展后分成两大类；其次，把每一大类的资料，根据它们与研究个案、研究问题、研究策略的对应性再次进行归类整理，并把一些同时对应几个研究问题与研究案例的资料进行重印，以免遗漏。

二、数据分析方法

研究问题与研究方法是论文数据分析方法选择的最根本依据。考虑到研究问题所蕴含的实证性、深刻性与全面性的要求以及研究方法对数据分析的具体要求，本课题借鉴了帕克和陈（Park and Chen）2012 年研究①所采用的数据分析方法，即显性 PCK 的深度分析法（in-depth analysis of explicit PCK）、计数法（enumerative approach）与持续比较法（constant comparative method）。

1. 显性 PCK 的深度分析法

显性 PCK 深度分析法，是一种分析判定 PCK 不同要素之间整合情况的重要方法。帕克等人对 PCK 的操作性定义，即"任意两个或两个 PCK 要素的整合物都是 PCK"，是使用该方法的概念基础。与帕克一样，笔者在使用这种方

---

① Park S., Chen Y. C. Mapping out the integration of the components of pedagogical content knowledge（PCK）：Examples from high school biology classrooms［J］. Journal of Research in Science Teaching，2012，49（7）：922-941.

法时，也只是把"显性 PCK"的来源确定为"教学录像"片段，具体到本研究中，也就是"模拟教学录像"片段。

应用该方法分析，大致可分成两个步骤：

第一步，识别并绘制 PCK 片段（PCK Episode）的深度描述图。首先，笔者需要从前测或后测的模拟教学录像中识别出所有能够反映教师 PCK 情况的教学片段；随后，笔者需要把已经被确认了的教学片段标注为 PCK 片段，并用字母 En 来表示（En 指的就是第 n 个 PCK 片段）；最后，笔者需要结合该 PCK 片段的要素整合情况与整合强度，绘制相应的深度描述图。

(1)有关 PCK 片段的要素整合情况，笔者没有采用帕克等人①的做法，即如有两个或两个以上 PCK 要素都包含在某一特定 PCK 片段中，那么这些 PCK 要素"两两之间"就存在一次整合，就需要用直线把这些 PCK 要素两两连接起来。笔者认为，帕克等人的这种判断过于粗糙，因为他并没有揭示这些要素之间整合的成分与细节，换句话说，没有揭示哪些成分"参与了整合""参与了多少次整合""如何证明它们参与了整合"等一些更深刻、更细节的问题。因此，笔者判断两个要素之间存在一次整合的标准有两点：一是知道这两个要素中的哪些成分参与了整合；二是知道这些成分之间是如何整合的。而只要满足了这两点，就需要用直线把这两个要素连接起来，并在这两个要素旁边以小括号的形式列出真正参与此次整合的成分编码（这里的成分编码，是指向具体内容的，是唯一的）。

(2)有关 PCK 片段的要素整合情况，笔者参考借鉴艾丁和博兹（Sevgi Aydin 和 Yezdan Boz）2013 年对帕克做法的改进，即"根据每一次整合与科学教育改革文件的一致性（比如，是否给学生提供了学习的机会）、它们自身表述的完整性（比如，这些整合既有问题的诊断又有相应的教学措施）以及它们解决问题的充分性（比如，教师的教学措施是否足以帮助学生理解）三个指标，把这些整合强度分成三个等级，从弱到强分别用 1 分、2 分、3 分标记"（见表6-4）②，根据模拟教学的实际情况，给该 PCK 片段中的每一次整合打分，并把得分标注在相应的连线上。

---

① Park S., Chen Y. C. Mapping out the integration of the components of pedagogical content knowledge（PCK）：Examples from high school biology classrooms［J］. Journal of Research in Science Teaching, 2012, 49(7)：922-941.

② Sevgi Aydin, Yezdan Boz. The nature of integration among PCK components：A case study of two experienced chemistry teachers［J］. Chemistry Education Research and Practice, 2013, 14(4)：615-624.

表 6-4　PCK"两两要素"整合强度评判标准

分值	解　释
3分	这种整合不仅建立在教师对学生的困难与已有知识、学科主题重点理解的基础之上，也建立在教师为了解决上述问题而实施教学的过程中。教师会反思学生的要求与困难，也会根据科学教育改革要求去设计和完善他们的教学(比如，以学生为中心的讨论、提供机会让学生通过某些思维和实践活动，主动建构知识)
2分	这种整合不仅包括教师对某一主题学生困难和问题的诊断，还包括教师为解决上述问题而进行了教学设计。教师的教学与科学教育改革的要求并不一致(比如，以教师为中心的讨论、没有知识建构活动、教师直接给出知识)。虽然教学是以教师为中心的，但是对于解决学生问题而言是足够的
1分	这种整合不仅包括教师对某一主题学生困难和问题的诊断，还包括教师为解决上述问题而进行了教学设计。教师的教学与科学教育改革的要求并不一致(比如，以教师为中心的讨论、没有知识建构活动、教师运用讲授法传授知识)。这种教学也不足以满足学生的知识建构

第二步，完成每一个 PCK 片段的深度描述。笔者从以下三个方面对 PCK 片段进行更加深入细致的描述：①教师和学生的角色；②该片段整合了 PCK 的哪些要素；③哪些证据(资料)说明该片段整合了某个 PCK 要素。这些用于深度描述的证据(资料)，主要来自模拟课堂教学设计与教学录像(或转录稿)、焦点访谈、自主学习记录汇总表、研讨会等。描述某一特定 PCK 片段整合了哪些要素时，笔者关注的重点不仅是某个要素有没有出现，还关注该要素的哪些成分参与了整合。

2. 计数法(PCK 图法)

计数法，最早由勒孔特等人(LeCompte & Preissle，1993)①提出，其最初目的是为了清晰直观地展现出 PCK 要素的整合过程。计数法的具体做法是，用一个被帕克称为 PCK 图(PCK Map)的分析工具把所有通过"显性 PCK 深度

① LeCompte M. D. & Preissle J. Eds. Ethnography and qualitative design in educational research (2nd ed.)[M]. San Diego, CA：Academic Press，1993.

分析法"鉴别出的 PCK 片段直观展现出来。换句话说，应用计数法分析数据的过程就是基于数据绘制 PCK 图的过程，因此，本研究又称该方法为 PCK 图法。

所谓 PCK 图，实际上是一幅用"顶点、连线、符号与数字"表示 PCK 要素及其要素间整合情况(包括整合类型、整合强度等)的特定图形。在 PCK 图中，不同顶点表示的是不同的 PCK 要素；两个顶点之间有连线，表示这两个顶点代表的两个要素之间已经有所整合，而这些连线的粗细以及标注在它们上面的符号、分值(数字)则表示这两个要素之间整合的次数、类型与强度。

为了能够更清晰直观地揭示出教师 PCK 的真实面貌与发展变化，笔者在应用计数法分析数据的过程中，也就是在绘制 PCK 图的过程中，主要采用了以下做法：

第一，为个案职前化学教师绘制"发展前"与"发展后"两幅 PCK 图，以比较职前化学教师 PCK 的变化情况。

第二，把通过"显性 PCK 深度分析法"标注出来的、本阶段(发展前或发展后)所有 PCK 片段的关键信息(包括本阶段 PCK 各要素的整合情况与整合强度、PCK 各要素中参与整合的具体成分的种类与次数)用连线和数字完整展现到同一幅 PCK 图中，以揭示本阶段职前化学教师的 PCK 的真正面貌。

(1)关于本阶段 PCK 各要素的整合情况，笔者将在汇总本阶段各个 PCK 片段的基础上，着重突出"两两要素"之间整合的次数、参与整合的成分(与 PCK 片段深度描述图不同的是，此时的成分不指向具体内容)及其这些成分参与整合的次数。具体到 PCK 图中，"两两要素"之间整合的次数标注在它们之间的连线上；参与整合的成分及其这些成分参与整合的次数标注在每个要素旁边的小括号里，比如，KSU(2PK)是指 KSU 要素中的 PK 成分总共参与了两次整合。

(2)关于本阶段 PCK 各要素的整合强度，笔者将通过两个指标来体现：一是"两两要素"之间整合的次数，因为"两两要素"之间整合的总次数越高，其整合的强度也就越大；二是"两两要素"之间整合强度的总得分情况。具体到 PCK 图中，"两两要素"之间整合强度的总得分将标注在它们之间的连线上，并按照总得分从小(即 1 次)到大的顺序，依次用 0.5 磅、0.75 磅、1 磅、1.25 磅……粗线的实线来表示。与此同时，每个 PCK 要素与其他要素整合的总次数，也会用中文数字标注在该要素的旁边，并按照总次数从小(即一次)到大的顺序，依次用 0.5 磅、0.75 磅、1 磅、1.25 磅……粗细的实线边框来表示，以揭示决定本阶段职前化学教师的 PCK 的核心要素。

　　例如，如果已经研究证实教师 T_0 总共拥有 2 个 PCK 片段：E1 与 E2。其中，E1 整合了科学教学取向（OTS，其中参与整合的成分是 Tp 和 Tc）、教学策略知识（KISR，参与成分是 TSA）、科学课程知识（KSC，参与成分是 TCR 和 AM）与学生科学理解知识（KSU，参与成分是 PK）四个要素，且 OTS 与 KSC 两个要素整合强度得 1 分、OTS 与 KISR 两个要素整合强度得 2 分、OTS 与 KSU 两个要素整合强度得 2 分、KSC 与 KSU 两个要素整合强度得 3 分（如图 6-1）所示；E2 整合了科学课程知识（KSC，其中参与整合的成分是 DKC）与学生科学理解知识（KSU，其中参与整合的成分是 PK），且它们之间整合强度为 3 分（如图 6-2），则教师 T_0 最终的 PCK 如图 6-3 所示。

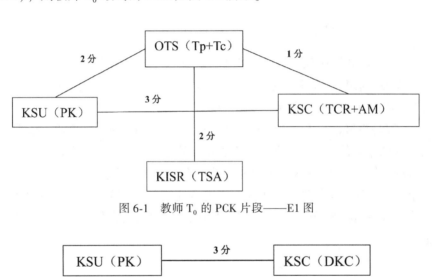

图 6-1　教师 T_0 的 PCK 片段——E1 图

图 6-2　教师 T_0 的 PCK 片段——E2 图

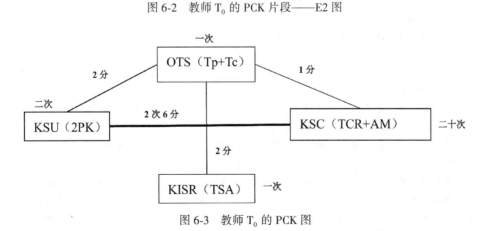

图 6-3　教师 T_0 的 PCK 图

3. 连续比较法

作为一种针对多种资料来源的个案研究路径，连续比较法是指为了产生一个扎根理论而用于分析数据的方法，其目的在于从数据中归纳地发展和建构理论，而不是检验理论。①② 本课题应用连续比较法，不仅是为了从方法论的视角为本研究的结论提供三角检验，更是为了从众多资料与个案研究中发现职前化学教师 PCK 发展的一般模式与内在机制。

三、数据分析标准

1. "科学教学取向"要素的分析标准

（1）以杨帆和许庆豫③、何克抗等④以及单莎莎和张安富⑤有关教学理念的研究成果为依据，将科学教学理念(OTS-Tp)按照从低到高的顺序分成"教师中心""学生中心""主导-主体"三个水平。

（2）以马格努森等人(1999)⑥关于"科学教学取向"的分析论述为依据，结合前文杨帆等学者对不同水平教学理念特征的论述以及国内科学教育的实际情况，将科学教学特征(OTS-Tch)从低到高划分为四个水平：

第一水平的科学教学，只关注知识内容且具有与灌输式教学类似的特征；

第二水平的科学教学，虽然只关注知识内容但已具有与启发式教学类似的特征；

① 李士锜. 数学师范生整合技术的学科教学知识发展研究[D]. 上海：华东师范大学，2012：91.

② 林小英. 分析归纳法和连续比较法：质性研究的路径探析[J]. 北京大学教育评论，2015，13(1)：16-39.

③ 杨帆，许庆豫. "教师中心"与"学生中心"教学理念辨析[J]. 高等教育研究，2015，36(12)：78-86.

④ 何克抗，李克东，谢幼如，王本中. "主导—主体"教学模式的理论基础[J]. 电化教育研究，2000(2)：3-9.

⑤ 单莎莎，张安富. 教学理念的历史审视与价值定向[J]. 中国大学教学，2016(12)：74-78.

⑥ Magnusson S., Krajcik J., & Borko H. Nature, sources and development of pedagogical content knowledge for science teaching[J]// Gess-Newsome, J. & Lederman N. G. Eds. Examining pedagogical content knowledge：The construct and its implications for science education, BOTSon：Kluwer, 1999：95-132.

第三水平的科学教学，较为关注学习过程与过程技能(根据 SAPA 课程的分类，过程技能包括观察、分类、测量、推理、交流、使用数字、预测、运用时空关系、对照实验、下操作定义、形成假设、解释数据和进行实验等 13 项①)的培养且具有与发现式教学类似的特征；

　　第四水平的科学教学，既关注知识内容又关注学习过程与过程技能的培养，同时具有与探究式教学类似的特征。

　　其中，"教师中心"理念与第一、第二水平的科学教学特征相对应；"学生中心"理念与第三水平的科学教学特征相对应；"主导-主体"理念与第四水平的科学教学特征相对应(详细情况见表 6-5)。

　　另外，考虑到"科学教学取向(OTS)"要素的特殊性，即"科学教学理念"与"科学教学特征"成分并不存在"量"的性质与变化，因此，本书随后将仅从"质的发展"的视角分析职前化学教师"科学教学取向(OTS)"要素的发展情况。

表 6-5　"科学教学取向(OTS)"要素的分析标准

成分名称	水平的中英文表达		成分水平编码
科学教学理念 (OTS-Tp)	第一水平：教师中心，teacher centeredness		OTS-Tp-TC
	第二水平：学生中心，student centeredness		OTS-Tp-SC
	第三水平：主导-主体，load-subject		OTS-Tp-LS
科学教学特征 (OTS-Tch)	第一水平：只关注知识内容且具有与灌输式教学类似的特征，purely content + indoctrinating teaching		OTS-Tch-C+IndT
	第二水平：只关注知识内容但已具有与启发式教学类似的特征，purely content + heuristic teaching		OTS-Tch-C+HeuT
	第三水平：较为关注学习过程与过程技能的培养且具有与发现式教学类似的特征，purely process + discovery teaching		OTS-Tch-P+DisT
	第四水平：既关注知识内容又关注学习过程与过程技能的培养，同时具有与探究式教学类似的特征，process and content+ inquiry-oriented teaching		OTS-Tch-P and C+InqT

————————

　　①　王健，刘恩山. 生物学教育中的科学过程技能[J]. 生物学通报，2007，42(11)：33-35.

2. "科学课程知识"等其他三要素的分析标准

首先，基于马格努森等人（1999）①对"科学课程知识"等其他三要素具体成分的解释以及本研究"模拟教学"和"焦点访谈"的数据，制订了三要素 15 种成分的"类"的判定标准及其可能的数据来源。其中，"类"的判定标准主要提供"什么样的信息可以划归为 PCK 某要素某成分"或者"怎样获得 PCK 某要素某成分信息"的判定依据，具体标准见表 6-6。

表 6-6　PCK 三要素 15 种成分的"类"的判定标准

要素与成分	"类"的判定标准的具体内容及数据来源
KSC-DKC	基于"课标"中学科核心素养内涵的模拟教学板块分析
KSC-DMCS	焦点访谈中对化学宏观课程结构"必修"与"选修"的认识
KSC-TCR	教学设计中教学目标的"知识与技能"部分
KSC-TLO	焦点访谈中对主题教材内容的描述
KSC-AM	a. 模拟教学用到或焦点访谈中认为可能用到的学生日常生活经验与已学教材内容； b. 模拟教学用到但学生尚未学过的教材内容(不含本节内容)。
KSC-LTA	主题价值描述中，教师提到的那些即将学习的教材内容(焦点访谈)。为了避免重复，已学过的教材内容已根据实际用途已分别划归到"KSC-AM"和"KSU-PK"成分中。
KSC-ODB	a. 模拟教学中主题核心要点的真实教学次序或焦点访谈中教师认为比较合理的教学次序； b. 主题核心要点在中学与大学两个阶段的深度界限(焦点访谈)； c. 教师拥有的与学生需要学习的主题核心要点在广度上的差异(焦点访谈)。

---

① Magnusson S., Krajcik J., & Borko H. Nature, sources and development of pedagogical content knowledge for science teaching. [J]// Gess-Newsome J. & Lederman N. G. Eds. Examining pedagogical content knowledge：The construct and its implications for science education, BOTson：Kluwer, 1999：95-132.

续表

要素与成分	"类"的判定标准的具体内容及数据来源
KSU-PK	a. 模拟教学中学生学习特定主题必需的前提知识； b. 焦点访谈中提到的学生学习特定主题必需的前提知识。
KSU-LA	焦点访谈中谈到的学生喜欢的学习方式
KSU-AC	焦点访谈中把原因明确归为抽象的学科主题难点
KSU-DPS	焦点访谈中把原因归结为遗忘、分析推理错误等的学科主题难点
KSU-M	模拟教学中用到或焦点访谈中提到的学生已有的或容易形成的错误认识
KISR-GA	焦点访谈中谈到的学生喜欢或自己认可的化学教学方式
KISR-TSA	模拟教学中用到或焦点访谈中提到的提问（系列问答）、示范（演示）、模拟、调查、实验等教学策略
KISR-TSR	模拟教学中用到或焦点访谈中提到的图示、实例、类比、模型、复述等教学策略

其次，以新修订的布鲁姆认知领域教育目标分类①为依据，制订了这 15 种具体成分"质"的水平判断标准，即把职前化学教师对 PCK 这三个要素各成分的认识从低到高，划分为记忆（Remembering）、理解（Understanding）、应用（Applying）、分析（Analyzing）、评价（Evaluating）、创新（Greating）六个水平，具体情况见表 6-7。

表 6-7　PCK 三要素 15 种成分的"质"的判定标准

水平	布鲁姆的描述	"质"的判定标准
记忆水平	从长时记忆中提取知识：确认和回忆	知道且正确（A）
理解水平	口头、书面或图示明确信息的意义：解释、举例、分类、总结、推论、比较、说明	A+细节或来源说明（B）
应用水平	给定条件下执行或实施情况：执行或实施	A+B+使用细节说明或已应用且基本顺畅（C）

① Krathwohl D. R. A Revision of Bloom's Taxonomy：An Overview［J］. Theory Into Practice，2002，41（4）：212-218.

续表

水平	布鲁姆的描述	"质"的判定标准
分析水平	分解材料,确定各要素间相互关系以及要素与整体之间的关系:区分、组织和归因	A+B+C+知道存在的问题或面临的困难(D)
评价水平	依据标准做出价值判断:检验与评论	A+B+C+ D+知道优缺点(E)
创造水平	重新组织各要素形成新事物或生成新作品	A+B+C+ D+ E+提出新用法(F)

3. PCK 片段与课堂教学板块的区分

关于 PCK 片段(PCK Episode,简称 E),如前所述,主要是基于帕克等人的 PCK 操作性定义,即任意两个或两个以上 PCK 要素的整合物都是 PCK。① 也就是说,只要整合了两个或两个以上 PCK 要素的教学录像片段,就都可以被看作一个 PCK 片段。

关于课堂教学板块(plate,简称 P),即构成课堂教学系统的一些"小的整体",主要是基于郑长龙的化学课堂教学板块理论。② 虽然两个概念都是对课堂教学系统的分解,但是视角不同,目的也不同。PCK 片段,是一个整合物,包含两个或两个以上 PCK 要素,本研究划分 PCK 片段主要是为了分析 PCK 四个要素的整合情况;而课堂教学板块,是一个综合整体,包含情景、任务、活动和评价四个要素,本研究划分课堂教学板块主要是为了分析 PCK"科学课程知识(KSC)"要素的"学科核心素养与课程目标(DKC)"成分。

第四节　研究结果

通过对个案教师的"多角度"分析,揭示职前化学教师 PCK 发展的具体情况,评价"PCK 课程"及其相应教学策略的有效性。这里的"多角度",不仅包括"PCK 四要素单独发展"和"PCK 整体发展"两个角度,还包括"质的发展"和"量的发展"两个角度。所谓"质的发展"视角,对"PCK 四要素"而言,是指职

---

① Park S., Chen Y. C. Mapping out the integration of the components of pedagogical content knowledge (PCK): Examples from high school biology classrooms[J]. Journal of Research in Science Teaching, 2012, 49(7): 922-941.

② 郑长龙. 化学课堂教学板块及其设计与分析[J]. 化学教育, 2010(5): 15-19.

前化学教师关于 PCK 某一具体要素的认识在清晰度、丰富度、精致化程度等方面的差异；而对"PCK 整体"而言，是指职前化学教师关于 PCK 各要素之间的"联结"在精确度、强度等方面的差异。所谓"量的发展"视角，对"PCK 四要素"而言，是指职前化学教师关于 PCK 某一具体要素的认识在数量上的差异；而对"PCK 整体"而言，是指职前化学教师关于 PCK 各要素之间的"联结"在数量上的差异。

一、职前化学教师学科教学知识的发展情况

本研究对职前化学教师 PCK 发展整体情况的描述是通过深入剖析个案教师来完成的。

1. 个案教师 PCK 四要素单独发展情况

(1)"科学教学取向(OTS)"要素的发展

"科学教学取向(OTS)"要素只有"特定年级科学教学理念及特征"一种类型，只有"特定取向下的科学教学理念(Tp)"和"特定取向下的科学教学特征(Tc)"两种成分。

a. 个案教师的前测结果

通过对第一次模拟教学录像与焦点访谈转录稿(两种资料中以模拟教学录像资料为主，焦点访谈资料为辅，之所以如此，主要是考虑到焦点访谈中"应然"的表述可能会多一些，不能准确揭示他们真实的 PCK 水平)的综合分析，笔者认为，个案教师化学平衡主题的 PCK 在"科学教学取向(OTS)"要素上的最初情况是：在"科学教学理念"成分上表现为"教师中心"理念，按照前文的编码规则，可以表示成 OTS-fTp-TC，隶属于 Tp 成分的第一水平；而在"科学教学特征"成分上表现为"只关注知识内容"且具有与"灌输式教学"类似的特征的第一水平，按照编码规则，可以表示成 OTS-fTch-C+IndT。

之所以做出这样的判断，是因为：

首先，在"科学教学理念"成分上，做出有关"教师中心"理念的判断，在"第一次"模拟教学中的理由有四个：一是本次模拟教学只关注知识内容的传授，没有关注学习过程以及过程技能的培养；二是模拟教学的整个节奏完全是由教师控制的，没有看到学生对教学节奏的任何影响；三是从师生对话中"学生的回答"也可以看出"教师中心"的迹象，因为模拟教学中的学生回答，不仅字数少，而且多为"附和式应答"，学生的回答在这里更多只是教师为了保障"教"的顺利进行而做的"一种安排"、只是教师掌控课堂教学节奏的"一种手

段"；四是整个模拟教学过程中，学生一直被动地适应着教师的各种教学安排（包括听讲、看动画、回答问题、画图等）。例如，个案教师进行"溶解平衡动态特征"教学时，与学生之间的问答情况如下：

师：嗯，它呢，达到一个动态平衡状态，那什么是动态平衡呢？老师画一幅图大家理解一下。

板书：略(蓄水池简图)

我们说这是一个蓄水池，这呢是它的进水口，这是它的出水口(指向板书)，如果我现在告诉你"它的进水速率等于出水速率"，那么大家说说一段时间后蓄水池中的水量会发生如何变化呢？

生：不发生变化

师：对，是不变的对不对。那我们从刚才动画中看到蔗糖的溶解，它此时呢，是溶解速率是不是等于结晶速率？

板书：溶解速率=结晶速率

生：嗯。

师：并且呢，我们可以看到杯中的蔗糖的含量是否也保持发生变化，由此我们类比于我们的蓄水池，它呢也是一个动态平衡，对不对？

生：嗯(小声赞同)

啊，那我们现在对溶解平衡总结一下，在刚开始的时候呢，老师一加糖它就溶解了，说明什么呢？

生：溶解速率快

师：对，刚开始的时候溶解速率大于结晶速率。

板书：开始：$V_{溶解} > V_{结晶}$

生：(小声符合老师)

师：而在一段时间后呢？我们从动画也看到了，唉，对，溶解速率减小到最后跟结晶速率之间有什么关系呢？(边说边写，同时引导学生)

板书：一段时间：$V_{溶解}$

生：(引导下小声附和老师)相等

师：对，就等于结晶速率了(板书：$= V_{结晶}$)，并且我们刚才类比于蓄水池，我们得出了溶解平衡是一个什么呢？(语气放慢)动态还是静态？

生：动态……

师：对，动态平衡。

　　板书：动态平衡

数据来源：PT-1-V（第 2 页，共 5 页）

　　在"第一次"焦点访谈中的理由是：个案教师在有关"教师作用"的访谈中出现相互矛盾的表述，即从"应然"层面或"观念"层面上，觉得教师应该是引导，而学生作为主体自己去学；但从"实然"层面或"操作"层面上，提出的教学方法都是教师中心的。例如，教师在有关"教师作用"的访谈中出现以下两种表述：

　　第一种："引导，让他去探索，让他去发现，让他自己去学习"
　　第二种："我觉得用类比的方法，或者用各种多媒体手段之类的，去把这些课堂讲的生动一点"

数据来源：PT-1-I（第 2 页，共 12 页）

　　其次，在"科学教学特征"成分上，做出"只关注知识内容"且具有与"灌输式教学"类似的特征的判断，无论是基于"模拟教学"还是基于"焦点访谈"，都是对所有教学策略整体分析的结果：第一，个案教师使用与提出的所有教学策略均只是指向知识内容的掌握，而并不关注学习过程与过程技能的培养；第二，个案教师的个别教学策略虽然也尝试通过提问促进学生理解，但由于其所提问题质量不高、缺乏"思维"价值，因此，个案教师的科学教学实际上并没有表现出与启发性教学类似的特征。

　　例如，个案教师在整个模拟教学中的 24 次提问，不仅都是集体提问，而且大多数问题中都是学生无须思考就可以直接回答的"记忆性问题"或"复述性问题"，比如，"对于一个能够顺利进行的、彻底的化学反应，比如说酸碱中和反应，它还涉不涉及反应进行的程度问题呢？""化学平衡的研究对象应该是什么呢？""大家都喜欢喝糖水吧？""如果我现在告诉你它（蓄水池）的进水速率等于出水速率，那么大家说说一段时间后蓄水池中的水量会发生如何变化呢？""它也是一个动态平衡，对不对呀？"（数据来源：PT-1-V，第 1、2 页），等等。即便是有个别问题，有一定的思考性，比如，"（蔗糖）不溶了，是不是意味着停止溶解了呢？"（数据来源：PT-1-V，第 1 页），但是在得到学生含糊的回答"嗯，是吧"之后，也没有继续追问、启发学生进一步思考。

　　b. 个案教师的后测结果

151

通过对"第二次"模拟教学录像与"第二次"焦点访谈转录稿的综合分析，笔者认为，个案教师化学平衡主题的 PCK 在"科学教学取向（OTS）"要素上的最终情况是：在"科学教学理念"成分上仍然表现为"教师中心"理念（编码为 OTS-aTp-TC），即 Tp 成分的第一水平；而在"科学教学特征"成分上则表现为"虽然仍然主要关注知识内容但已具有与启发式教学类似的特征"的第二水平（编码为 OTS-aTch-C+HeuT）。

同前文一样，做出这些判断是因为：

首先，在"科学教学理念"成分上，做出个案教师仍然属于"教师中心"理念的判断，在"第二次"模拟教学中的理由有三个：一是本次模拟教学虽然已经开始关注过程技能的培养，比如，个案教师在模拟教学中已经明确要求学生设计实验去验证氯水中存在的各种微粒，即"你们说的这些微粒哦，老师不大相信呀，你们怎么去设计个实验来让老师相信呢，它真的有氯气分子吗？"但从整体上看仍然主要关注知识内容的传授；二是模拟教学的主要节奏仍然是由教师控制的，虽然学生的回答会影响教师追问的次数与层次，但没有看到学生对教学整体安排的影响；三是整个模拟教学过程中，学生的状态仍然是被动地适应教师的各种教学安排（包括听讲、回答问题等）。例如，个案教师进行"可逆反应定义"教学时，与学生之间的问答情况如下：

　　师：……我们会发现，是不是这个反应，氯气和水反应并不是说全部的转化为了生成物，而是说生成物和反应物是同时存在的，对不对呢？

　　生：是

　　师：我们啊，就说是氯气和水发生了一个可逆反应。注意，可逆反应。现在呢，我们就给可逆反应来下一个定义。

　　板书：一、可逆反应

　　师：首先呢，我们要说它是在一定的条件下

　　板书：在一定的条件下

　　师：接下来呢，我们注意看，箭头，反应物怎么，也就是说这个反应怎么既可以向正反应方向进行，同时呢，反应又可以向逆反应方向进行，我们啊，就说这个反应是一个可逆反应，这就是既可以向正反应方向进行，又可以向逆反应方向进行的反应

　　板书：既可以向正反应方向进行，又可以向逆反应方向进行的反应

　　师：我们啊，就说它是一个可逆反应。那么大家注意观察一下，老师

写的这个方程式跟我们以前学的好像有点不大一样啊，哪里呢？

　　生：以前都是等号

　　师：对，以前都是等号啊，老师这怎么变了呢，这个啊，就叫做可逆号，是我们啊可逆反应专用的符号，是用可逆号来表示。

数据来源：PT-2-V（第5页，共5页）

　　在"第二次"焦点访谈中的理由是：个案教师在有关"本节内容更适合讲，还是更适合引导探究"的访谈中认为，对于"化学平衡"内容来说，教师讲授要比引导探究更适合一些。无论是从"应然"层面还是从"实然"层面，个案教师都表现出较明显的"教师中心"倾向。例如，教师在"第二次"焦点访谈中的表述如下：

　　　　"就说化学平衡的话，……你做一个化学反应，不同时间段反应物的浓度变化，这些都做不出来。所以我觉得，两者（教师讲授与引导探究）现在打成平手了，我觉得'引导学生去做'和'教师讲'现在是1：1了"

　　　　"比如说，让学生去推导的时候，就比如说给他们数据，给他们数据，那同样就说是，数据完之后他们会总结到一些东西，当然这只是一个初步的结论。还得再去深入的时候就是教师讲了"

数据来源：PT-2-I（第2页，共12页）

　　其次，在"科学教学特征"成分上，做出"虽然仍然主要关注知识内容但已具有与启发式教学类似的特征"的判断，同样也是对"模拟教学"与"焦点访谈"中个案教师所用和所提的教学策略整体分析的结果：第一，个案教师使用与提出的所有教学策略仍然主要指向知识内容的掌握，虽然已开始关注过程技能的培养，但仍然没有改变教师控制课堂教学节奏的实际情况；第二，随着模拟教学中提问次数、高质量问题以及连续追问的增多，个案教师的化学教学实已表现出较为明显的、与启发性教学类似的特征。

　　例如，个案教师在"第二次"模拟教学，总共进行了34次提问。其中，有7次提问，问的是思维性比较强的高质量问题，比如"你们说的这些微粒哦，老师不大相信呀，你们怎么去设计个实验来让老师相信呢，它真的有氯气分子吗？""我说氯气的颜色是黄绿色，对不对呢？……那这个黄绿色的物质它就是氯气，这句话对不对呢？""那我们怎么去优化一下这个实验方案呢？……"

153

"……试纸怎么褪色了呢，这是什么原因啊，刚才还不是红的吗？""加入硝酸酸化的硝酸银溶液。可是为什么要酸化呢？我加入硝酸银不可以吗？"（数据来源：PT-2-V，第 2、3、4 页），等等；有 29 次提问，分属于五次追问活动：第一次追问连续问了 4 次；第二次连续问了 9 次；第三次追问连续问了 5 次；第四次追问连续问了 5 次；第五次追问连续问了 6 次。例如，个案教师第二次追问活动的详细过程如下：

师：……你们说的这些微粒哦，老师不大相信呀，你们怎么去设计个实验来让老师相信呢，它真的有氯气分子吗？（第 1 次提问）

生：可以观看它的颜色。

师：哦，观察氯水颜色，是吧。老师呢，老师这呢，带了一瓶氯水，我们现在来看一下是什么颜色呢？（第 2 次提问）

生：黄绿色

师：黄绿色是吧，我们来写一下它的颜色是黄绿色。现在呢，老师来问大家一个问题哦，我说氯气的颜色是黄绿色，对不对呢？（第 3 次提问）

生：是。

师：对的哦，那这个黄绿色的物质它就是氯气，这句话对不对呢？（第 4 次提问）

生：不一定。

师：不对了，因此呢，我们说只去观察它的颜色呢是不是有点太模糊了呀？（第 5 次提问）

生：是。

师：哦，那我们怎么去优化一下这个实验方案呢？哦，提醒大家一下，氯气最大的一个化学性质是什么呢，氧化性，那我们能不能去找一个还原性的物质让它与氯气反应之后，继而呢显示出颜色的变化，我们来证明有氯气的存在，那么大家想到什么试剂呢？（第 6 次提问）

生：碘化钾淀粉溶液。

师：对，碘化钾淀粉溶液，大家呢，可以先预测一下它的实验现象。我们现在哦，来做一下，嗯，这呢是一瓶是一小试管的碘化钾淀粉溶液，老师呢，现在来吸取氯水，现在，往里面加两滴，哎，大家发现有什么现象呢？（第 7 次提问）

生：溶液变蓝了。

师：对，变蓝了，变蓝了是能说明有氯气存在吗？（第8次提问）

生：恩，能。

师：对，碘化钾与氯气会发生什么氧化还原反应，生成碘单质，我们初中就学了碘单质与淀粉会变蓝，对不？（第9次提问）

生：是

师：哦，继而呢，我们就证明了氯气的存在，这样就很完美了……

数据来源：PT-2-V（第2-3页，共5页）

c. 个案教师的发展情况

分析比较前后两次结果（见表6-8），可以得出以下结论：

表 6-8 个案教师"科学教学取向（OTS）"要素"前后测"分析结果对比

个案教师	科学教学理念 OTS-Tp		科学教学特征 OTS-Tch
前测结果	结论：教师中心理念，OTS-fTp-TC		结论：OTS-fTch-C+IndT
	说明：①只关注知识传授；②教师完全控制教学		说明：只关注知识内容且具有与灌输式教学类似的特征
后测结果	结论：虽有发展，但仍属于教师中心理念，OTS-aTp-TC		OTS-aTch-C+HeuT
	说明：①主要关注知识传授，开始关注过程技能；②教师控制教学（学生只影响追问的次数与层次，不影响教学整体安排）		说明：主要关注知识内容但已具有与启发式教学类似的特征

个案教师化学平衡主题的 PCK"科学教学取向（OTS）"要素，虽然得到显著发展，但所含两个成分的发展程度并不一样。在"科学教学理念"（Tp）成分上，个案教师虽然已经开始关注过程技能但仍然以知识传授为主要关注对象，因此，Tp 虽然有所发展，但仍然属于"教师中心"理念，也就是仍然处于 Tp 成分的第一水平；而在"科学教学特征"（Tch）成分上，个案教师则表现出较为明显的发展，除已开始关注过程技能的培养外，还实现了由"灌输式"向"启发式"教学类似特征的转变，也就是已经发展到了 Tch 成分的第二水平（如图6-4所示）。

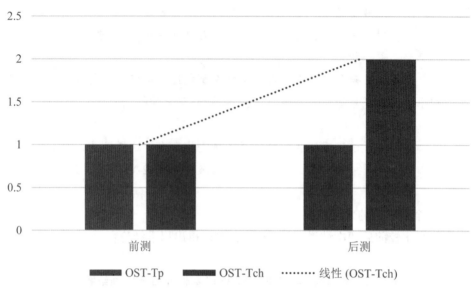

图 6-4 个案教师 PCK 科学教学取向(OTS)整体发展情况

(2)"科学课程知识"(KSC)要素的发展

"科学课程知识"(KSC)要素包括两种类型、七种成分,具体情况见表 6-9。接下来,笔者将按照表 6-9 所列七种成分的顺序依次进行分析。

表 6-9 "科学课程知识"(KSC)要素的构成

两种类型	五种成分
国家规定的 目标与要求	学科核心素养与课程目标(DKC)
	学科宏观课程结构(DMCS)
	主题(概念)内容要求(TCR)
不同版本科学 教材及其内容	科学教材一般学习目标(TLO)
	实现一般学习目标所需活动与材料(AM)
	纵向教材编排(LTA)
	主题内容要点:次序、深度与广度(ODB)

a. 个案教师的前测结果

通过对第一次模拟教学录像、焦点访谈转录稿与教学设计资料(在此处加入教学设计资料，主要是考虑到"科学课程知识"要素中学科核心素养与课程目标、主题内容要求、实现一般学习目标所需活动与材料等具体成分，很有可能会从教学设计中找到直接证据或获得证据支撑）的综合分析，笔者认为，个案教师化学平衡主题的 PCK 在"科学课程知识"（KSC）要素上的最初情况是：

第一，在"学科核心素养与课程目标"（DKC）成分上，个案教师虽然有促进学科核心素养发展的意识和一些举措，但一方面由于自身学科知识理解的不全面和不准确，进而导致对学科核心素养某一关键要素的忽视、对学科核心素养的认识不全面，另一方面由于自身教学素养的较低水平，进而导致部分学科核心素养发展不够完整，甚至是流于形式，因此，个案教师在该成分上的认识，总体处于有意识、有体现，但认识和体现均不到位的状态，具体情况见表6-10。

表6-10　基于"2017版课标"学科素养目标的个案教师"DKC成分"前测结果

数据来源	具体内容		
	教学板块及其素养发展价值	教师真实的教学行为	学生真实的学习活动
第一次模拟教学（选修）人教	fP1：化学平衡的研究对象	无	
	fP2：溶解平衡的建立：（编码为fDKC1）①宏观辨识与微观探析；②变化观念与平衡思想	行为1：提问"蔗糖溶解的过程与现象"，留下疑问"不溶了，是不是意味着停止溶解了?"行为2：动画演示"蔗糖在水中的溶解过程"，暂停动画，指明溶解平衡状态，告知此时溶解速率等于结晶速率。	活动1：回忆、描述蔗糖溶解的表观现象活动2：观察"蔗糖分子溶解过程"动画，理解接受溶解平衡时溶解速率等于结晶速率的观点。
	fP3：溶解平衡动态特征：（编码为fDKC2）宏观辨识与微观探析	行为1：手绘"蓄水池"，借蓄水池存在"进水速率等于出水速率而蓄水池水量总体不变的情况"，类比得出结论"溶解平衡也存在类似情况，也是一个动态平衡"行为2：联系溶解的宏观事实与微观过程，分析说明溶解平衡的动态特征	活动1：类比后接受"溶解平衡也是一个动态平衡"的观点活动2：基于溶解的宏观事实与微观的三维动画，跟着老师一起描述"溶解平衡的动态特征"

续表

数据来源	具体内容		
	教学板块及其素养发展价值	教师真实的教学行为	学生真实的学习活动
第一次模拟教学(选修)人教	fP4：化学平衡的建立：(编码为 fDKC3) ①宏观辨识与微观探析； ②变化观念与平衡思想	行为 1：组织学生基于宏观数据绘制 CO 与 H_2O 反应的速率-时间图，并提问 行为 2：从速率角度比较溶解平衡与化学平衡，说明化学平衡的本质特征 行为 3：基于 v-t 图，总结描述化学平衡的本质特征	活动 1：绘制 v-t 图，并尝试进行解释 活动 2：比较后接受"化学平衡的本质特征" 活动 3：基于 v-t 图，描述化学平衡的本质特征
	fP5：化学平衡动态特征(编码为 fDKC4) ①宏观辨识与微观探析； ②变化观念与平衡思想	行为：用蓄水池的动态平衡，类比说明化学平衡的动态特征	活动：类比后接受"化学平衡也是一个动态平衡"的观点
	fP6：化学平衡的定义	无	
2017 版"课标"要求	宏观辨识与微观探析：通过观察能辨识一定条件下物质的形态及变化的宏观现象，初步掌握物质及其变化的分类方法，能运用符号表征物质及其变化；能从物质的微观层面理解其组成、结构和性质的联系，形成"结构决定性质，性质决定用途"的观念；能根据物质的微观结构预测物质在特定条件下可能具体的性质和发生的变化，并能解释其原因。 变化观念与平衡思想：认识物质是在不断运动的，物质的变化是有条件的；能从内因与外因、量变与质变等方面较全面地分析物质的化学变化，关注化学变化中的能量变化；能从不同视角对纷繁复杂的化学变化进行分类研究，逐步揭示各类变化的特征和规律；能用对立统一、联系发展和动态平衡的观点考察化学反应，预测在一定条件下某种物质可能发生的化学变化		

续表

数据来源	具体内容		
	教学板块及其素养发展价值	教师真实的教学行为	学生真实的学习活动
分析结果	第一，六个板块教学中，"溶解平衡的建立""溶解平衡动态特征""化学平衡的建立""化学平衡动态特征"四个板块体现了学科核心素养的发展功能。(有意识，有体现) 第二，学科知识理解的不全面和不准确，一方面导致部分板块教学中忽视了对学科核心素养某一关键要素的关照，比如在"化学平衡的建立"板块教学中，忽视了从"微观探析"视角对"化学平衡建立"过程的认识(整个"化学平衡的建立"板块教学中，都没有提到化学平衡建立过程中微观粒子的变化情况)(补充说明：虽然两个版本课标都没有要求从微观角度去理解化学平衡，但考虑到高中三个版本教材都提到了"活化能""活化分子""分子碰撞"等概念，因此，此处笔者认为，个案教师应该需要对化学平衡进行微观探析)；另一方面导致部分学科核心素养关照的不全面，比如"化学平衡的建立"板块中对化学平衡建立过程"宏观辨识"的不全面，比如个案教师始终没有提到"体系中反应物和生成物的质量或浓度保持不变"这一化学平衡建立的宏观现象。(不到位) 第三，教学素养的较低水平或使用不当，一方面导致部分学科核心素养的发展不够完整，甚至是流于形式，比如"溶解平衡的建立"板块中对溶解平衡建立过程"宏观辨识"的不彻底(详见证据1)与"微观探析"的形式化(没有探析过程，只是给出微观探析结论，详见证据2)；另一方面导致学科核心素养的完全缺失，比如"化学平衡动态特征"板块中完全缺失了对其应有的素养价值的关照，而只是通过类比说明了化学平衡动态特征存在的可能性(没有显性说明化学平衡动态特征的宏微观表现，也没有进行变化与平衡思想的渗透，详见证据3)。(不到位)		

证据1：对比第一次教学设计可以发现，有关溶解平衡宏观过程的教学，个案教师实际上少了回答自己预设的学生疑问"不溶了，是不是意味着就停止溶解了？"这样一个教学环节。事实上，在第一次教学设计中，个案教师设计了下面这样一个教学环节：

师：不溶了，是否就意味着停止溶解了呢？
生：回忆所学过的溶解原理，阅读教材自学思考后回答：没有停止。因为当蔗糖溶于水时，一方面蔗糖分子不断地离开蔗糖表面，扩散到水里去；另一方面溶解在水中的蔗糖分子不断地在未溶解的蔗糖表面聚集成为晶体，当这两个相反的过程的速率相等时，蔗糖的溶解达到了最大限度，形成蔗糖的饱和溶液。

数据来源：PT-1-ID（第 2 页，共 7 页）

而到了第一次模拟教学中，由于自身教学素养的较低水平，个案教师的教学变成了这样：

师：不溶了，是不是就意味着停止溶解了呢？

生：嗯……是吧

数据来源：PT-1-V（第 1 页，共 5 页）

证据 2：在溶解平衡微观特征的教学中，个案教师只是在学生观看动画的基础上，直接告知结论，并没有进行任何基于动画的分析说明，也就是说，此时本可以体现"微观探析"素养的教学已然变成了"机械说教"：

师：好，我们现在把动画暂停一下，看到这呢我们就说蔗糖的溶解达到了一个平衡状态，平衡状态，此时我们也看到了它的溶解速率等于结晶速率的，对不对？

生：嗯。

数据来源：PT-1-V（第 1-2 页，共 5 页）

证据 3：在化学平衡动态特征的教学中，个案教师仅仅适用了类比的方法进行说明：

师：还在进行着奥。我们依旧以我们的蓄水池来作比较，因为我们的正反应速率等于逆反应速率，所以我们的进水速率就相当于我们这的正反应速率，出水速率相当于我们的逆反应速率，此时它们是相等的，并且呢我们反应中各组分的浓度保持不变了，也就是说在某一个瞬间正反应生成二氧化碳和氢气的量和逆反应消耗二氧化碳和氢气的量是相等的，所以我各组分的浓度保持不变，那我们就从这很明显的比较出了我们的化学平衡应该也是一个什么呢？动态平衡

生：动态平衡(附和老师)

数据来源：PT-1-V(第 4 页，共 5 页)

第二，在"学科宏观课程结构(DMCS)"成分上，个案教师虽然知道自己的授课内容是选修 4 中的化学平衡，比如，个案教师在介绍化学平衡重要性的时候，表示"我觉得价值好大的！我觉得在整个必修 4，噢，选修 4 里面，化学平衡真的很重要……"(数据来源：TP-1-I，第 1 页，共 12 页)，但并没有提供更多有关化学平衡必修与选修内容的信息。由此可以看出，个案教师在该成分上的认识，处于记忆水平。

第三，在"主题内容要求(TCR)"成分上，个案教师虽然比较熟悉"课标"对选修阶段化学平衡的主题内容要求(2003 版"课标"中称为内容标准)，但在对"课标"要求与教学目标之间关系的认识上，个案教师倾向于完全接受"课标"规定，因此，从总体上看，个案教师在该成分上的认识，处于记忆水平，具体情况见表 6-11。

表 6-11 基于"2003 版课标"要求的个案教师"TCR 成分"前测结果

数据来源 (分析结果)	具体内容
第一次 教学设计 (选修)	1. 描述化学平衡建立的过程 2. 理解化学平衡的特征 3. 认识化学反应速率和化学平衡的调控在生活生产和科学研究领域中的重要作用
2003"课标" 要求	选修： 内容标准： 描述化学平衡建立的过程(fTCR1)； 知道化学平衡常数的含义(fTCR2)； 能利用化学平衡常数计算反应物的转化率(fTCR3)； 通过实验探究温度、浓度和压强对化学平衡的影响，并能用相关理论加以解释(fTCR4)； 认识化学反应速率和化学平衡的调控在生活生产和科学研究领域中的重要作用(fTCR5) 活动与探究建议：温度、浓度对溴离子与铜离子配位平衡的影响；(fTCR6) 查阅资料：奇妙的化学振荡反应； 讨论：合成氨反应条件选择的依据

161

续表

数据来源 （分析结果）	具体内容
分析结果	除第 2 条外，教师制订的教学目标都是直接从"课标"内容标准中摘抄出来的，个案教师倾向于完全接受课标的规定

第四，在"科学教材一般学习目标（TLO）"成分上，个案教师虽然提到自己在学生时期就喜欢看不同版本的教材，也列出了教材中化学平衡主题的主要知识点（核心要点），但并没有说出不同版本教材对每一个核心要点的介绍程度与具体要求，因此，从总体上看，个案教师在该成分上的认识，处于不完全的记忆水平（编码为 fTLO）。例如，个案教师谈及"要求学生掌握的关键点有哪些"时，表示"第一个就是掌握化学平衡的建立过程，就是正反应逆反应，它是如何变化的，这个建立过程；接着就应该是化学平衡的一些特征；完了就是化学平衡的影响因素，就是什么因素来影响它的这些变化；最后就是到了勒沙特列原理，把它的这些总结一下；最后就应该是应用了"（数据来源：PT-1-I，第 3 页，共 12 页）。

第五，在"实现一般学习目标所需活动与材料"（AM）成分上，个案教师虽然知道学生关于蔗糖溶解、蓄水池、跷跷板等日常生活经验和天平、吸热反应与放热反应等已学知识，可以服务于化学平衡教学；知道蔗糖溶解、蓄水池、跷跷板等经验以及吸放热反应等知识可以用于哪些知识点的教学，知道如何利用蔗糖溶解、蓄水池等经验进行模拟教学，但是，在描述跷跷板以及吸放热反应如何使用的时候，仍然存在表述不完整、解释不清楚等深层次问题，因此，从总体上看，个案教师在该成分上的认识，处于理解与应用水平之间，具体情况见表 6-12。

表 6-12 个案教师"AM 成分"前测结果

类型	具体内容及数据来源	使用情况
已有日常 生活经验	fAM1：蔗糖溶解 ［PT-1-V］$_1$；［PT-1-I］$_6$	作为实例，应用于 P2 板块（溶解平衡的建立）教学
	fAM2：蓄水池 ［PT-1-V］$_2$；［PT-1-I］$_{6-7}$	作为类比对象，应用于 P3（溶解平衡的动态特征）与 P5 板块（化学平衡的动态特征）教学
	fAM3：跷跷板［PT-1-I］$_7$	没有使用，认为可以用于"讲浓度对化学平衡的影响"，虽然提到了如何使用，但表述很不完整，几乎看不出是如何使用的

续表

类型	具体内容及数据来源	使用情况
已学知识	fAM4：天平［PT-1-I］₇	没有使用，也没有说明"内容指向"和"如何用"
	fAM5：吸热反应与放热反应 ［PT-1-I］₅₋₆	没有使用，认为"有利于可逆反应的讲解"，虽然在焦点访谈中也对如何促进可逆反应进行了说明，但并没有解释清楚

备注：为简化表达，本表格用［PT-1-I］ₙ 或［PT-1-V］ₙ 表示资料来源，其中，n 表示所在页码。

例如，个案教师在说明"跷跷板"如何使用时，表示"跷跷板的话，我是想着，如果是一个跷跷板，左边给它是反应物，右边如果是生成物的话，当你给反应物，这个的话就是讲那个浓度对化学平衡的影响就可以用，就化学平衡的影响因素这一块"（数据来源：PT-1-I，第 7 页，共 12 页）。从以上表述中可以看出，个案教师并未说明"左边是反应物、右边是生成物，当反应物增加的时候，跷跷板所发生的变化与平衡移动之间的关联"——这一把"跷跷板经验"用于化学平衡教学的关键性问题。而个案教师在说明"吸放热反应"如何使用时，表示"吸热反应、放热反应那块，我记得他们那块书上画的那个爬山的那个，和下山的那个，那个的话""你如果拿到一个可逆反应的话，它肯定，比如说正向如果是吸热，逆向肯定是放热"（数据来源：PT-1-I，第 5、6 页，共 12 页）。个案教师的表述，虽然谈到了可逆反应与吸放热反应之间的关联，模糊地传达了如何使用的信息，但是仍有很多使用的细节没有说清楚。

第六，在"纵向教材编排（LTA）"成分上，个案教师在焦点访谈中仅提到了"沉淀溶解平衡"（编码为 fLTA）这一处将要学习的教材内容。例如，个案教师在谈到化学平衡重要性的时候，表示"化学平衡真的很重要。你刚开始学化学平衡，完了之后，你最后所学到的溶解、沉淀，溶解平衡、沉淀平衡这些都是在前边这些化学平衡的基础上学习的。后面的话，必须学会这个模型之后，才能运用到后面的模型"（数据来源：PT-1-I，第 1 页，共 12 页）。不过，从中可以看出，个案教师并不知道"溶解平衡""沉淀平衡""沉淀溶解平衡"等的联系与区别，也不知道该如何准确称呼将要学习的"沉淀溶解平衡"内容，因此，个案教师在该成分上的认识处于模糊的记忆水平。

第七，在"主题内容要点：次序、深度与广度"（ODB）成分上，首先，在

"要点次序"方面，除了被她遗忘的"化学平衡常数"要点外，个案教师不仅可以准确地说出人教版选修教材《化学反应原理》中化学平衡主题核心要点的次序，可以严格按照教材中核心要点的次序进行模拟教学，还可以说出自己对于这种次序的理解（详见证据 1），因此，单从"要点次序"看，个案教师的认识处于不完全的理解水平；在"深度广度"方面，个案教师虽然也能含糊地说出一些可能相关的大学内容，但始终无法说出它们与化学平衡之间的关联，因此，个案教师对化学平衡"深度广度"的认识，基本上处于模糊的记忆水平，具体情况见表 6-13。

表 6-13　个案教师"ODB 成分"前测结果

类型	内容	数据来源
要点次序	化学平衡的研究对象（可逆反应）-溶解平衡的建立-溶解平衡的特征-化学平衡的建立-化学平衡的动态特征-化学平衡的定义（fODB1）	[PT-1-V]₁₋₅
	可逆反应-溶解平衡-化学平衡定义-化学平衡特征-化学平衡影响因素-勒沙特列原理；有个人理解（fODB2）	[PT-1-I]₃₋₄
深度广度	（个案教师害怕谈到这一问题，曾明确表示："你当时间的时候，我就想，如果让我说怎么办？""都不大记得了"）第一，认识到大学肯定比高中更深一点；第二，指出有关吉布斯公式，高中必修和选修只提了一点点，大学《物理化学》中拓展了很多内容，但无法具体说出；第三，指出阿伦尼乌斯公式、热力学第一-第二定律也是高中没有的，但并没有说出这些内容与化学平衡之间的关联。	[PT-1-I]₄₋₅

　　证据 1：说出要点次序后，笔者继续追问"按这个顺序讲"的原因时，个案教师表示："……因为我觉得你要讲化学平衡的话，首先要看它的对象是不是可逆反应，那是不是要先讲可逆反应；可逆反应讲完之后要给他推化学平衡状态，然后化学平衡状态就是从学生们平常经常见到的溶解平衡，最后再推出它的化学平衡状态，化学平衡状态建立起来就专门研究它的化学平衡了，就是特征，最后的话就是影响因素"（数据来源：PT-1-I，第 4 页，共 12 页）。

b. 个案教师的后测结果

第一，在"学科核心素养与课程目标（DKC）"成分上，个案教师不仅具有促进学科核心素养发展的意识，而且无论是从材料选择还是从教学组织的视角看，其促进学科核心素养发展的一些举措都是比较有效的，因此，个案教师在该成分上的认识，总体处于有意识、有体现，认识和体现都基本到位的状态，具体情况见表 6-14。

表 6-14 基于"2017 版课标"学科素养目标的个案教师"DKC 成分"后测结果

数据来源	具体内容		
	教学板块及其素养发展价值	教师真实的教学行为	学生真实的学习活动
第二次模拟教学（必修）苏教	aP1：化学反应限度的存在：（编码为 aDKC1）①变化观念与平衡思想；②证据推理与模型认知；	行为 1：提问并板书初中高炉炼铁化学方程式。行为 2：讲述"高炉炼铁尾气之谜"科学故事，分析说明化学反应是有限度的。	活动 1：回忆、说出高炉炼铁化学方程式 活动 2：倾听"高炉炼铁尾气之谜"故事，理解接受化学反应是有限度的观点。
	aP2：可逆反应的存在：（编码为 aDKC2）①变化观念与平衡思想；②科学探究与创新意识；③证据推理与模型认知；④宏观辨识与微观探析	行为 1：提问并板书氯水中存在的各种微粒 行为 2：引导学生设计实验验证氯水中存在的各种微粒，借氯气与水反应时反应物和生成物同时存在的宏观事实，说明可逆反应的宏观特征	活动 1：回忆、说出氯水中存在的各种微粒 活动 2：在老师指导下设计实验验证氯水中存在的各种微粒，认识可逆反应的宏观特征
	aP3：可逆反应的定义	无	

数据来源	具体内容		
	教学板块及其素养发展价值	教师真实的教学行为	学生真实的学习活动
2017年版"课标"要求	宏观辨识与微观探析：通过观察能辨识一定条件下物质的形态及变化的宏观现象，初步掌握物质及其变化的分类方法，能运用符号表征物质及其变化；能从物质的微观层面理解其组成、结构和性质的联系，形成"结构决定性质，性质决定用途"的观念；能根据物质的微观结构预测物质在特定条件下可能具体的性质和发生的变化，并能解释其原因。 变化观念与平衡思想：认识物质是在不断运动的，物质的变化是有条件的；能从内因与外因、量变与质变等方面较全面地分析物质的化学变化，关注化学变化中的能量变化；能从不同视角对纷繁复杂的化学变化进行分类研究，逐步揭示各类变化的特征和规律；能用对立统一、联系发展和动态平衡的观点考察化学反应，预测在一定条件下某种物质可能发生的化学变化。 证据推理与模型认知：初步学会收集各种证据，对物质的性质及其变化提出可能的假设；基于证据进行分析推理，证实或证伪假设；能解释证据与结论之间的关系，确定行程科学结论所需要的证据和寻找证据的途径；能认识化学现象与模型之间的联系，能运用多种认知模型来描述和解释物质的结构、性质和变化，预测物质及其变化的可能结果；能依据物质及其变化的信息建构模型，建立解决复杂化学问题的思维框架。 科学探究与创新意识：能发现和提出有探究价值的化学问题，能依据探究目的设计并优化实验方案，完成实验操作，能对观察记录的实验信息进行加工并获得结论；能和同学交流实验探究的成果，提出进一步探究或改进的设想；能尊重事实和证据，破除迷信，反对伪科学；养成独立思考、敢于质疑和勇于创新的精神		
分析结果	第一，三个板块教学中，"化学反应限度的存在"与"可逆反应的存在"两个板块内容体现了学科核心素养的发展功能。（有意识，有体现） 第二，"化学反应限度的存在"教学中，不仅体现了本板块内容能够发展的所有素养，而且由"增加炉高，尾气中一氧化碳含量并没有减小"的宏观事实到"化学反应有一定限度"的推理，可以较好地发展学生的"证据推理"素养（详见证据1）。（基本到位） 第三，"可逆反应的存在"教学中，一方面围绕"氯水中存在的各位微粒"的检验、运用高质量问题"连续追问"，可以较好地促进学生"科学探究"和"证据推理"素养的发展；另一方面由"氯气与水反应时反应物和生成物同时存在"的宏观事实，说明可逆反应的宏观特征，也可以很好地促进学生"宏观辨识"素养的发展（详见证据2）。（基本到位）		

证据1：个案教师在组织学生回忆、回答"高炉炼铁"化学方程式后，讲述相关科学故事，并以此为基础，说明化学反应是有一定限度的：

师：……在英国啊，大家就耗费了大量的资金去建筑了一个高大的炼铁高炉，希望呢，让一氧化碳与三氧化二铁去接去有足够的时间接触充分，可是呢，用这个高炉炼铁呢，最后发现一氧化碳的含量并没有减小，哎，是什么原因呢？哎，从这个事实呢，其实就可以看到：我们的化学反应呢是有一定的限度的，当我们增大一氧化碳与三氧化二铁的接触时间呢，并不能去减小一氧化碳的排放量，所以呢，哦，说明啊，我们化学反应是有一定限度的。

数据来源：PT-2-V（第1页，共5页）

证据2：个案教师在组织学生回忆、回答"氯水中存在的各种微粒"后，开始连续追问，以引导学生设计实验验证"这些微粒"的存在：

师：……你们说的这些微粒哦，老师不大相信呀，你们怎么去设计个实验来让老师相信呢，它真的有氯气分子吗？

生：可以观看它的颜色。

师：哦，观察氯水颜色，是吧？老师呢，老师这呢带了一瓶氯水，我们现在来看一下是什么颜色呢？

生：黄绿色

师：黄绿色是吧，我们来写一下它的颜色是黄绿色。现在呢，老师来问大家一个问题哦，我说氯气的颜色是黄绿色，对不对呢？

生：是。

师：对的哦，那这个黄绿色的物质它就是氯气，这句话对不对呢？

生：不一定。

师：不对了，因此呢，我们说只去观察它的颜色呢是不是有点太模糊了啊。

生：是。

师：哦，那我们怎么去优化一下这个实验方案呢？哦，提醒大家一下，氯气最大的一个化学性质是什么呢，氧化性，那我们能不能去找一个还原性的物质让它与氯气反应之后，继而呢显示出颜色的变化，我们来证

167

明有氯气的存在，那么大家想到什么试剂呢？

生：碘化钾淀粉溶液。

师：对，碘化钾淀粉溶液，大家呢，可以先预测一下它的实验现象。我们现在哦，来做一下，嗯，这呢是一瓶是一小试管的碘化钾淀粉溶液，老师呢，现在来吸取氯水，现在，往里面加两滴，哎，大家发现有什么现象呢？

生：溶液变蓝了。

师：对，变蓝了，变蓝了是能说明有氯气存在吗？

生：嗯，能。

师：对，碘化钾与氯气会发生什么氧化还原反应，生成碘单质，我们初中就学了碘单质与淀粉会变蓝，对不？

生：是

师：哦，继而呢，我们就证明了氯气的存在……

数据来源：PT-2-V(第 2-3 页，共 5 页)

第二，在"学科宏观课程结构"（DMCS）成分上，个案教师不仅知道自己授课的内容是必修中的化学平衡，比如，个案教师表示"我第二次讲的是必修，第一次讲的是选修"，而且知道必修与选修化学平衡的异同，比如，个案教师认为"它都是要提出一个化学平衡概念，两种方式不一样。第二次的话，我就觉得，比第一次来说，就是思维深度能稍微浅一点。因为第一次，它不是讲溶解平衡嘛……而人家必修就不这么讲了……"（数据来源：TP-2-I，第 1 页，共 12 页）。由此可以看出，个案教师在该成分上的认识，处于理解水平。

第三，在"主题内容要求"（TCR）成分上，个案教师不仅熟悉"课标"对必修与选修阶段化学平衡的主题内容要求，还可以在依据"课标"要求制订教学目标时，根据个人对教材的理解增加一些"合理"的教学目标，因此，个案教师在该成分的认识处于创新水平，具体情况见表 6-15。

表 6-15　基于"2003 版课标"要求的个案教师 TCR 成分的后测结果

数据来源 （分析结果）	具体内容
第二次教学设计 （必修）	1. 通过实验认识化学反应的可逆性、化学反应进行有一定的限度，了解化学反应限度的概念和产生原因。 2. 知道达到化学反应限度的特征

续表

数据来源 （分析结果）	具体内容
第二次焦点访谈	"必修阶段的话，化学平衡的特征没有讲，它没有讲特征。转化率，具体说，它也没有讲，准确的说它也没有讲"。数据来源：PT-2-I（第3页，共12页）
2003版 "课标"要求	必修： 　　内容标准：通过实验认识……化学反应的限度（aTCR1），了解控制反应条件在生产和科学研究中的作用（aTCR2）。 　　活动与探究建议：设计实验：证明某些化学反应的可逆性。（aTCR3）
分析结果	教师制订的教学目标，不仅可以把"内容标准"的要求与"活动与探究建议"结合起来，还可以根据个人对教材的理解增加一些"合理"的教学目标

　　第四，在"科学教材一般学习目标"（TLO）成分上，个案教师不仅可以较为清楚详细地列出苏教版必修教材中化学反应限度的主要知识点（核心要点）（详见证据1），知道不同版本必修教材都选择了哪些实验进行化学平衡教学（详见证据2），还可以灵活选择多个版本教材内容进行模拟教学（详见证据3），因此，从总体上看，个案教师在该成分上的认识，处于应用水平（aTLO）。

　　证据1：个案教师谈及"学生需要掌握的关键点有哪些"时，认为："必修这块儿，先是，它先是在化学平衡之前讲了一个化学反应速率，速率完之后就提出一个可逆反应，从可逆反应接着就提出一个化学反应的限度，也就是化学平衡。在这之后，它只是稍微提了一下不能够，反应程度还不能达到百分之百。就没了。必修就特别简单"（数据来源：PT-2-I，第2-3页，共12页）。

　　证据2：在谈及都有哪些实验可以用于化学平衡教学时，个案教师与笔者的对话如下：

　　　　PT：……做一个像苏教版的这种做一个实验。
　　　　笔者：做个啥实验？
　　　　PT：就是氯水，噢，氯气通到水里面，这个氯水，就是检验溶液里面都有哪些离子存在（苏教版）。
　　　　……
　　　　笔者：还有别的么？（等待）还有别的实验吗？比如说它用这个了，还用别的了吗？

PT：就是碘和氯，嗯，碘负离子和氯化铁的反应，她们也有做这个实验的(苏教版)

……

笔者：……还有别的吗？

PT：……还有就是四氧化二氮的，现象比较明显(鲁科版)

数据来源：PT-2-I(第 8 页，共 12 页)

证据 3：在第二次模拟教学中，个案教师先是基于人教版必修教材"科学史话"——炼铁高炉尾气之谜，说明化学反应有一定的限度；接着又通过对苏教版必修教材"氯气溶解于水得到的氯水所含微粒"这一具体例子的分析探讨，说明可逆反应的宏微观特征；最后，又基于苏教版必修教材给出了可逆反应的定义，基于鲁科版必修教材强调了可逆反应中可逆号的使用。

第五，在"实现一般学习目标所需活动与材料"（AM）成分上，个案教师不仅知道学生关于蔗糖溶解、蓄水池等日常生活经验和物理平衡、高炉炼铁化学反应、氯水中所含微粒种类及其鉴别方法等已学知识，可以服务于化学平衡主题教学，还知道这些经验与知识可以用于哪些知识点的教学，知道它们该如何使用，知道使用它们的教学效果与存在问题，因此，从总体上看，个案教师在该成分上的认识，处于评价水平，具体情况见表 6-16。

表 6-16　个案教师"AM 成分"后测结果

类型	内容及数据来源	使用情况
已有日常生活经验	aAM1：蔗糖溶解 $[PT\text{-}2\text{-}I]_6$	没有使用，个案教师不仅知道可以用它作为实例，进行溶解平衡的教学，还知道需要运用 Flash 动画"演示那个溶解过程和结晶过程"，并且知道运用 Flash 动画存在"可信度不是很高"的问题
	aAM2：蓄水池 $[PT\text{-}2\text{-}I]_7$	没有使用，个案教师不仅知道用它进行"化学平衡动态特征"的教学效果会"很好"，还知道可以类比使用，即"这个动态平衡的确可以存在，所以说，化学平衡也可以存在"
	aAM3：物理平衡 $[PT\text{-}2\text{-}I]_{8\text{-}9}$	没有使用，个案教师知道有人用它进行化学平衡的教学，不过，她本人并不赞同用这样教学，她认为"这个平衡(化学平衡)本来就是学生容易认为是物理平衡，那你如果再用这个去讲的话，就可能让他们更加，就是犯这个错误了"

续表

类型	内容及数据来源	使用情况
已学知识	aAM4：高炉炼铁化学反应方程式 $[PT\text{-}2\text{-}V]_1$ $[PT\text{-}2\text{-}I]_1$	作为实例，应用于P1板块（化学反应限度的存在）教学；在随后的焦点访谈中，提到为什么选择高炉炼铁及其相关科学故事，即"有了化学史之类的，好多了，就觉得"
	aAM5：氯水所含微粒种类及其鉴别方法 $[PT\text{-}2\text{-}V]_{1\text{-}5}$ $[PT\text{-}2\text{-}I]_9$	作为实例，应用于P2板块（可逆反应的存在）教学；在随后的焦点访谈中，还指出了选择"氯水"实验的三个原因：一是"学生做实验，他们肯定积极性高"；二是做实验也有利于动脑思考；三是"氯水的话生活中也可以用，漂白呀之类的，就是更好一点（比氯化铁）"；四是有助于复习巩固氯元素相关知识

备注：为简化表达，本表格用 $[PT\text{-}2\text{-}I]_n$ 或 $[PT\text{-}2\text{-}V]_n$ 表示资料来源，其中，n表示所在页码。

第六，在"纵向教材编排（LTA）"成分上，个案教师在焦点访谈中提到了"（难溶电解质的）溶解平衡"（aLTA1）、"盐类的水解"（aLTA2）这两处将要学习的教材内容，例如，个案教师在谈到化学平衡学习必要性的时候，表示"对后面的学习，溶解平衡之类的，（小声嘀咕）对后面的盐类的水解，还有这些化学平衡之类的都起到一个，铺垫的作用"（数据来源：PT-2-I，第1页，共12页）。由于并没有完全说出密切相关的教材内容，因此，个案教师在该成分上的认识仍然处于不完全的记忆水平。

第七，在"主题内容要点：次序、深度与广度"（ODB）成分上，在"要点次序"方面，个案教师不仅可以准确地说出苏教版必修教材中核心要点的次序，还可以在理解基础上，融合不同版本教材形成自己的要点次序并将其应用到模拟教学中，因此，个案教师在该方面的认识处于创新水平；在"深度广度"方面，个案教师不仅较为清楚地认识到必修与选修、不同版本教材之间的深广度差异，还比较清楚地指出了化学平衡主题某一具体内容——可逆反应在中学与大学之间的深广度界限，不过，关于化学平衡主题其他内容在中学与大学之间深广度界限的认识仍然是十分的模糊，因此，个案教师在该方面的认识处于不完全的理解水平，具体情况见表6-17。

第六章 促进职前化学教师 PCK 发展的课程评价研究

表 6-17 个案教师"ODB 成分"后测结果

类型	内 容		数据来源
要点次序	化学反应的限度-可逆反应		[PT-2-V]$_{1-5}$
	可逆反应-化学反应的限度，也就是化学平衡-转化率		[PT-2-I]$_{2-3}$
深度广度	必修与选修比较	化学平衡的特征与平衡转化率，必修不讲选修讲	[PT-2-I]$_3$
	不同版本比较	平衡转化率，人教版不讲鲁科版讲，"鲁科版那个（教材），总觉得那个学生的水平还是挺高的……"	[PT-2-I]$_3$
	中学与大学比较	关于可逆反应的深度差异，个案教师的认识是比较清楚的，"可逆反应，不能告诉他，就是大学里知道，所有的反应都是可逆的，但是高中不能告诉他"。关于化学平衡的深广度差异，个案教师的认识十分模糊，只是感觉到有差异，但不能清楚地说出来，"那个叫什么人名的，就是噢，什么方程？（使劲回忆）就是 a 倍的 E 的负的 RT 那个"	[PT-2-I]$_{3-4}$

c. 个案教师的发展情况

分析比较前后两次结果，可以得出以下结论：个案教师化学平衡主题 PCK"科学课程知识（KSC）"要素，除纵向教材编排（LTA）成分仅得到微弱发展外，其他所有成分均获得了显著发展（本研究把实现了布鲁姆认知领域目标分类体系中跨级发展，界定为显著发展），其中，TCR、TLO、AM 与 ODB 四种成分更是获得了连跨几级的极其显著的发展，具体情况见表 6-18。

表 6-18 个案教师"科学课程知识"要素"前后测"分析结果对比

个案教师	前测结果	后测结果
学科核心素养与课程目标（DKC）	有意识、有体现，但均不到位	有意识、有体现，都基本到位
学科宏观课程结构（DMCS）	记忆水平	理解水平
主题内容要求（TCR）	记忆水平	创新水平

172

续表

个案教师		前测结果	后测结果
科学教材一般学习目标(TLO)		不完全的记忆水平	应用水平
实现一般学习目标所需材料(AM)		理解与应用水平之间	评价水平
纵向教材编排(LTA)		模糊的记忆水平(一处)	不完全的记忆水平(两处)
主题内容要点:次序、深度与广度(ODB)	要点次序	不完全的理解水平	创新水平
	深度广度	模糊的记忆水平	不完全的理解水平

(3)"学生科学理解知识"(KSU)要素的发展

"学生科学理解知识"(KSU)要素包括两种类型、五种成分,具体情况见表6-19。接下来,笔者将按照表6-19所列五种成分的顺序依次进行分析。

表6-19 "学生科学理解知识"(KSU)要素的构成

两种类型	五种成分
特定主题学习需求	学习特定主题所需前提知识(PK)
	不同类型学生理解特定主题所需学习方式(LA)
学生困难领域	概念原理抽象:哪些方面学生最难接受(AC)
	问题解决困难:学生常犯错误类型(DPS)
	新旧认识矛盾:学生存在哪些迷思概念(M)

a. 个案教师的前测结果

第一,在"学习特定主题所需前提知识"(PK)成分上,个案教师总共指出可逆反应、溶解与结晶、化学反应速率等三处高中生学习"化学平衡"选修部分所必需的前提知识。就人教版选修教材而言,这种认识判断是正确的。其中,个案教师对可逆反应相关知识的认识判断是正确的,但对高中生学习"溶解平衡"所需溶解与结晶相关知识以及学习化学平衡建立过程所需化学反应速率相关知识的认识判断都是错误的。考虑到"溶解平衡的建立"和"化学平衡的建立"才是化学平衡主题教学的核心内容,因此,从总体上看,个案教师在该成分上的认识属于错误的记忆水平,具体情况见表6-20。

表 6-20　个案教师"PK 成分"前测结果

内容及数据来源	与(人教版)教材内容对比	分析结果
fPK1：可逆反应：①知道化学反应分可逆反应与完全反应；②知道可逆反应中同时存在正向反应与逆向反应；③知道化学平衡的研究对象是可逆反应。[PT-1-V]₁	高中必修：知道很多化学反应都具有可逆性，即正向反应和逆向反应在同时进行；知道通常不把同一条件下可逆程度很小的化学反应称为"可逆反应"；知道化学平衡状态是可逆反应达到的一种特殊状态。[化学 2-2007 年 3 月第 3 版，51]	对学生已有的可逆反应相关知识的认识判断，基本准确
fPK2：溶解与结晶：①知道什么是溶解速率与结晶速率；②知道溶解速率与结晶速率相等时的微观表现。[PT-1-V]₁₋₂	初中：以蔗糖为例，说明了溶解的宏观现象与微观本质；知道一定温度下，溶解时有限度的。[化学九年级下册-2012 年 10 月第 1 版，26，35] 高中必修：无相关知识。 高中选修：用固体溶质溶解过程的速率和溶液中的溶质分子回到固体溶质表面的结晶过程的速率来描述溶解和结晶的快慢。(未学)[化学反应原理-2007 年 2 月第 3 版，25]	对学生早已知道溶解速率与结晶速率以及学生可以从动画直接看出溶解速率与结晶速率相等的认识判断，是错误的
fPK3：化学反应速率：①知道浓度对化学反应速率的影响；②知道内涵，会表示和计算；③会绘制和解释 v-t 图。[PT-1-V]₃	高中必修：给出化学反应速率内涵以及反应速率与时间关系图，并对该图进行了定性描述。[化学 2-2007 年 3 月第 3 版，47，51] 高中选修：更加精确地描述了化学反应速率的内涵，给出表达式，通过例题教会计算。知道化学反应速率是通过实验测定的。[化学反应原理-2007 年 2 月第 3 版，17-18]	对学生知道浓度对化学反应速率的影响的判断是正确的，但对学生会根据数据绘制 v-t 图的判断，是错误的，仅根据浓度随时间变化的数据是无法直接绘制 v-t 图的

第二，在"不同类型学生理解特定主题所需学习方式(LA)"成分上，个案教师通过教育心理学等教师教育课程的学习与自己高中阶段的学习体验，认

为：第一，高中生不喜欢被人逼着学，喜欢自主学习（编码为 fLA1）（详见证据
1）；第二，高中生不喜欢单调重复，喜欢变式呈现（编码为 fLA2）（详见证据
2）。以上这些有关学习方式的认识，既不对应某一特定学生类型，也不对应
具体学科，当然，更不对应某一特定学科主题，因此，个案教师在该成分上的
认识属于模糊的理解水平。

证据 1：个案教师在谈论学生学习方式的时候，认为"因为我觉得强制让
学生去学的话，他们学的效果也不好，他们这个过程也会非常的累……学生的
话，青少年的话，他有那种自己想去推理，自己想去探究获得知识的那种渴
望，而不是别人灌输""……我觉得我也当过学生，我也从那个阶段过来的，
我就觉得被人逼着学吧，是不大好的。我就是喜欢那种，就是你自己在往前
走，有一点小偏差，老师帮你修一下，像一支树枝一样，最后把你扩成一棵大
树"（数据来源：PT-1-I，第 2 页，共 12 页）。当被问到"怎么知道学生有这样
的一种欲望"的时候，表示"教育心理学嘛……我觉得既然学了，有些地方还
是可以利用的"（数据来源：PT-1-I，第 2 页，共 12 页）。

证据 2：当笔者问到她自己高中学习经历的时候，个案教师表示"老师讲
的话，我下去就会自学，自己看各种教参……我一般不喜欢看同一种类的教
参，比如说人教版，看完这个之后，我一般会去看苏教版、粤教版，这些不同
的教材""我就喜欢看不同版本的，因为同样一个知识点，它在不同的版本它
就会有不同的方式和形式体现出来。这一点，我以后也会在教学给学生这样
用。同一个知识点，你如果反复地这样讲，他们就觉得这个都懂，也许他们只
是 80% 的懂，但是就这样说来说去，但是你如果以新的形式展示出来，他们
就很有兴趣学"（数据来源：PT-1-I，第 3 页，共 12 页）。

第三，在"概念原理抽象：哪些方面学生最难接受"（AC）成分上，个案教
师无论是在焦点访谈中还是在教学设计中，都只提到了一点，即化学平衡概念
比较抽象，比如，个案教师在谈论学生学习"化学平衡"可能面临的困难时，
认为"困难的话，就是这个概念的建立过程，它是比较抽象的"（数据来源：
PT-1-I，第 8 页，共 12 页）；再比如，在教学设计的学情分析中，也明确表示
"学生接受和理解化学平衡这一抽象概念并非易事"（数据来源：PT-1-ID，第 1
页，共 7 页）。由于高中生缺乏与化学平衡建立过程相类似的日常经验，因
此，个案教师的"化学平衡概念比较抽象"（编码为 fAC1）的认识判断是正确
的，不过，鉴于个案教师并没有说明抽象的原因，因此，笔者认定个案教师在
该成分上的认识属于记忆水平。

第四，在"问题解决困难：学生常犯错误类型"（DPS）成分上，个案教师

含糊地指出了"v-t 图的绘制"(编码为 fDPS1)与"容易遗忘'可逆反应'这一化学平衡特征"(编码为 fDPS2)两个易错点,但尚不能指出这些错误的具体细节(详见证据 1)。因此,个案教师在该成分上的认识属于记忆水平。

证据 1:当笔者直接问"学生最容易在哪些地方出错"的时候,个案教师表示"出错的话,化学平衡的话,应该是有一个绘图吧","容易忘掉他是一个可逆反应吧"(数据来源:PT-1-I,第 8 页,共 12 页)。

第五,在"新旧认识矛盾:学生存在哪些迷思概念"(M)成分上,个案教师仅指出一处由于新旧认识矛盾产生的学习困难,即学生容易形成"化学平衡是静态平衡"或"化学反应达到平衡就以为它是停止了"(fM1)这样一个错误认识。不过,个案教师随后以蔗糖为例说出自己的分析判断"因为从蔗糖来说的话,他看到的就是一个静态的,它是肉眼看到的,它是不动的"(fM2),也谈到自己之所以认为学生会形成这样的错误认识,是因为"当时自己在学的时候,有自己的经验"([PT-1-I,8])。考虑到个案教师仅知道一处的实际情况,因此,个案教师在该成分上的认识属于不完全的理解水平。

b. 个案教师的后测结果

第一,在"学习特定主题所需前提知识"(PK)成分上,个案教师总共指出"平衡"(编码为 aPK1)、化学反应速率(编码为 aPK2)等两处高中生学习"化学平衡"所需的前提知识。由于个案教师只进行了化学平衡必修中可逆反应概念的教学,因此,她提出的这两处前提知识并没有用到她自己的模拟教学中。通过对各版本高中化学教材的分析,笔者认为,个案教师的这种认识判断是准确的。又由于个案教师还说明了"平衡"这一前提知识的获得途径、说明了"化学反应速率"相关知识的使用细节、反思了"化学反应速率"相关知识使用过程中存在的问题(详见证据 1),因此,个案教师在该成分上的认识,属于不完全的评价水平。

证据 1:当笔者谈到化学平衡主题内容"前提知识"的时候,个案教师表示:"化学反应速率,得知道这个,然后得知道平衡吧,因为我看到'困难表'里边,有的学生就说是,对这个平衡他理解不清。到平衡,然后是,(停顿,思考)前知识,(停顿)没了"。随后个案教师又在笔者的追问下补充说明了化学反应速率相关知识的使用细节,即"从化学反应速率就可以,我觉得他可以定量画出那个图,就定性也行,就是反应速率不是在一直减小嘛,那你图形就可以往下画,就是从这个反应速率就可以来认识一下化学平衡的建立过程"([PT-1-I,4]),解释说明了化学反应速率相关知识使用过程中存在的问题,即定量画有点难度,或者说不好画,因为要知道 $V_{正}$ 就需要把逆反应的影响剥离，而实际上测得的数据是正逆反应的综合表现，笔者与个案教师的对话如下：

> 笔者：嗯，能定量画，是通过数据，是吗？
>
> PT：嗯（能），虽然有点难度，因为我觉得它那个数据，哎，也不好画（一直摇摆不定）
>
> 笔者：感觉现在？
>
> PT：就说是，我觉得不应该告诉，因为咱们不是写 $V_正$ 和 $V_逆$ 吗，那个 $V_正$ 就是代表有正逆混在一起
>
> 笔者：是，$V_正$ 指的是什么？
>
> PT：已经剥离开来，就是剥离了逆反应。但现在，我就觉得这个数据你测得肯定是混在一起的？……那现在就说是，我觉得不好告诉学生这个要分开。你要分开了这个就扯得有点远了，也有点深了。

数据来源：PT-2-I，第 5 页，共 12 页

第二，在"不同类型学生理解特定主题所需学习方式（LA）"成分上，个案教师不仅明确指出了高中生学习化学平衡内容所需要的两种具体方式，即"学生需要'理解'的更多"（aLA1）（[PT-2-I，1]）、"学生做实验，他们积极性肯定高"（aLA2）（[PT-2-I，5]），还结合具体内容解释说明了"为什么需要'理解'的更多"与"什么情况下需要'记忆'的要多一些"等深层次理论问题（详见证据1）。以上这些有关学习方式的认识，虽然没有对应某一特定学生类型，但已经可以较好地结合学科特点、主题内容，因此，个案教师在该成分上的认识属于应用水平。

证据1：当笔者谈及"高中生化学平衡学习方式"等相关问题时，个案教师与笔者的部分对话如下：

> PT：我觉得"理解"多，因为它毕竟还是比较抽象。其实，你要"记"的东西，我觉得"理解"了就没有说是需要"死记硬背"的，就包括它那个特征嘛，就是等、定、变，等等，你如果去"理解"了，那有的东西没有必要死记硬背的。
>
> 笔者：嗯，好。那平时你，试着说一下，你怎么判断咱们某一个化学知识，就是这个地方更需要学生"理解"，而另一个地方更需要学生去"记忆"？

177

PT：那就去看它的，我是看它的难度。

笔者：难度？你举个例子。

PT：比如说，就说特征这个吧，它难度其实不是很大，不是一个难点，所以我觉得他"理解"了就好。

笔者：嗯，那你举一个你觉得需要"记忆"的地方？

……

PT：有些东西讲不了的你也只能"记忆"了。

笔者：哪些讲不了？

PT：就比如，比如说讲化学键的时候，不是，说是化学，哦，对氧化还原反应噢，就说电子的转移，对吧？另一个是电子的偏移，这个也是氧化还原反应的本质嘛。那我们讲的是电子的转移，但偏移呢，我们就告诉他，"记"住就行了，具体是什么现在还不讲，因为他没有学离子键、共价键，他也讲不了这个吧。只需要，因为氧化还原反应是第一章的嘛，就没办法讲，就说你记住它有一个是偏移，转移的话，你理解；偏移，你"记"住。

数据来源：PT-2-I，第 1-2 页，共 12 页

第三，在"概念原理抽象：哪些方面学生最难接受（AC）"成分上，个案教师在焦点访谈和教学设计中多次表示，"化学平衡概念比较抽象"（aAC1）是引发高中生化学平衡学习困难的重要原因，比如，"它（化学平衡）毕竟还是比较抽象"（[PT-2-I，1]）、"这个过程比较抽象难建立"（[PT-2-I，5]）、"事实上，……如何重新认识和理解化学平衡等抽象的理论概念学生觉得有一定的难度"（[PT-2-ID，1]），等等。显然，个案教师对于该问题的认识已经比以前更加明确。不过，考虑到她还是没有说明抽象的原因，因此，笔者仍然认定个案教师在该成分上的认识属于记忆水平。

第四，在"问题解决困难：学生常犯错误类型"（DPS）成分上，个案教师不仅可以明确指出了"达到平衡的时候，他（高中生）会认为反应物和生成物的浓度都是相等的"（aDPS1）这样一个易错点，还可以说明这种错误的细节、原因及对策（详见证据 1）。因此，个案教师在该成分上的认识属于应用水平。

证据 1：当笔者谈到"学生最容易在哪些地方出错"的时候，个案教师与研究者的部分对话如下：

PT：……还有就是达到平衡的时候，他会认为这些浓度都是相等的。

笔者：哪些？

PT：反应物和生成物，因为正反应速率等于逆反应速率，他就会认为，那反应物的浓度就等于生成物的浓度。因为速率的话不就是浓度除以t么，他会这么认为。

……

PT：……这个的话，其实就是有这种，就是测得那种表格嘛，浓度随时间的变化。这个的话，其实就可以从表格中可以得出来。就说定性的画完图之后，让大家，你现在就可以从表格中看到，平衡的时候两个浓度是不相等的。

数据来源：PT-2-I，第5，7页，共12页

第五，在"新旧认识矛盾：学生存在哪些迷思概念(M)"成分上，个案教师不仅指出了四处由新旧认识矛盾产生的学习困难，即高中生"溶解平衡不好理解"(aM1)([PT-2-I，6])、高中生容易形成"化学反应达到平衡的时候，他会认为是静止的(aM2)([PT-2-I，5])""绝大多数的化学反应(如氧化还原反应)均能彻底进行"([PT-2-ID，1])(aM3)、"化学平衡也是一种物理平衡"(aM4)([PT-1-I，8-9])等错误认识，还指出了自己获得这些认识的具体途径，如"有一个文献它说这个溶解的过程，溶解平衡不好那什么、不好理解"([PT-2-I，6])，说出了自己对这些困难的看法，如"现在这溶解平衡真是个问题"([PT-2-I，6])，因此，从总体上看，个案教师在该成分上的认识属于较全面的理解水平。

c. 个案教师的发展情况

分析比较前后两次结果，可以得出以下结论：个案教师化学平衡主题PCK"学生科学理解知识"(KSU)要素，除"概念原理抽象：哪些方面学生最难接受"(AC)成分没有发展外，其他所有成分均获得了不同程度的发展，其中，PK、LA与DPS三种成分获得显著发展，M成分获得了微弱的发展，具体情况见表6-21。

表6-21　个案教师"学生科学理解知识"(KSU)要素"前后测"分析结果对比

个案教师	前测结果	后测结果
学习特定主题所需前提知识(PK)	错误的记忆水平	不完全的评价水平
不同类型学生理解特定主题所需学习方式(LA)	模糊的理解水平	应用水平

个案教师	前测结果	后测结果
概念原理抽象：哪些方面学生最难接受（AC）	记忆水平	记忆水平
问题解决困难：学生常犯错误类型（DPS）	记忆水平	应用水平
新旧认识矛盾：学生存在哪些迷思概念（M）	不完全的理解水平	较全面的理解水平

（4）"教学策略知识"（KISR）要素的发展

"教学策略知识"（KISR）要素包括两种类型、三种成分，具体情况见表6-22。接下来，笔者将按照表6-22所列三种成分的顺序依次进行分析。

表 6-22 "教学策略知识"（KISR）要素的构成

两种类型	五种成分
学科教学策略	实施科学教学的一般途径（GA）
主题教学策略	特定主题对应活动类型（TSA）
	特定主题对应表征方式及其优缺点（TSR）

a. 个案教师的前测结果

第一，在"实施科学教学的一般途径"（GA）成分上，个案教师总共提到引导探究（fGA1）、使用类比方法（fGA2）、使用各种多媒体手段（fGA3）与以新的形式展示同一知识点（fGA4）等四种通用的教学策略。其中，类比和多媒体手段两种策略，个案教师已在自己的模拟教学中付诸实施（［PT-1-V，1，2]）；引导探究策略，个案教师进行了很多的说明与解释（详见证据1）；以新的形式展示同一知识点则是基于个案教师自己高中学习经验（这一点与前面高中生所需的、"变式呈现"的学习方式相对应），因此，个案教师在该成分上的认识属于不完全的应用水平。

证据1：当谈到"教师作用"的时候，个案教师曾多次对引导探究策略进行解释："引导，让他去探索，让他去发现，让他自己去学习""（引导）为了让他，去建构自己的知识""（引导就是）让他感觉很有兴趣地去学，让他自己探索着去学，探究着去学"（［PT-1-I，2]）。

第二，在"特定主题对应活动类型（TSA）"成分上，个案教师总共使用或提到了系列问答（三次）和动画模拟（一次）两种类型的特定主题活动策略。从活动策略与其对应内容的匹配程度看，所有四次主题活动策略中只有一次，即动画模拟策略与其对应内容——"溶解平衡的微观本质"，属于高度匹配，其余三次主题活动策略(系列问答)的匹配性都一般；从活动策略的使用情况来看，所有四次主题活动策略的应用，都出现了与其对应的化学平衡主题内容直接相关的教学问题，因此，个案教师在该成分上的认识属于模糊的理解水平，具体情况见表6-23。

表6-23　个案教师"TSA成分"的前测结果

对应知识点	活动类型及数据来源	分析说明
化学平衡的研究对象	类型：系列问答[PT-1-V，1]，编码为fTSA1 描述：由两个递进式提问，完成研究对象的引出。	匹配性：匹配 水平分析：已应用，但使用过程中问题表述不全面(与个案教师的自主学习汇总表对照后证实，[PT-1-Tab，1])，易引发思维障碍或导致机械记忆
溶解平衡的宏观特征	类型：系列问答[PT-1-V，1]，编码为fTSA2 描述：通过两个递进式提问，激活学生对蔗糖溶解表观现象的回忆。	匹配性：匹配 水平分析：已应用，但通过这两个问题并不能帮助高中生认识到溶解平衡的宏观特征，即饱和溶液的浓度和固体溶质的质量都保持不变[人教版-化学反应原理-2007年2月第3版，25]。不过，如果能够结合实验或实验图片会好一些(详见[PT-1-Tab，2])
溶解平衡的微观本质	类型：动画模拟[PT-1-V，1-2]，编码为fTSA3 描述：用Flash动画模拟演示蔗糖溶解的微观过程。	匹配性：高度匹配(微观过程直观化) 水平分析：已应用，结合前文对DKC成分与PK成分的分析可知，个案教师此处策略应用存在较大问题，并不能帮助学生准确理解"溶解平衡的微观本质"。 DKC分析结论：缺乏基于微观动画的分析而变成机械说教，致使高中生无法理解。 PK分析结论：溶解速率与结晶速率概念的错误使用，以及对学生已有相关知识的错误判断，致使高中生认识模糊，不能准确理解

续表

对应知识点	活动类型及数据来源	分析说明
溶解平衡的动态特征	类型：系列问答［PT-1-V，2］，编码为 fTSA4 描述：结合动画观察结果与蓄水池类比结果，通过三个递进式提问，利用溶解过程速率与结晶过程速率相等说明溶解平衡的动态特征	匹配性：匹配 水平分析：已应用。由于使用过程中存在以下几个问题，致使高中生无法准确理解"溶解平衡的动态特征"。 第一，没有说明溶解平衡动态特征的宏观现象，即溶液中的固体溶质的外形竟然在不断地发生变化，小晶体会长大，有的晶体上的棱角消失了，但是固体溶质的质量却没有改变［人教版-化学反应原理-2007 年 2 月第 3 版，25］。 第二，引导高中生思考理解溶解平衡动态特征的过程中，分析推理有缺陷，即没有强调 $V_{溶解} = V_{结晶}$ " $\neq$ 0"，而这个" $\neq$ 0"恰恰是理解动态平衡的关键

第三，在"特定主题对应表征方式及其优缺点"（TSR）成分上，个案教师总共使用或提到了类比（三次）、实例（两次）和复述（三次）三种类型的特定主题表征策略。从表征策略与其对应内容的匹配程度看，所有八次主题表征策略中只有一次，即实例表征策略与其对应内容——化学平衡的建立过程，属于高度匹配，其余七次主题表征策略的匹配性都一般；从表征策略的使用情况来看，八次主题表征策略中有六次已应用，而在这六次已应用的表征策略中，只有一次，即复述表征策略与其对应内容——化学平衡的建立过程，使用过程基本顺畅，其余五次也都出现了与其对应的化学平衡主题内容直接相关的教学问题。对于另外两次尚未应用的表征策略而言，个案教师也只是非常宽泛地谈到了这两种策略的优缺点，因此，从整体上看，个案教师在该成分上的认识属于模糊的理解水平，具体情况见表 6-24。

表 6-24 个案教师"TSR 成分"的前测结果

对应知识点	活动类型及数据来源	分析说明
溶解平衡的建立过程	类型：实例表征［PT-1-V，1-2］，编码为 fTSR1 描述：以蔗糖溶解为例，解释说明溶解平衡的建立过程	匹配性：高度匹配（源自课改前人教版高中教材） 水平分析：已应用。单从实例选择角度看，把蔗糖溶解作为实例，本可以较好地达成目标，但在具体使用过程中，个案教师没有完全结合实例说明（时而结合实例说明，时而单纯理论说明）和过多口语化表述，如"我们看到杯中的蔗糖的含量是不是也保持不变了"，都会有意无意地给高中生增添许多理解障碍

续表

对应知识点	活动类型及数据来源	分析说明
溶解平衡的动态特征	类型：类比表征［PT-1-V，2］，编码为fTSR2 描述：用蓄水池中存在的动态平衡类比说明溶解平衡也是动态平衡	匹配性：匹配 水平分析：已应用。从类比推理的逻辑形式上看，即"对象A具有属性a、b、c、d；对象B具有属性a、b、c；所以对象B也具有属性d"①，个案教师在使用过程中存在明显问题：虽然说明了蓄水池（A）和溶解平衡（B）都存在属性性a、b、c，但没有明确表述蓄水池（A）具有d属性——动态平衡，就直接推理得出溶解平衡（B）也具有d属性——动态平衡。这种不符合类比推理逻辑形式的策略，不仅不能化解难点，反而容易引发学生理解障碍
化学平衡的建立过程	类型：实例表征［PT-1-V，3］，编码为fTSR3 描述：以CO和H_2O（蒸汽）反应为例，通过绘图（v-t图）、解图，描述化学平衡的建立过程	匹配性：高度匹配（源自课改前人教版必修教材） 水平分析：已应用，个案教师在使用过程中，除了前文在DKC与PK两个成分分析时发现的问题外，还存在以下这个问题，即虽然个案教师明确表示要以CO和H_2O（蒸汽）反应为例，要求高中生绘图（v-t图）、解图，但从她与学生的交流中，并未发现任何结合该反应的解释性话语（详见证据2），因此，个案教师的实例表征"有其名而无其实"。 DKC分析结论：①没有提到化学平衡建立过程中微观粒子的变化情况；②没有提到"体系中反应物和生成物的质量或浓度保持不变"这一化学平衡建立的宏观现象。 PK分析结论：对学生会根据数据绘制的判断，是错误的，仅根据浓度随时间变化的数据是无法直接绘制v-t图的

① 唐慧琳，刘昌. 类比推理的影响因素及脑生理基础研究［J］. 心理科学进展，2004，12（2）：193-200.

续表

对应知识点	活动类型及数据来源	分析说明
化学平衡的建立过程	类型：类比表征［PT-1-V，3］，编码为 fTSR4 描述：从正逆反应速率关系演变的视角，用溶解平衡的建立过程类比说明化学平衡的建立过程	匹配性：匹配 水平分析：已应用。在不考虑溶解速率与结晶速率错误使用的情况下，个案教师此处类比表征的使用符合类比推理的逻辑形式，基本顺畅
化学平衡的建立过程	类型：复述表征［PT-1-V，3-4］，编码为 fTSR5 描述：基于 v-t 图，从正逆反应速率关系演变的视角描述化学平衡的建立过程	匹配性：匹配 水平分析：已应用，但使用过程中仅从"$V_{正}=V_{逆}$"这一个方面说明"化学平衡的建立过程"是不全面、不准确的
化学平衡的动态特征	类型：类比表征［PT-1-V，4］，编码为 fTSR6 描述：用蓄水池中存在的动态平衡类比说明化学平衡也是动态平衡	匹配性：匹配 水平分析：已应用。使用过程中存在的问题与上一次使用蓄水池类比一样，不符合类比推理的逻辑形式，也容易引发学生理解障碍
化学平衡的动态特征	类型：实例表征［PT-1-V，4］，编码为 fTSR7 描述：以 CO 和 H_2O（蒸汽）反应为例，类比说明化学平衡的动态特征	匹配性：匹配 水平分析：已应用。由于该策略与类比表征策略是融合在一起使用的，因此，使用过程中除了存在"不符合类比推理的逻辑形式"的问题外，还存在分析描述没有完全结合实例的情况
化学平衡的定义	类型：复述表征［PT-1-V，4-5］，编码为 fTSR8 描述：以口述加板书的方式，说出化学平衡的定义	匹配性：匹配 水平分析：已应用。个案教师描述的定义"一定条件，可逆反应，$V_{正}=V_{逆}$，混合物各组分浓度不变的状态"中，"混合物各组分浓度不变"的表述不准确，极易造成理解困难。（详见证据 1）

续表

对应知识点	活动类型及数据来源	分析说明
可逆反应	类型：实例表征［PT-1-I，9-10］，编码为fTSR9 描述：举一个可逆反应的例子或生活中的实例（可乐）说明	匹配性：匹配 水平分析：未应用，虽然没有说明使用细节，但说明了该策略的优点，比如"举生活中的话，形象一点，更能引起他的兴趣""举化学中的话，可以帮忙复习一下以前的内容"等，和缺点，比如"举化学知识，导入的话有点浪费时间"。不过，从以上论述也可以看出，个案教师对于该策略的评价，多是没有结合具体内容——可逆反应，甚至是没有结合学科特点的纯粹教学意义上的观点
可逆反应	类型：复述表征［PT-1-I，9-10］，编码为fTSR10 描述：直接下定义	匹配性：匹配 水平分析：未应用，但说明了该策略的使用细节，如"直接就说了什么是可逆反应"与优缺点。个案教师先是表示"我觉得特不好，干吗要这样给学生讲"，而后又补充说"总结的时候还得用这个方法"。同样，个案教师对于该策略的评价，也是没有结合具体内容——可逆反应，甚至是没有结合学科特点的纯粹教学意义上的观点

证据1：

为了判断个案教师该表述的准确性，笔者查阅了2003年高中"课改"前后各版本高中化学教材对化学平衡状态定义的表述，结果如下：

第一，无论是2003年课改之后的人教版、苏教版还是鲁科版，也无论是必修还是选修，都没有如此表述的。

人教版必修：当（可逆）反应进行到一定程度时，正反应速率与逆反应速率相等，反应物的浓度和生成物的浓度不再改变，达到一种表面静止的状态，我们称为"化学平衡状态"，简称化学平衡。①

---

① 人民教育出版社课程教材研究所、化学课程教材研究开发中心编著. 普通高中课程标准实验教科书·化学2·必修［M］. 北京：人民教育出版社，2007：51.

人教版选修：在一定条件下，当正、逆两个方向的反应速率相等时，反应体系中所有参加反应的物质的质量或浓度可以保持恒定。这时的状态也就是在给定条件下，反应达到了"限度"。对于可逆反应体系来说，我们称之为"化学平衡状态"。①

苏教版必修：可逆反应在一定条件下进行到一定程度时，正反应速率和逆反应速率相等，反应物和生成物的浓度不再发生变化，反应达到化学平衡状态。②

鲁科版必修：在一定条件下可逆反应进行到一定程度时，反应物和生成物的浓度不再随时间的延长而发生变化，正反应速率和逆反应速率相等，这种状态称为化学平衡状态，简称化学平衡。③

第二，2003 年课改前人教版教材的表述与个案教师的相似，但经比较发现，个案教师的表述漏掉一些关键词，如"反应混合物"中的"反应""保持不变"的"保持"等，表述不准确、不严谨。不仅如此，该教材在使用"反应混合物"之间专门有说明，即反应混合物是反应物和生成物的混合物的简称。因此，在没有说明的情况下，直接使用"反应混合物"极易导致学生理解困难，更别说直接使用"混合物"这种表述了。

人教版第二册：化学平衡状态是指在一定条件下的可逆反应，正反应和逆反应的速率相等，反应混合物中各组分的浓度保持不变的状态。④

证据 2：在邀请学生对 v-t 图进行解释后，个案教师与学生交流如下：

生：在反应开始的时候，反应物的浓度最大然后正反应速率最大

师：对！

生：然后开始时生成物浓度为零，然后逆反应的速率为零，然后随着反应的进行，反应物的浓度减小，然后正反应的速率减小，生成物的浓度增加，然后……

---

①　人民教育出版社课程教材研究所、化学课程教材研究开发中心.普通高中课程标准实验教科书·选修 4·化学反应原理[M].北京：人民教育出版社，2007：26.

②　王祖浩.普通高中课程标准实验教科书·化学 2·必修[M].南京：江苏凤凰教育出版社，2015：32.

③　王磊.普通高中课程标准实验教科书·化学 2·必修[M].济南：山东科学技术出版社，2007：44.

④　人民教育出版社化学室.全日制普通高级中学教科书（必修加选修）·化学·第二册[M].北京：人民教育出版社，2003：40.

师：导致它，(指向板书"逆反应速率图像")

生：生成物的……就是逆反应的速率增加，

师：对，那这个呢(指向板书"T 时刻的图像")

生：达到 T 的时候就达成了正反应速率和逆反应速率相等。

数据来源：PT-1-V，第 3 页，共 5 页

b. 个案教师的后测结果

第一，在"实施科学教学的一般途径"（GA）成分上，个案教师总共提到引导探究（aGA1）、讲授法（aGA2）、实验法（aGA3）等三种通用的教学策略。这三种策略，个案教师在自己的模拟教学中都付诸了实施（[PT-2-V，1-5]）。不仅如此，个案教师还结合模拟教学经验，分析说明了引导探究与讲授法的使用条件和适用范围，比如，在焦点访谈中，个案教师曾表示，"这个的话，不是讲完课之后，这段时间我也一直在看这些教学设计的书，我发现人家好的教学设计，人家真的都是在去引导学生，就实验也做得很多，但是问题是我就觉得，他们哪些好的都是在必修，选修的话还真不好做实验，而且他研究得更加，比如说选修四嘛，水解呀什么东西，都不大能（做实验）""……我觉得，两者现在打成平手了，我觉得'引导学生去做'和'你讲'现在是 1：1 了"（[PT-2-I，2]）。鉴于此，笔者认为个案教师在该成分上的认识属于分析水平。

第二，在"特定主题对应活动类型"（TSA）成分上，个案教师总共使用或提到了系列问答（5 次）、动画模拟（1 次）和实验探究（2 次）三种类型的特定主题活动策略。从活动策略与其对应内容的匹配程度看，所有八次主题活动策略中只有一次，即实验探究策略与其对应内容——可逆反应的存在，属于高度匹配，其余七次主题活动策略的匹配性都一般；从活动策略的使用情况来看，八次主题活动策略中有五次已应用，而这五次已应用的活动策略使用过程都比较顺畅，也都可以完成相应策略的目标，其中，有三次活动策略的应用水平还比较高。对于另外三次尚未应用的活动策略而言，个案教师的认识水平并不一致。关于"动画模拟"活动策略，个案教师可以在前一次使用与访谈的基础上，深刻认识到该策略的局限性；关于两次"实验探究"活动策略，个案教师可以认识到这类策略的局限性，即有些实验没法做，也可以认识到这两次策略各自的优点，因此，从总体上看，个案教师在该成分上的认识处于应用水平与评价水平之间，具体情况见表 6-25。

表 6-25　个案教师"TSA 成分"的后测结果

对应知识点	活动类型及数据来源	分析说明
氯水中存在哪些微粒	类型：系列问答［PT-2-V，1-2］，编码为 aTSA1 　　描述：由四个递进式提问完成	匹配性：匹配 　　水平分析：已应用，可以完成本策略的目标，不过，所提问题都是简单的回忆性追问，比如，"……都有什么微粒呢""……还有什么呢""……还有什么没""还有什么分子呢"。
氯水中氯气分子的检验	类型：系列问答［PT-2-V，2-3］，编码为 aTSA2 　　描述：由九个递进式提问组成	匹配性：匹配 　　水平分析：已应用，所提问题中有三个高质量问题，比如，"哦，你们说的这些微粒哦，老师不大相信呀，你们怎么去设计个实验来让老师相信呢，它真的有氯气分子吗？"，可以较好地完成本策略的目标。
氯水中氢离子和次氯酸的检验	类型：系列问答［PT-2-V，3］，编码为 aTSA3 　　描述：五个递进式提问达成目标	匹配性：匹配 　　水平分析：已应用，所提问题中有一个高质量问题，即"现在呢，老师给大家变一个魔术，大家注意观察哦。一、二、三，发现没，滤纸怎么变怎么褪色了呢，哦不，试纸怎么褪色了呢，这是什么原因啊，刚才还不是红的吗？"，可以较好地完成本策略的目标。
氯水中氯离子的检验	类型：系列问答［PT-2-V，4］，编码为 aTSA4 　　描述：五个递进式提问达成目标	匹配性：匹配 　　水平分析：已应用，所提问题中有一个高质量问题，即"哦，加入硝酸酸化的硝酸银溶液。可是为什么要酸化呢？我加入硝酸银不可以吗？"，可以较好地完成本策略的目标。
氯水中存在的所有微粒	类型：系列问答［PT-2-V，4-5］，编码为 aTSA5 　　描述：六个递进式提问达成目标	匹配性：匹配 　　水平分析：已应用，可以完成本策略的目标，不过，所提问题都是简单的回忆性追问，比如，"……都有哪些分子呢""……还有什么呢""……还有呢""都有哪些离子存在呢""还有什么呢""还有没有"。

续表

对应知识点	活动类型及数据来源	分析说明
溶解平衡的建立过程	类型：动画模拟[PT-2-I，2，6]，编码为aTSA6 描述：用 Flash 动画演示溶解的微观过程	匹配性：匹配 　水平分析：未应用，但可以在前一次使用于访谈基础上，说明该策略的优缺点，知道可以帮助高中生理解，但也知道该动画模拟"可信度不是很高"。
可逆反应的存在	类型：实验探究[PT-2-I，8]，编码为aTSA7 描述：通过现象明显的 I- 与 $FeCl_3$ 反应或 NO_2 转化为 N_2O_4 的反应，说明可逆反应的存在	匹配性：高度匹配(源自苏教版教材或鲁科版教材) 　水平分析：未应用，也只说明了该实验的优点，即"现象明显"。
化学平衡概念	类型：实验探究[PT-2-I，9]，编码为aTSA8 描述：用氯水这个实验进行教学	匹配性：匹配 　水平分析：未应用，但从四个方面说明了氯水实验的优点，即"学生做实验，他们肯定积极性高""而且做实验过程中也动脑子的""氯水的话生活中也可以用嘛，漂白啊之类的，就是更好一点""对氯的话就很有帮助了"

　　第三，在"特定主题对应表征方式及其优缺点"(TSR)成分上，个案教师总共使用或提到了实例(3次)、复述(1次)、类比(1次)和图像(1次)四种类型的特定主题表征策略。从表征策略与其对应内容的匹配程度看，所有六次主题表征策略中前两次实例表征策略与其对应内容——化学反应限度的存在与可逆反应的存在，都属于高度匹配，其余四次主题表征策略的匹配性都一般；从表征策略的使用情况来看，六次主题表征策略中有三次已应用，而在这三次已应用的表征策略中，除第一次策略的应用水平一般外，其余两次表征策略都可以较好地完成本策略的目标。对于另外三次尚未应用的表征策略而言，个案教师不仅知道它们各自的使用细节，还知道实例策略的问题与对策。因此，从总体上看，个案教师在该成分上的认识处于应用水平与分析水平之间，具体情况

见表 6-26。

表 6-26　个案教师"TSR 成分"的后测结果

对应知识点	活动类型及数据来源	分析说明
化学反应限度的存在	类型：实例表征［PT-2-V，1］，编码为 aTSR1 描述：用高炉炼铁尾气 CO 含量不变的事实说明化学反应限度的存在	匹配性：高度匹配(源自课改后人教版必修教材) 水平分析：已应用，虽然用尾气 CO 含量不变也可以帮助高中生模糊感知到化学反应"限度"的内涵与存在，但如果能够利用高中生对"限度"认识的一般理解或者直接说明"限度"对于化学反应的真正内涵，效果会更好
可逆反应的存在	类型：实例表征［PT-2-V，5］；［PT-2-I，8］，编码为 aTSR2 描述：通过一些大家熟悉的氯气与水的化学反应，说明可逆反应的存在	匹配性：高度匹配(源自苏教版必修教材) 水平分析：已应用，虽然没有做实验，但通过系列问答也可以让高中生印象深刻，可以较好地完成本策略的目标。不仅如此，在焦点访谈中，个案教师还说出了另外两个实例，即 I- 与 $FeCl_3$ 的反应、NO_2 转化成 N_2O_4 的反应
可逆反应的定义	类型：复述表征［PT-1-V，5］，编码为 aTSR3 描述：以口述加板书的方式，说出可逆反应的定义	匹配性：匹配 水平分析：已应用，使用过程可以结合苏教版(定义的表述)和鲁科版教材(可逆号的书写)对可逆反应的论述，较为全面地完成本策略的目标。 ［苏教版-化学 2-2015 年 6 月第 6 版，32］
平衡时反应物和生成物的浓度关系	类型：实例表征［PT-2-I，7］，编码为 aTSR4 描述：举例说明平衡时反应物和生成物浓度之间的各种关系	匹配性：匹配 水平分析：未应用，不过，不仅说明了使用的细节，还可以说出可能存在的问题及其相应对策(详见前文 DPS-证据 1)

续表

对应知识点	活动类型及数据来源	分析说明
化学平衡的动态特征	类型：图像表征［PT-2-I，7］，编码为 aTSR5 描述：借 v-t 图说明，平衡时 $V_正 = V_逆 \neq 0$，进而说明动态特征	匹配性：匹配 水平分析：未应用，但说明了该策略的使用细节，比如"（v-t）图像画出来，那不是不为零嘛"
化学平衡的动态特征	类型：类比表征［PT-2-I，7］，编码为 aTSR6 描述：用蓄水池动态平衡的确可以存在，类比化学平衡也可以存在。	匹配性：匹配 水平分析：未应用，不过，不仅说明了该策略的使用细节，还明确表示了对该策略的认可，比如"讲一下这个蓄水池的话，就更好了"

c. 个案教师的发展情况

分析比较前后两次结果，可以得出以下结论：个案教师化学平衡主题PCK"教学策略知识（KISR）"要素的所有成分均获得了较为显著的发展，具体情况见表 6-27。

表 6-27　个案教师"教学策略知识"要素"前后测"分析结果对比

KISR 要素的三个成分	前测结果	后测结果
实施科学教学的一般途径（GA）	不完全的应用水平	分析水平
特定主题对应活动类型（TSA）	模糊的理解水平	应用与评价水平之间
特定主题对应表征方式及其优缺点（TSR）	模糊的理解水平	应用与分析水平之间

（5）PCK 四要素的总体发展情况

综合前文四要素的分析结果（见表 6-28），可以发现：

a. 从总体上看，个案教师 PCK 的四个要素均获得了显著发展。

b. 个案教师 PCK 四要素发展过程中，每种成分的发展程度并不一样。其中，科学教学取向（OTS）要素中仅 Tc 成分获得显著发展，而 Tp 成分并无跨水平的变化；科学课程知识(KSC)要素中，除 LTA 成分得到微弱发展外，其余六种成分都得到了显著的发展；学生科学理解知识(KSU)要素中，PK、LA 和 DPS 三种成分获得显著发展，而 AC 成分和 M 成分无发展或发展微弱；教学策略知识(KISR)要素中所有三个成分均得到显著发展。

表 6-28　个案教师 PCK 四要素的总体发展情况

个案教师 PCK 的四个要素	总体发展情况
科学教学取向(OTS)	整体获得显著发展，Tp 无跨水平发展，而 Tc 则有显著发展
科学课程知识(KSC)	TCR、TLO、AM 和 ODB 四成分发展极其显著，DMCS、DKC 成分发展显著，LTA 成分发展微弱
学生科学理解知识(KSU)	PK、LA 和 DPS 三成分发展显著，M 成分发展微弱，而 AC 成分没有发展
教学策略知识(KISR)	所有成分均获得显著发展

2. 个案教师 PCK 整体发展情况

正如前文所述，本课题主要采用"显性 PCK 的深度分析"与"PCK 图"两种方法分析描述个案教师 PCK 的整体发展情况。由于 PCK 各要素的整合情况只有通过教学实践才能显现出来，因此，本课题对 PCK 整体发展情况的分析主要是基于两次模拟教学录像展开的。

a. 前测结果分析

基于帕克等人对 PCK 的操作性定义，笔者逐字逐句对"第一次模拟教学录像转录稿"分析后，共找到 10 个显性的 PCK 片段，简称 f E1、fE2、fE3、fE4、fE5、fE6、fE7、fE8、fE9、fE10。根据"显性 PCK 的深度分析法"的要求，下面将从教师和学生的角色、整合了哪些要素以及哪些证据说明该片段整合了某个 PCK 要素三个方面，分别对 fE1 到 fE10 这十个显性 PCK 片段进行深度描述。与此同时，笔者还将根据表 3-3 所列"PCK'两两要素'整合强度评判标准"，给出 PCK 要素每一次整合的强度得分。

为了清楚表达和避免重复，笔者在每个 PCK 片段的深度描述中，仅第一次提到某要素、某成分时，同时使用中文和编码，随后一律用编码代替。考虑到论述的相似性，笔者在描述"哪些证据说明该片段整合了某个 PCK 要素"时，也只是在第一次提到某要素时，进行详细说明。

①fE1 的深度描述

PCK 片段——fE1 对应的化学平衡主题内容是化学平衡的研究对象［PT-1-V］₁。在 fE1 中：

第一，教师通过两个简单的回忆水平提问，完成本片段的教学。其中，教师是明显的知识传授者，而学生则是被动的知识接受者。

第二，该片段整合了科学教学取向（OTS）、教学策略知识（KISR）与学生科学理解知识（KSU）三种要素。其中，OTS 要素中的科学教学理念（Tp：fTp，fTp 是 Tp 成分在 fE1 中的编码，下同）和科学教学特征（Tc：fTc）、KISR 要素中的特定主题对应活动类型（TSA：fTSA1）以及 KSU 要素中的学习特定主题所需前提知识（PK：fPK1），共四种成分参与了 fE1 的整合。OTS 与 KISR 两要素、KISR 与 KSU 两要素的整合强度得分都为 1 分，具体情况见图 6-5。

第三，关于 OTS 与 KISR 两要素已经整合的判定，一方面是基于笔者对教学理念及其特征与教学策略、教学行为之间关系的认识；另一方面则是基于笔者分析判定研究对象 OTS 要素两种成分的方法。关于教学理念及其特征与教学策略、教学行为之间的关系，国内很多学者都研究过此类问题[1][2][3][4][5]，也提出了许多非常有价值的观点，比如"教学理念与教学行为之间的影响并不是一种线性的、单向的联系，而是一种复杂的、交织的、互为因果的联系"[6]、"教学理念指导教学行为，有什么样的教学理念就会产生相应的教学行为""教学理念也需要通过教学行为体现出来""教学行为低效或无效，其教学理念也难说先进"[7]，等等。基于这些学者的观点，笔者认为，一方面，新的、先进的教学理念可以通过学习理解、认同内化、创新生成、外化实践等环节[8]，有

① 彭钢. 支配与控制：教学理念与教学行为［J］. 上海教育科研，2002(11)：20-25.

② 刘庆昌. 论教学理念的操作转换［J］. 当代教育与文化，2009，1(1)：91-96.

③ 吕宪军，王延玲. 试析教学理念与教学行为的割裂与融合［J］. 教育科学，2012，28(1)：36-40.

④ 段作章. 教学理念向教学行为转化的内隐机制［J］. 教育研究，2013(8)：103-111.

⑤ 吴永军. 教学规程：将教学理念转化为教学行为的指南［J］. 课程·教材·教法，2015，35(5)：21-27.

⑥ 彭钢. 支配与控制：教学理念与教学行为［J］. 上海教育科研，2002(11)：20-25.

⑦ 吕宪军，王延玲. 试析教学理念与教学行为的割裂与融合［J］. 教育科学，2012，28(1)：36-40.

⑧ 段作章. 教学理念向教学行为转化的内隐机制［J］. 教育研究，2013(8)：103-111.

效指导教师的教学行为；另一方面真实的课堂教学行为，可以通过分解、分析、解读等环节，揭示出教师当前所拥有的教学理念。正是基于后者，基于这种可以从真实课堂教学行为、教学策略中分析判断出教师当前教学理念的认识，笔者分析判定了研究对象 OTS 要素的两种成分。因此，在笔者看来，OTS 与 KISR 两要素的整合，是显然的；OTS 两种成分均参与 KISR 要素的整合，也是显然的。不过，由于个案教师所用具体策略——系列问答(fTSA1)的既不符合新课程理念的要求，也不能很好地完成既定的学习任务，因此，判定 OTS 与 KISR 两要素的整合强度最低，赋值 1 分。

第四，KISR 与 KSU 两要素已经整合的判定，是对 fE1 所对应的模拟教学片段中教师教学行为和学生学习行为综合分析的结果。具体到 fE1 中，做出这样的判断，主要是因为教师所用具体策略——系列问答(fTSA1)中回忆水平的封闭式提问(……那么它还涉不涉及反应进行的程度问题呢)、直接提问(那化学平衡的研究对象是什么呢)，都说明教师显然已经知道学生已经有 fPK1 这样的知识基础，即知道化学反应可分为可逆反应与完全反应、知道可逆反应是化学平衡的研究对象，而教师的系列提问之所以如此设计，也正是基于这样的认识。同样，由于 KISR(系列问答——fTSA1)既不符合新课程理念的要求，也不能很好地完成既定的学习任务，所以判定 KISR 与 KSU 两要素的整合强度为 1 分。

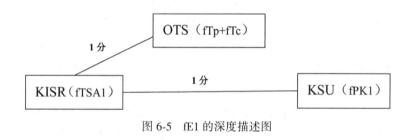

图 6-5 fE1 的深度描述图

②fE2 的深度描述

PCK 片段——fE2，对应的化学平衡主题内容是溶解平衡的宏观特征[PT-1-V, 1]。在 fE2 中：

第一，教师结合实例通过一个回忆水平提问和一个理解水平提问，完成本片段的教学。其中，学生被动地回答教师提出的问题，虽然学生在第二个理解水平提问时，明显有疑惑，但教师也没有给表达机会，而是急于进入下一个教案中事先设计好的教学环节。

　　第二，该片段整合了科学教学取向（OTS）、教学策略知识（KISR）与科学课程知识（KSC）三种要素。其中，OTS 要素中的科学教学理念（Tp：fTp）和科学教学特征（Tc：fTc）、KISR 要素中的特定主题对应活动类型（TSA：fTSA2）与"特定主题对应表征方式及其优缺点（TSR：fTSR1）"以及 KSC 要素中的"学科核心素养与课程目标（DKC：fDKC1）""实现一般学习目标所需活动与材料（AM：fAM1）""主题内容要点：次序、深度与广度（ODB：fODB1）"，共七种成分参与了 fE2 的整合。OTS 与 KISR 两要素、KISR 与 KSC 两要素的整合强度得分都为 1 分，具体情况见图 6-6。

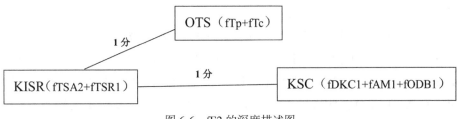

图 6-6　fE2 的深度描述图

　　第三，关于 OTS 与 KISR 两要素已经整合的判定，理由同 fE1 一样。关于 KISR 与 KSC 两要素已经整合的判定理由，由于涉及多种成分的整合，因此，需要分解论述。具体到 fE2，也就是"溶解平衡的宏观特征"的教学中，笔者将分 KISR-TSA 和 KISR-TSR 两种情况进行说明：①在 KISR-TSA（即 fTSA2-系列问答）成分中，教师通过两个递进式提问，一方面准备激活学生对蔗糖溶解表观现象的回忆，一方面试图帮助学生形成对溶解平衡宏观特征的认识，这种做法明显地体现了化学科学核心素养之一"宏观辨识与微观探析"素养的"宏观辨识"（即 fDKC1），因此，判定 KISR-TSA 成分与 KSC-DKC 成分已经整合；同时，又由于"溶解平衡的宏观特征"的教学属于化学平衡主题模拟教学的一部分，遵循着个案教师对"内容核心要点次序"的认识（即 fODB1），因此，也判定 KISR-TSA 成分与 KSC-ODB 成分已经整合。②在 KISR-TSR（即 fTSR1-实例表征）成分中，个案教师把蔗糖溶解——这一学生的日常生活经验（即 fAM1）作为素材进行溶解平衡有关知识的教学，因此，判定 KISR-TSR 成分与 KSC-AM 成分已经整合；同样，由于该成分对应的也是"溶解平衡的宏观特征"，也遵循着个案教师对"内容核心要点次序"的认识（即 fODB1），因此，同样判定

KISR-TSR 成分与 KSC-ODB 成分已经整合。不过，由于 KISR-TSA 成分，也就是该片段的系列问答并没有说清楚其对应的"溶解平衡的宏观特征"内容；由于 KISR-TSR 成分，也就是该片段的实例表征中个案教师没有完全结合实例说明（详见前文 KISR 要素发展分析表 6-23），因此，判定 KISR 与 KSC 两要素的整合强度得分为 1 分。

③fE3 的深度描述

PCK 片段——fE3，对应的化学平衡主题内容是溶解平衡的微观本质[PT-1-V，1-2]。在 fE3 中：

第一，教师通过 Flash 动画模拟蔗糖溶解的微观过程、展示溶解平衡的微观状态，完成本片段的教学。其间，学生观察动画，在老师的解说下接受溶解平衡时溶解速率等于结晶速率的观点。

第二，该片段整合了科学教学取向（OTS）、教学策略知识（KISR）、学生科学理解知识（KSU）与科学课程知识（KSC）四种要素。其中，OTS 要素中的科学教学理念（Tp：fTp）和科学教学特征（Tc：fTc）、KISR 要素中的特定主题对应活动类型（TSA：fTSA3）与"特定主题对应表征方式及其优缺点（TSR：fTSR1）"、KSU 要素中的学习特定主题所需前提知识（PK：fPK2）以及 KSC 要素中的"'学科核心素养与课程目标（DKC：fDKC1）''实现一般学习目标所需活动与材料（AM：fAM1）'与'主题内容要点：次序、深度与广度（ODB：fODB1）'"，共八种成分参与了 fE3 的整合。OTS 与 KISR 两要素、KISR 与 KSU 两要素以及 KISR 与 KSC 两要素的整合强度得分都为 1 分，具体情况见图 6-7。

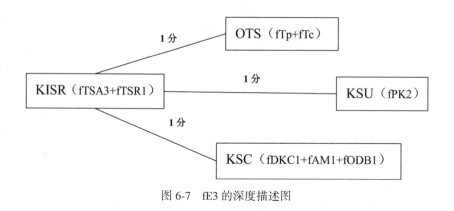

图 6-7　fE3 的深度描述图

④fE4 的深度描述

PCK 片段——fE4，对应的化学平衡主题内容是溶解平衡的动态特征［PT-1-V，2］。在 fE4 中：

第一，教师借助蓄水池，类比推理得出溶解平衡是动态平衡，完成本片段的教学。其间，学生倾听老师进行的类比分析，接受溶解平衡也是一个动态平衡的观点。

第二，该片段整合了科学教学取向（OTS）、教学策略知识（KISR）、学生科学理解知识（KSU）与科学课程知识（KSC）四种要素。其中，OTS 要素中的科学教学理念（Tp：fTp）和科学教学特征（Tc：fTc）、KISR 要素中的"科学教学的一般途径（GA：fGA2）"与"特定主题对应表征方式及其优缺点（TSR：fTSR2）"、KSU 要素中的"学习特定主题所需前提知识（PK：fPK2）、不同类型学生理解特定主题所需学习方式（LA：fLA2）和'新旧认识矛盾：学生存在哪些迷思概念（M：fM2）'"以及 KSC 要素中的"'学科核心素养与课程目标（DKC：fKDC2）''实现一般学习目标所需活动与材料（AM：fAM2）'与'主题内容要点：次序、深度与广度（ODB：fODB1）'"，共十种成分参与了 fE4 的整合。OTS 与 KISR 两要素、KISR 与 KSU 两要素以及 KISR 与 KSC 两要素的整合强度得分都为 1 分，具体情况见图 6-8。

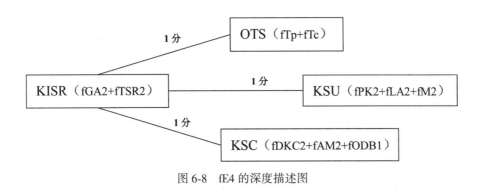

图 6-8　fE4 的深度描述图

⑤fE5 的深度描述

PCK 片段——fE5，对应的化学平衡主题内容是溶解平衡的动态特征［PT-1-V，2］。在 fE5 中：

第一，教师联系溶解的宏观事实，结合类比表征、系列问答与动画模拟，分析说明溶解平衡是动态平衡，完成本片段的教学。其间，学生倾听老师进行的分析说明，跟着老师一起描述"溶解平衡的动态特征"。

第二，该片段整合了科学教学取向(OTS)、教学策略知识(KISR)、学生科学理解知识(KSU)与科学课程知识(KSC)四种要素。其中，OTS 要素中的科学教学理念(Tp：fTp)和科学教学特征(Tc：fTc)、KISR 要素中的"'科学教学的一般途径（GA：fGA4）'、特定主题对应活动类型（TSA：fTSA3+fTSA4）与'特定主题对应表征方式及其优缺点(TSR：fTSR2)'"、KSU 要素中的"学习特定主题所需前提知识(PK：fPK2)、不同类型学生理解特定主题所需学习方式(LA：fLA2)与'新旧认识矛盾：学生存在哪些迷思概念(M：fM2)'"以及 KSC 要素中的"'学科核心素养与课程目标(DKC：fDKC2)''实现一般学习目标所需活动与材料（AM：AM2）'与'主题内容要点：次序、深度与广度(ODB：fODB1)'"，共十一种成分参与了 fE5 的整合。OTS 与 KISR 两要素、KISR 与 KSU 两要素以及 KISR 与 KSC 两要素的整合强度得分都为 1 分，具体情况见图 6-9。

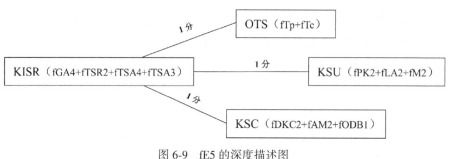

图 6-9　fE5 的深度描述图

⑥fE6 的深度描述

PCK 片段——fE6，对应的化学平衡主题内容是化学平衡的建立过程[PT-1-V，3]。在 fE6 中：

第一，教师以 CO 和 H_2O 蒸汽反应为例，通过组织学生绘图、解图(v-t 图)以描述化学平衡的建立过程，完成本片段的教学。其间，学生绘图并在老师引导下解图，以形成对"化学平衡的建立过程"的初步印象。

第二，该片段整合了科学教学取向(OTS)、教学策略知识(KISR)、学生科学理解知识(KSU)与科学课程知识(KSC)四种要素。其中，OTS 要素中的科学教学理念(Tp：fTp)和科学教学特征(Tc：fTc)、KISR 要素中的"科学教学的一般途径（GA：fGA4）"与"特定主题对应表征方式及其优缺点（TSR：

fTSR3)"、KSU 要素中的"学习特定主题所需前提知识(PK:fPK1+fPK3)、不同类型学生理解特定主题所需学习方式(LA:fLA2)和'概念原理抽象:学生哪些方面最难接受(AC:fAC1)'"以及 KSC 要素中的"'学科核心素养与课程目标(DKC:fDKC3)'主题内容要求(TCR:fTCR1)和'主题内容要点:次序、深度与广度(ODB:fODB1)'",共十种成分参与了 fE6 的整合。OTS 与 KISR 两要素、KISR 与 KSU 两要素以及 KISR 与 KSC 两要素的整合强度得分都为 1 分,具体情况见图 6-10。

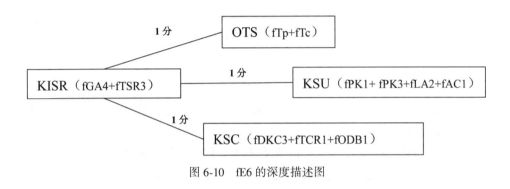

图 6-10   fE6 的深度描述图

⑦fE7 的深度描述

PCK 片段——fE7,对应的化学平衡主题内容是化学平衡的建立过程[PT-1-V,3]。在 fE7 中:

第一,教师通过溶解平衡的建立过程类比说明化学平衡的建立过程,完成本片段的教学。其间,学生倾听老师进行的类比说明,理解接受"化学平衡的建立过程"。

第二,该片段整合了科学教学取向(OTS)、教学策略知识(KISR)、学生科学理解知识(KSU)与科学课程知识(KSC)四种要素。其中,OTS 要素中的科学教学理念(Tp:fTp)和科学教学特征(Tc:fTc)、KISR 要素中的"科学教学的一般途径(GA:fGA2+fGA4)"和"特定主题对应表征方式及其优缺点(TSR:fTSR2)"、KSU 要素中的"学习特定主题所需前提知识(PK:fPK2+fPK3)、不同类型学生理解特定主题所需学习方式(LA:fLA2)和'概念原理抽象:学生哪些方面最难接受(AC:fAC1)'"以及 KSC 要素中的"'学科核心素养与课程目标(DKC:fDCK3)'、主题内容要求(TCR:fTCR1)和'主题内容要点:次序、深度与广度(ODB:fODB1)'",共十种成分参与了 fE7 的整合。OTS 与 KISR

两要素的整合强度得分为 2 分，而 KISR 与 KSU 两要素以及 KISR 与 KSC 两要素的整合强度得分为 1 分，具体情况见图 6-11。

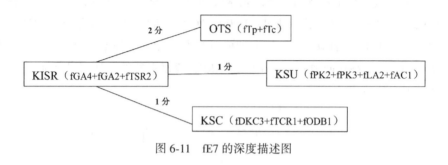

图 6-11 fE7 的深度描述图

⑧fE8 的深度描述

PCK 片段——fE8，对应的化学平衡主题内容是化学平衡的建立过程[PT-1-V，3-4]。在 fE8 中：

第一，教师基于 v-t 图，从正逆反应速率大小、关系演变的视角描述化学平衡的建立过程，完成本片段的教学。其间，学生在老师引导下一起从正逆反应速率大小、关系演变的视角描述"化学平衡的建立过程"。

第二，该片段整合了科学教学取向(OTS)、教学策略知识(KISR)、学生科学理解知识(KSU)与科学课程知识(KSC)四种要素。其中，OTS 要素中的科学教学理念(Tp：fTp)和科学教学特征(Tc：fTc)、KISR 要素中的"科学教学的一般途径（GA：fGA4）"和"特定主题对应表征方式及其优缺点（TSR：fTSR5）"、KSU 要素中的"学习特定主题所需前提知识（PK：fPK3）、不同类型学生理解特定主题所需学习方式(LA：fLA2)和'概念原理抽象：学生哪些方面最难接受（AC：fAC1）'"以及 KSC 要素中的"'学科核心素养与课程目标（DKC：fDKC3）'、主题内容要求(TCR：fTCR1)和'主题内容要点：次序、深度与广度（ODB：fODB1）'"，共十种成分参与了 fE8 的整合。OTS 与 KISR 两要素、KISR 与 KSU 两要素以及 KISR 与 KSC 两要素的整合强度得分都为 1 分，具体情况见图 6-12。

⑨fE9 的深度描述

PCK 片段——fE9，对应的化学平衡主题内容是化学平衡的动态特征[PT-1-V，4]。在 fE9 中：

第一，教师蓄水池类比说明化学平衡的动态特征，完成本片段的教学。其间，学生倾听老师的类比说明，理解形成"化学平衡也是动态平衡"的认识。

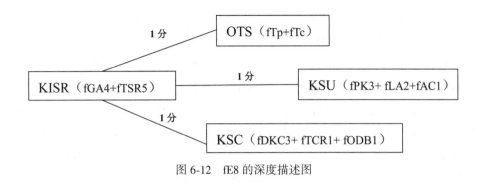

图 6-12　fE8 的深度描述图

第二，该片段整合了科学教学取向(OTS)、教学策略知识(KISR)、学生科学理解知识(KSU)与科学课程知识(KSC)四种要素。其中，OTS 要素中的科学教学理念(Tp：fTp)和科学教学特征(Tc：fTc)、KISR 要素中的"科学教学的一般途径(GA：fGA2)"和"特定主题对应表征方式及其优缺点(TSR：fTSR6+fTSR7)"、KSU 要素中的学习特定主题所需前提知识(PK：fPK3)和"新旧认识矛盾：学生存在哪些迷思概念(M：fM1)"以及 KSC 要素中的"'学科核心素养与课程目标(DKC：fDKC4)''实现一般学习目标所需活动与材料(AM：fAM2)'与'主题内容要点：次序、深度与广度(ODB：fODB1)'"，共九种成分参与了 fE9 的整合。OTS 与 KISR 两要素、KISR 与 KSU 两要素以及 KISR 与 KSC 两要素的整合强度得分都为 1 分，具体情况见图 6-13。

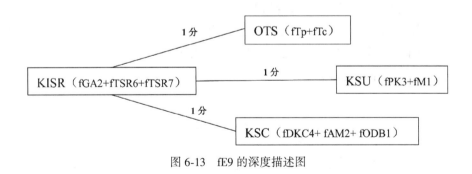

图 6-13　fE9 的深度描述图

⑩fE10 的深度描述

PCK 片段——fE10，对应的化学平衡主题内容是化学平衡的定义[PT-1-Ⅴ，4-5]。在 fE10 中：

第一，教师以口述加板书的方式，说出化学平衡的定义，完成本片段的教

201

学。其间，学生在老师引导下跟老师一起说出"化学平衡的定义"。

第二，该片段整合了科学教学取向(OTS)、教学策略知识(KISR)、学生科学理解知识(KSU)与科学课程知识(KSC)四种要素。其中，OTS 要素中的科学教学理念(Tp：fTp)和科学教学特征(Tc：fTc)、KISR 要素中的"特定主题对应表征方式及其优缺点(TSR：fTSR8)"、KSU 要素中的学习特定主题所需前提知识(PK：fPK3)和"概念原理抽象：学生哪些方面最难接受(AC：fAC1)"以及 KSC 要素中的"主题内容要点：次序、深度与广度(ODB：fODB1)"，共六种成分参与了 fE10 的整合。OTS 与 KISR 两要素、KISR 与 KSU 两要素以及 KISR 与 KSC 两要素的整合强度得分都为 1 分，具体情况见图 6-14。

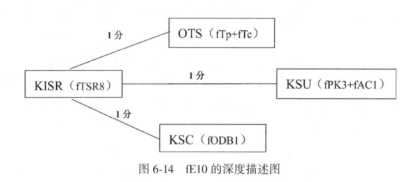

图 6-14　fE10 的深度描述图

⑪个案教师的前测 PCK 整合情况

运用第三章介绍的计数法处理上述 10 个 PCK 片段，最终形成了个案教师化学平衡主题的前测 PCK 图(见图 6-15)。如图所示，个案教师化学平衡主题的前测 PCK 整合情况如下：

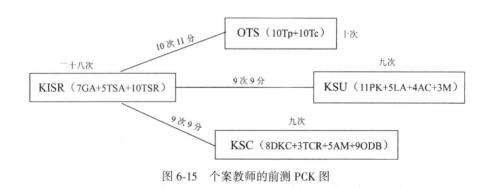

图 6-15　个案教师的前测 PCK 图

第一，所有四个要素，科学教学取向（OTS）、教学策略知识（KISR）、学生科学理解知识（KSU）与科学课程知识（KSC）都参与了整合。其中，KISR要素参与的整合次数最多，为28次；OTS要素参与了10次，而KSC、KSU两种要素各参与了9次。

第二，KISR要素为本阶段个案教师PCK的核心要素，所有要素间的整合都有它的参与。OTS、KSC和KSU三个要素之间没有整合。

第三，四个要素的17种成分中，总共有13种参与了整合。其中，只有OTS和KISR两要素的所有成分均参与了整合，而KSC要素中只有学科核心素养与课程目标（DKC）、主题内容要求（TCR）、实现一般学习目标所需活动与材料（AM）和"主题内容要点：次序、深度与广度（ODB）"四种成分参与整合，KSU要素中只有学习特定主题所需前提知识（PK）成分、不同类型学生理解特定主题所需学习方式（LA）、"概念原理抽象：学生哪些方面最难接受（AC）"和"新旧认识矛盾：学生存在哪些迷思概念（M）"四种成分参与整合。KSU要素中的"问题解决困难：学生常犯错误类型"（DPS）成分以及KSC要素中的科学教材一般学习目标（TLO）、"纵向教材编排：已学过和将学到什么"（LTA）和ODB成分中的深广度内容，均没有参与整合。

第四，四种要素中参与整合的所有成分，参与整合次数由多到少依次是KSU-PK、OTS-Tp、OTS-Tc、KISR-TSR、KSC-DKC、KSC-ODB、KISR-GA、KISR-TSA、KSU-LA、KSC-AM、KSU-AC、KSU-M和KSC-TCR。

第五，本阶段六个板块内容总共发现10个PCK片段，不同板块内容与PCK片段的对应情况见表6-29。从表6-29中可以看出，fP4板块内容——"化学平衡的建立过程"对应的PCK片段最多；fP2和fP3板块次之，fP1、fP5和fP6板块最少。

表6-29　前测阶段不同板块内容与PCK片段的对应情况

板块内容	PCK片段
fP1：化学平衡的研究对象	fE1
fP2：溶解平衡的建立过程	fE2+ fE3
fP3：溶解平衡的动态特征	fE4+ fE5
fP4：化学平衡的建立过程	fE6+ fE7+fE8
fP5：化学平衡的动态特征	fE9
fP6：化学平衡的定义	fE10

第六，除 PCK 片段——fE7 中，OTS 与 KISR 两要素的整合强度得分为 2 分外，其余所有 PCK 片段中的"两两要素"的整合强度均为最低水平，得分均为 1 分。其中，OTS 与 KISR 两要素最终的整合强度为 10 次 11 分，而 KISR 与 KSC 两要素以及 KISR 与 KSU 两要素最终的整合强度均为 9 次 9 分。

b. 后测结果分析

同前测结果分析一样，笔者在逐字逐句对"第一次模拟教学录像转录稿"分析后，共找到 8 个显性的 PCK 片段，简称 aE1、aE2、aE3、aE4、aE5、aE6、aE7、aE8。接下来，笔者将沿着相同的思路分别对 aE1 到 aE8 这八个显性 PCK 片段进行深度描述。

①aE1 的深度描述

PCK 片段——aE1，对应的化学平衡主题内容是化学反应限度的存在。在 aE1 中：

第一，教师借助科学故事，用高炉炼铁尾气 CO 含量不变的事实说明化学反应存在一定的限度，完成本片段的教学。其间，学生先是在老师提示下回忆回答高炉炼铁原理——CO 还原 Fe_2O_3 的化学方程式，随后倾听老师讲故事、说事实、得结论。

第二，该片段整合了科学教学取向(OTS)、教学策略知识(KISR)、学生科学理解知识(KSU)与科学课程知识(KSC)四种要素。其中，OTS 要素中的科学教学理念(Tp：aTp)和科学教学特征(Tc：aTc)、KISR 要素中的"特定主题对应表征方式及其优缺点(TSR：aTSR1)"、KSU 要素中的"新旧认识矛盾：学生存在哪些迷思概念(M：aM3)"以及 KSC 要素中的"'学科核心素养与课程目标(DKC：aDKC1)'、主题内容要求(TCR：aTCR1)、'实现一般学习目标所需活动与材料(AM：aAM4)'和'主题内容要点：次序、深度与广度(ODB：aODB1)'"，共八种成分参与了 aE1 的整合。OTS 与 KISR 两要素、KISR 与 KSU 两要素以及 KISR 与 KSC 两要素的整合强度得分都为 2 分，具体情况见图 6-16。

②aE2 的深度描述

PCK 片段——aE2，对应的化学平衡主题内容是可逆反应的存在。在 aE2 中：

第一，教师通过学生熟悉的氯气与水反应的事实说明可逆反应的存在。其间，学生先是在老师提示下初步回忆氯水中所包含的微粒，进而在老师的引导下设计实验验证这些微粒的存在，然后在教师的引导下说出氯水存在的全部微粒，最后通过这些微粒共存的事实，说明可逆反应的存在。

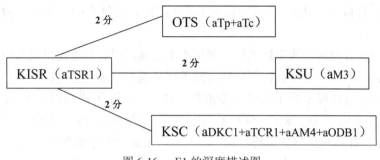

图 6-16 aE1 的深度描述图

第二，该片段整合了科学教学取向（OTS）、教学策略知识（KISR）、学生科学理解知识（KSU）与科学课程知识（KSC）四种要素。其中，OTS 要素中的科学教学理念（Tp：aTp）和科学教学特征（Tc：aTc）、KISR 要素中的"科学教学的一般途径（GA：aGA3）"和"特定主题对应表征方式及其优缺点（TSR：aTSR2）"、KSU 要素中的不同类型学生理解特定主题所需学习方式（LA：aLA2）和"新旧认识矛盾：学生存在哪些迷思概念（M：aM3）"两种成分以及 KSC 要素中的"'学科核心素养与课程目标（DKC：aDKC2）'、主题内容要求（TCR：aTC3）、科学教材一般学习目标（TLO：aTLO）、'实现一般学习目标所需活动与材料（AM：aAM5）'和'主题内容要点：次序、深度与广度（ODB：aODB1）'"，共十一种成分参与了 aE2 的整合。OTS 与 KISR 两要素、KISR 与 KSU 两要素以及 KISR 与 KSC 两要素的整合强度得分都为 2 分，具体情况见图 6-17。

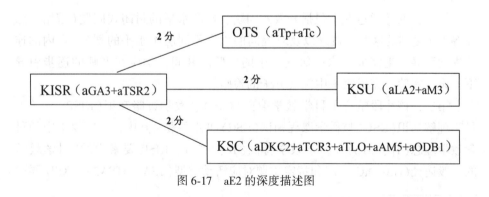

图 6-17 aE2 的深度描述图

③aE3 的深度描述

第六章　促进职前化学教师 PCK 发展的课程评价研究

PCK 片段——aE3，对应的化学平衡主题内容是氯水中存在哪些微粒。在 aE3 中：

第一，教师通过四个连续的、回忆水平的提问引导学生说出氯水中可能存在的微粒。其间，学生直接在老师追问下回忆说出氯水中所包含的微粒。

第二，该片段整合了科学教学取向（OTS）、教学策略知识（KISR）与科学课程知识（KSC）OTS、KISR 与 KSC 三种要素。其中，OTS 要素中的科学教学理念（Tp：aTp）和科学教学特征（Tc：aTc）、KISR 要素中的特定主题对应活动类型（TSA：aTSA1）以及 KSC 要素中的主题内容要求（TCR：aTCR3）和"实现一般学习目标所需活动与材料（AM：aAM5）"，共五种成分参与了 aE3 的整合。OTS 与 KISR 两要素以及 KISR 与 KSC 两要素的整合强度得分都为 2 分，具体情况见图 6-18。

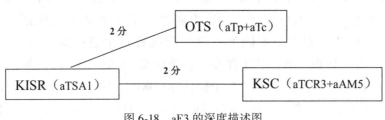

图 6-18　aE3 的深度描述图

④aE4 的深度描述

PCK 片段——aE4，对应的化学平衡主题内容是氯水中氯气分子的检验。在 aE4 中：

第一，教师通过九个包括开放式问题、理解水平的封闭式问题（借用王彦才等人①提到的这两个概念以及对提问的六个不同层次水平的划分）在内的连续提问引导学生完成氯水中氯气分子的检验。其间，学生在老师的逐步引导下，设计实验，完成氯水中氯气分子的检验。

第二，该片段整合了科学教学取向（OTS）、教学策略知识（KISR）、学生科学理解知识（KSU）与科学课程知识（KSC）四种要素。其中，OTS 要素中的科学教学理念（Tp：aTp）和科学教学特征（Tc：aTc）、KISR 要素中的"科学教学的一般途径（GA：aGA3）"和特定主题对应活动类型（TSA：aTSA2）、KSU 要素

---

①　王彦才，郭翠菊. 现代教师教学技能［M］. 北京：北京师范大学出版社，2010：159.

206

中的不同类型学生理解特定主题所需学习方式(LA：aLA2)以及 KSC 要素中的
"'学科核心素养与课程目标(DKC：aDKC2)'、主题内容要求(TCR：aTCR3)、
科学教材一般学习目标(TLO：aTLO)和'实现一般学习目标所需活动与材料
(AM：aAM5)'"，共九种成分参与了 aE4 的整合。OTS 与 KISR 两要素、KISR
与 KSU 两要素以及 KISR 与 KSC 两要素的整合强度得分都为 3 分，具体情况见
图 6-19。

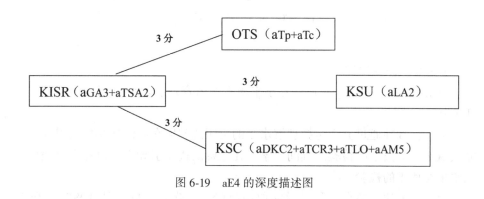

图 6-19　aE4 的深度描述图

⑤aE5 的深度描述

PCK 片段——aE5，对应的化学平衡主题内容是氯水中氢离子和次氯酸分
子的检验。在 aE5 中：

第一，教师通过五个包括开放式问题、理解水平的封闭式问题在内的连续
提问引导学生完成氯水中氢离子和次氯酸分子的检验。其间，学生在老师的逐
步引导下，设计实验，分步完成了氯水中氢离子和次氯酸分子的检验。

第二，该片段整合了科学教学取向(OTS)、教学策略知识(KISR)、学生
科学理解知识(KSU)与科学课程知识(KSC)四种要素。其中，OTS 要素中的科
学教学理念(Tp：aTp)和科学教学特征(Tc：aTc)、KISR 要素中的"科学教学
的一般途径(GA：aGA3)"和特定主题对应活动类型(TSA：aTSA3)、KSU 要素
中的不同类型学生理解特定主题所需学习方式(LA：aLA2)以及 KSC 要素中的
"'学科核心素养与课程目标(DKC：aDKC2)'、主题内容要求(TCR：aTCR3)、
科学教材一般学习目标(TLO：aTLO)和'实现一般学习目标所需活动与材料
(AM：aAM5)'"，共九种成分参与了 aE5 的整合。OTS 与 KISR 两要素、KISR
与 KSU 两要素以及 KISR 与 KSC 两要素的整合强度得分都为 3 分，具体情况见
图 6-20。

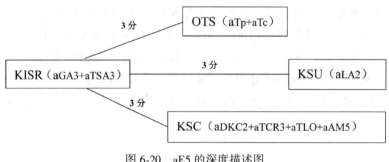

图 6-20　aE5 的深度描述图

⑥aE6 的深度描述

PCK 片段——aE6，对应的化学平衡主题内容是氯水中氯离子的检验。在 aE6 中：

第一，教师通过五个包括理解水平的封闭式问题在内的连续提问引导学生完成氯水中氯离子的检验。其间，学生在老师的逐步引导下，设计实验完成了氯水中氯离子的检验。

第二，该片段整合了科学教学取向（OTS）、教学策略知识（KISR）、学生科学理解知识（KSU）与科学课程知识（KSC）四种要素。其中，OTS 要素中的科学教学理念（Tp：aTp）和科学教学特征（Tc：aTc）、KISR 要素中的"科学教学的一般途径（GA：aGA3）"和特定主题对应活动类型（TSA：aTSA4）、KSU 要素中的不同类型学生理解特定主题所需学习方式（LA：aLA2）以及 KSC 要素中的"'学科核心素养与课程目标（DKC：aDKC2）'、主题内容要求（TCR：aTCR3）、科学教材一般学习目标（TLO：aTLO）和'实现一般学习目标所需活动与材料（AM：aAM5）'"，共九种成分参与了 aE5 的整合。OTS 与 KISR 两要素、KISR 与 KSU 两要素以及 KISR 与 KSC 两要素的整合强度得分都为 3 分，具体情况见图 6-21。

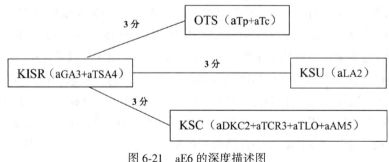

图 6-21　aE6 的深度描述图

⑦aE7 的深度描述

PCK 片段——aE7，对应的化学平衡主题内容是氯水中存在的所有微粒。在 aE7 中：

第一，教师通过六个连续的、回忆水平的提问引导学生说出氯水中存在的全部微粒。其间，学生直接在老师追问下逐个说出氯水中存在的所有微粒。

第二，该片段整合了科学教学取向(OTS)、教学策略知识(KISR)与科学课程知识(KSC)三种要素。其中，OTS 要素中的科学教学理念(Tp：aTp)和科学教学特征(Tc：aTc)、KISR 要素中的特定主题对应活动类型(TSA：aTSA5)以及 KSC 要素中的主题内容要求(TCR：aTCR3)和"实现一般学习目标所需活动与材料(AM：aAM5)"，共五种成分参与了 aE7 的整合。OTS 与 KISR 两要素以及 KISR 与 KSC 两要素的整合强度得分都为 2 分，具体情况见图 6-22。

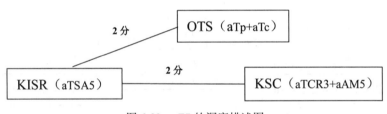

图 6-22 aE7 的深度描述图

⑧aE8 的深度描述

PCK 片段——aE8，对应的化学平衡主题内容是可逆反应的定义。在 aE8 中：

第一，教师通过口述加板书的方式，说出可逆反应的定义；通过提问的方式，强调了可逆号的使用。其间，学生通过倾听和观察，理解接受老师所描述的可逆反应的定义。

第二，该片段整合了该片段整合了科学教学取向(OTS)、教学策略知识(KISR)与科学课程知识(KSC)三种要素。其中，OTS 要素中的科学教学理念(Tp：aTp)和科学教学特征(Tc：aTc)、KISR 要素中的"科学教学的一般途径"(GA：aGA32)和"特定主题对应表征方式及其优缺点"(TSR：aTSR3)以及 KSC 要素中的科学教材一般学习目标(TLO：aTLO)和"主题内容要点：次序、深度与广度(ODB：aODB1)"，共六种成分参与了 aE8 的整合。OTS 与 KISR 两要素以及 KISR 与 KSC 两要素的整合强度得分都为 3 分，具体情况见图 6-23。

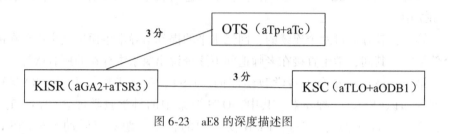

图 6-23　aE8 的深度描述图

⑨个案教师的后测 PCK 整合情况

同样，用计数法处理上述 8 个 PCK 片段后，形成了个案教师的后测 PCK 图。如图 6-24 所示，个案教师的后测 PCK 整合情况如下：

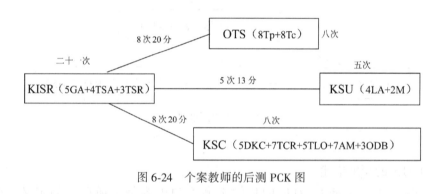

图 6-24　个案教师的后测 PCK 图

第一，所有四个要素，科学教学取向(OTS)、教学策略知识(KISR)、学生科学理解知识(KSU)与科学课程知识(KSC)都参与了整合。其中，KISR 要素参与的整合次数最多，为 21 次；OTS、KSC 两种要素各参与了 8 次，而 KSU 要素参与了 5 次。

第二，KISR 要素为本阶段个案教师 PCK 的核心要素，所有要素间的整合都有它的参与。OTS、KSC 和 KSU 三个要素之间没有整合。

第三，四个要素的 17 种成分中，总共有 12 种参与了整合。其中，OTS 和 KISR 两要素的所有成分均参与了整合；KSC 要素中除学科宏观课程结构(DMCS)和纵向教材编排(LTA)成分外，其余成分均参与了整合；KSU 要素中只有不同类型学生理解特定主题所需学习方式(LA)和"新旧认识矛盾：学生存在哪些迷思概念(M)"两种成分参与整合,其他成分学习特定主题所需前提知识(PK)、"概念原理抽象:学生哪些方面最难接受(AC)"、问题解决困难(DPS)均没有参与整合。

第四,四种要素参与整合的所有成分,参与整合次数由多到少依次是OTS-Tp、OTS-Tc、KSC-TCR、KSC-AM、KISR-GA、KSC-DKC、KSC-TLO、KISR-TSA、KSU-LA、KISR-TSR、KSC-ODB 和 KSU-M。

第五,本阶段两个板块内容总共发现八个 PCK 片段,不同板块内容与PCK 片段的对应情况见表6-30。从表中可以看出,aP2 板块内容——"可逆反应的存在"对应的 PCK 片段最多,有 6 个;aP1 和 aP3 板块最少,各1 个。

表 6-30　后测阶段不同板块内容与 PCK 片段的对应情况

板块内容	PCK 片段
aP1: 化学反应限度的存在	aE1
aP2: 可逆反应的存在	aE2+aE3+aE4+aE5+aE6+aE7
aP3: 可逆反应的定义	aE8

第六,本阶段所有 PCK 片段中,aE4、aE5、aE6 和 aE8 四个片段中所包含的"两两要素"整合的强度均为最高水平,得分均为 3 分;而 aE1、aE2、aE3和 aE7 四个片段中所包含的"两两要素"整合的强度均为中等水平,得分均为 2分。其中,OTS 与 KISR 两要素最终的整合强度为 8 次 20 分,KISR 与 KSC 两要素最终的整合强度为 8 次 20 分,而 KISR 与 KSU 两要素最终的整合强度为 5次 13 分。

c. 发展情况分析

分析比较前后两次结果,可以得出以下结论:个案教师的 PCK 在要素整合强度方面获得了比较明显的发展,而在要素与成分的参与度、整合类型等方面并没有产生太大变化。另外,通过比较也发现前后测个案教师 PCK 的一些共同点:KSC-DMCS、KSC-LTA、ODB 的深广度内容以及 KSU-DPS 四种成分均没有参与整合,具体情况见表6-31。

表 6-31 个案教师 PCK 各要素整合情况"前后测"分析结果对比

不同视角	前测结果	后测结果
片段分布情况	10 个 PCK 片段分布在六个板块	8 个 PCK 片段分布在三个板块
要素整合情况	四要素均参与，KISR 为核心要素，OTS、KSC 和 KSU 三要素间无整合	四要素均参与，KISR 为核心要素，OTS、KSC 和 KSU 三要素间无整合
成分整合情况	四要素 17 种成分 13 种参与，DPS、DMCS、LTA、TLO 和 ODB 成分的深广度内容没有参与	四要素 17 种成分 12 种参与，PK、AC、DPS、DMCS、LTA 和 ODB 成分的深广度内容没有参与
整合强度情况	OTS 与 KISR 的整合强度为 10 次 11 分	OTS 与 KISR 的整合强度为 8 次 20 分
	KSC 与 KISR 的整合强度为 9 次 9 分	KSC 与 KISR 的整合强度为 8 次 20 分
	KSU 与 KISR 的整合强度为 9 次 9 分	KSU 与 KISR 的整合强度为 5 次 13 分

二、学科教学知识课程的目标达成情况

职前化学教师 PCK 发展的前后测对比情况与课程实施后职前化学教师的反馈情况，是判断职前化学教师 PCK 课程的课程目标达成情况的两个重要指标。

由于本研究采用的是基于个案研究的质性评价法，因此，个案教师化学平衡主题 PCK 的发展情况也就成了判断职前化学教师 PCK 课程目标达成情况的重要指标。个案教师化学平衡追她 PCK 无论是从四要素单独发展还是从四要素整合方面都得到较大发展的事实，可以从一定程度上说明 PCK 课程的目标已基本达成。

课程实施前后职前化学教师的反馈评价，是 PCK 课程目标是否达成的另一个重要指标。本研究采取半结构式焦点访谈的形式获得了一定程度上的学生反馈效果(访谈提纲见附录 6 第二部分)。分析总结化学平衡小组 8 位职前化学教师的访谈结果，可以发现：

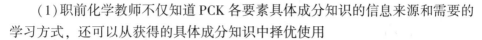

（1）职前化学教师不仅知道PCK各要素具体成分知识的信息来源和需要的学习方式，还可以从获得的具体成分知识中择优使用

证据1：探讨"基于教科书的学习"与"基于文献的学习"的作用

（说明：访谈中提到的"高中与大学"对比的表，是"基于教科书的学习"的具体任务，而"学困"或"困难"表则是"基于文献的学习"的具体任务；Y是指研究者，而PT指个案教师）

个案教师的看法：

> PT：好的表，我觉得，第一个高中与大学的对比这个表得有，因为这个表做出来你就知道有些东西该讲，有些东西不能讲了。或者说，有些讲它不能讲太多，不能讲太深。这个得有。第二个就是学习困难表，他可能出现的问题以及你如何去对应，有一个对策。……
> ……
> Y：好，那我就知道了。那你觉得那几张表中那张对你启示最大？
> PT：就是大学的那个，还有就是困难表。
>
> 数据来源：PT-2-I（第11页，共12页）

小组其他成员（不再编码，统一用PTn表示）的看法：

> PTn："学困"，"学困"的那张表是帮助最大的。因为我觉得刚开始的时候，我讲课时仅仅是我觉得哪种思路好，然后哪些是重点，应该讲哪些，但是如果有了"学困"的话，那你应该就是针对学生困难的地方去对症下药，然后去对应讲，我觉得这个比较好。然后还有就是最近才意识到与大学知识的对比应该也是有帮助的。
>
> PTn：大学与中学对比表有用。既可以把刚学过的大学内容与中学内容相比较，比较之后有些比较深，有些比较浅，深到哪个程度，浅到哪个程度，你可以控制。第二个就是高中内容讲的时候，不能提大学的那些，但是有些内容学生理解不了的话，可以把大学的一些概念，用简单的语言告诉他
>
> PTn：对教学策略影响最大的，影响最大的，还是看一些文献

证据2：笔者与化学平衡小组其他成员交流"学生学习困难"知识的获得途径

片段 1:

Y: 找学生困难，怎么找

PTn: 这个我是，自己看了些文献

片段 2:

Y: 那你觉得化学平衡，学生在学习的时候经常会在哪些地方犯错误？

PTn: 这个我就是看那个文献上的，有很多我觉得肯定不会犯。会犯的，就像上次说的，有可能他对那个，为什么反应就不能进行完，然后他看一个反应是这样的，但他就觉得这个可能会继续反应下去……

证据 3: 个案教师在总结自己从文献中获得的有关化学平衡概念的教学方法，并明确表示自己最认同的做法

PT: 第一种还是溶解平衡，然后是，有的就不说溶解平衡了，直接从可逆反应，就比如说做一个像苏教版的这种做一个实验，……还有就是从转化率来说的，转化率不能达到百分之百，来说明这个可逆反应，化学平衡。嗯，差不多就这些吧。

……

PT: 我觉得会用氯水的(实验)这个

Y: 你为什么觉得这个好？你为什么要用这个？

PT: 这样的话，学生做实验，他们肯定积极性高

Y: 对，做实验

PT: 而且做实验过程中也动脑子的。

Y: 对，为什么非得选择这么一个实验？别的实验不能做吗？

PT: 可以啊，你不是说，还有一个。氯水的话生活中也可以用嘛，漂白啊之类的。就是更好一点。不大喜欢氯化铁的那个

Y: 哦，明白了，你选择他的理由一是觉得生活中有点用

PT: 它还有别的用处，学氯元素嘛，学氯元素的话，最后还学次氯酸嘛。那块，这块的话就可以为那块也捎带做的这样一个实验，从这块还可以延伸的、稍微说一下，就说，哎，不是说，就是在以后氯气学的时候，你说咱曾经过个这个实验，对吧。有次氯酸嘛，次氯酸的话，性质了之类，遇光易分解了，这些都好说了。对氯的话就很有帮助了。

数据来源：PT-2-I（第 8-9 页，共 12 页）

（2）职前化学教师不仅体验了 PCK 各要素具体成分知识整合的过程，还可以很清楚地说出它们之间整合对课堂教学的影响

证据：笔者与个案教师在探讨"试讲"的作用

Y：那你怎么样，就现在说你的体验？就是对你有帮助，而不是它应该有帮助？

PT：有，就比如说我第二次讲的时候就用氯水的那个嘛。我又问他们那个，去检验银离子的时候，不，检验氯离子的时候，如果他们说了，那就看他们的回答，如果他们说硝酸酸化的硝酸银，那我就直接去检验它，但如果他们说硝酸银的话，我就要给他来个碳酸钠，给他们，哎，一"滴"，哎，发现这个也沉淀了。那它一定是氯离子吗？它不一定是。当然就说，这个顺序就需要调一下，就是，如果说他直接答出来的话，我就用那个给他做完实验。

Y：我知道了。那你真的是出现你说的这个状况了吗？

PT：出现了。

Y：噢，你在讲的时候，你问下面的"咱们的学生"就出现这种状况了，是吗？

PT：就第一次，这个录课第一次我讲的时候，就下面回答了一个硝酸银，刚好这个，然后讲的过程中出了一点问题，重新录了一次，重新录的时候他们改口了，改成硝酸酸化的硝酸银，我赶紧也跟着他们改了。（噢，知道了）我当时就，唉。

数据来源：PT-2-I（第 9-10 页，共 12 页）

（3）职前化学教师不仅承认小组成员、小组之间分享交流对自身 PCK 发展的价值，还可以从特定主题 PCK 的学习中获得"举一反三"的能力

证据 1：笔者与个案教师在探讨"研讨会"的作用

PT：我想一下，我觉得我们讨论还可以，讨论可以多一点。

……

PT：……你比如说你跟我谈，对吧？别人在那儿听的话，他可以听到我的问题在哪儿？那他是不是在想，他是不是也有这个问题？同样的他

215

上的时候我也在听，这也是一种学习。(噢)就会看到他有迷思？哎，我这块有没有"迷思"？

数据来源：PT-2-I(第 11-12 页，共 12 页)

小组其他成员的看法：

PTn：其实，我觉得研讨交流的时候，特别的激烈，就会有很多收获

PTn：在一起交流，就会看到他们在实际过程中遇到的一些问题，然后你从中可以吸取一些经验

证据2：笔者与化学平衡小组其他成员交流"系统学习某一特定主题 PCK 对其他学困主题 PCK 发展"的价值

片段1：

Y：咱们讨论了这么长时间的化学平衡，你觉得咱们前面这里经历对备别的课有帮助吗？

PTn：有帮助。起码就是知道自己有路可走，知道自己怎么想怎么找文献，知道那些途径

片段2：

Y：那你自己感觉咱们对平衡做了这么多工作，将来，你要备其他主题课的话，咱们这些工作对它们有帮助吗？

PTn：嗯，怎么说呢，方法，也是一种方法的形成。如果每次，都这样，就有自己的一套教学设计思路了

三、课程评价研究的其他发现

1. 职前化学教师 PCK 发展模式的提出

职前化学教师 PCK 的发展涉及很多方面，是一个非常复杂的教育过程。无论是从通识教育课程、化学学科专业课程、教师教育公共课程、学科教师教育课程等课程群的视角，还是从理论课程、实验课程、实践课程等课程性质的视角，抑或是从教育见习(课堂观察)、微格试讲(模拟教学)、教育实习(课堂教学)等实践形式的视角看，职前化学教师 PCK 都很难有唯一的、固定的发展

模式。但是，单就某一门具体的学科教师教育课程而言，是可以有自己的PCK 发展模式的。

通过对个案教师化学平衡主题 PCK 及各要素具体成分知识发展过程的深入挖掘与细节描述，结合舒尔曼的"教学推理与行动"模式与刘义兵有关"学科教学知识发展阶段"的观点，笔者尝试提出了基于本研究开发课程的职前化学教师 PCK 发展模式。

笔者认为，职前化学教师 PCK 发展模式由学习、理解、转化、体验、评价五个步骤组成，每一步骤都有自己独特的任务要求，具体内容见表6-32。

表 6-32 职前化学教师 PCK 发展模式

步骤	任务要求
学习	通过"五种学习"，即基于教科书的学习、基于课程文件的学习、基于期刊文献的学习、基于教学录像的学习、基于回忆与调查的学习，促进职前化学教师学科知识(CK)和学科教学知识(PCK)4 个要素的单独发展
理解	学习到的东西只有理解才能变得可用。职前化学教师需要理解的内容主要包括： (1)新近学习的 PCK 各要素的具体成分 (2)PCK 各要素具体成分之间的关系
转化	理解到的东西只有按某种方式转化才能变得可教。职前化学教师的这一转化过程大致可分成四个阶段： (1)准备：批判性地分析、解释既定材料(教科书) (2)表征：运用包含类比、隐喻、举例、论证、模拟等表征方式的表征库，表征学科内容 (3)选择：从教学方法或策略库中选择可以体现上述表征的具体方法 (4)适应：调整上述表征以适应被教学生的一般特征
体验	实践体验不仅可以很好地区分"觉得可教"与"真正可教"，还可以实现从生疏的"真正可教"向熟练的"真正可教"转变。职前化学教师的教学体验，既是对认识的检验，又是对认识的深化
评价	评价不仅是为了肯定认识与发现问题，更是为了完善认识与解决问题。 职前化学教师 PCK 的评价方式包括教师点评、同伴互评与自我评价三种。 职前化学教师 PCK 的评价内容包括：(1)各要素具体成分的学习是否全面；(2)各要素具体成分及其相互关系的理解是否准确；(3)四个阶段的转化是否恰当；(4)实践体验的过程是否顺畅

在此模式中，学习步骤是前提，是职前化学教师学科知识(CK)与 PCK 四要素各具体成分知识发展的主要环节。该步骤是职前教师与在职教师的重要区别，因为只有职前教师才会有比较充足的时间和精力、有比较丰富的资源，才有机会在专业教师指导下完成如此系统而又深入地学习。理解步骤既是前期学习步骤的延续与深化，又是后期转化步骤的前奏与尝试，是在深入理解基础上对 PCK 各要素具体成分的零碎整合。转化步骤是在认识层面上实现 PCK 各要素具体成分系统整合的关键。考虑到"PCK 课程"中模拟教学没有真正的学生、无法进行"调整"阶段转化任务(即微调这些表征以适应课堂中的特定学生)的实际情况，笔者把舒尔曼"教学推理与行动"模式中"转化"步骤的五个阶段修改为准备、表征、选择、适应四个阶段。由于笔者认同刘义兵"教师专业发展不同阶段学科教学知识的构建具有量和质的变化"[1]的观点，认为职前教师教育处于教师专业发展的"教学前关注"阶段，只关注自己[2]，而处于这一阶段的职前化学教师 PCK 的发展也应该有其自身的特点，既无法跨越，又无须把下一阶段的任务强加到这一阶段去完成。体验步骤是在实践层面上实现 PCK 各要素具体成分系统整合的关键。考虑到本研究开发课程中"微格训练"的特点，职前化学教师的教学体验可以围绕某个主题自主重复进行。该步骤也是职前教师与在职教师的重要区别，因为只要微格训练小组成员同意，职前教师就可以不受限制地重复进行。评价步骤是在认识和实践两个层面上实现 PCK 各要素具体成分系统整合由"少"变"多"、由"粗糙"变"精致"的关键。评价步骤结束后，既可以在评价结果基础上，再次进行同一学科主题 PCK 的学习、理解、转化、体验等各个步骤，以期获得原学科主题 PCK 更加精致的认识；又可以选择其他学科主题，经类似步骤发展新学科主题的 PCK。

该模式的使用(见图 6-25)，需要注意以下三点：

(1)这个模式中的五个步骤是按顺序呈现的，前一步骤的工作是后一步骤工作的基础与前提，职前化学教师 PCK 的发展需按照模式中提到的五个步骤依次进行。虽然学习步骤和理解步骤中 PCK 各要素具体成分的学习与理解，经常会融合到一起，不容易分开，但理解步骤中对 PCK 各要素具体成分之间的关系的理解却只能等学习步骤完成之后才可以进行。

(2)理解与转化两个步骤的任务要求完成过程中，如果发现问题，则须立

---

① 刘义兵，郑志辉.学科教学知识再探三题[J].课程·教材·教法，2010，30(4)：96-100.

② 朱旭东.教师专业发展理论研究[M].北京：北京师范大学出版社，2011：304.

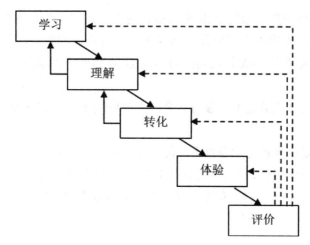

图 6-25　职前化学教师 PCK 发展模式流程图

即返回上一步骤进行修正、完善，比如，如果在理解"PCK 各要素具体成分之间关系"时，发现 PCK 某要素某具体成分的认识不准确或不全面，则需返回学习步骤专门针对该 PCK 要素的这一成分进行更加精确、更加全面的学习。

（3）评价步骤是对前面四个步骤完成情况的整体反思，不管发现哪一步骤的问题，均需返回该步骤进行针对性的修正与完善。

2. 学科教学知识各要素整合的微观本质

PCK 各要素如何参与整合，是 PCK 的本质问题。在国内外学者的众多观点之中，笔者比较认可纽瑟姆提出的"转化模型"（transfomative model），即认为当学科知识、背景和教学法知识作为一种教学经验被吸收时，就生成了 PCK。[①] 有趣的是，笔者通过 PCK 图法分析所得结果——"教学策略知识（KISR）要素是个案教师化学平衡主题教学的核心要素，其他三个要素都是在同 KISR 整合的过程中生成了个案教师的 PCK"，正好支持了纽瑟姆的 PCK "转化"本质。

同时，由于笔者列出了 PCK 各要素所有具体成分，并尝试从各要素具体成分的层面上去理解 PCK 各要素之间如何整合、为什么整合、整合强度怎么

---

① Julie Gess-Newsome & Norman B. Lederman. Examining Pedagogical Content Knowledge：The Construct and its Implications for Science Education［M］. Dordrecht, BOTSon, London, Kluwer Academic Publishers. 1999.

样，因此，可以说把大家对 PCK 要素整合的理解推向了更加本质的"成分"层面。笔者也因此提出以下三个有关 PCK 要素整合本质的观点：

（1）不同要素具体成分之间的有效组合是 PCK 各要素整合形成 PCK 的本质。

（2）要素具体成分能不能参与整合，主要取决于具体成分知识本身的清晰度、准确度与被认可程度。

（3）并不是每次特定主题教学，都需要用到所有有关该主题的 PCK 具体成分知识，因为个别 PCK 成分本身就具有"备用"的性质，比如说 DMCS、DPS、AM 等成分。以 DPS 为例，如果在课堂上没有出现类似的错误，当然也就不用专门去解决这一错误认识了。

3. 学科知识深刻影响着学科教学知识的发展

很多研究已经证实，学科知识（CK）是教师 PCK 发展的前提。[1][2][3][4] 那么，学科知识的影响是否可以直观地看出来？学科知识究竟如何对教师的 PCK 产生影响的？本书对个案教师化学平衡主题 PCK 发展过程的"深描"为大家提供了直观而又可靠的证据。

仔细分析每一种具体成分的内容，大家可以发现：在职前化学教师 PCK 的 17 种成分中，有 5 种成分与学科内容知识的联系最为密切，它们分别是科学课程知识（KSC）要素的学科核心素养与课程目标（DKC）成分与"主题内容要点：次序、深度与广度"（ODB）成分、学生科学理解知识（KSU）要素的学习特定主题所需前提知识（PK）成分、教学策略知识（KISR）要素的特定主题对应活动类型（TSA）成分与特定主题对应表征方式及其优缺点（TSR）成分。在这 5 种成分内容的描述中，不仅可以直观地看出学科内容知识的影响，而且可以看到

① Friedrichsen P., Abell S., Pareja E., Brown P., Lankford D., & Volkmann M. Does teaching experience matter? Examining biology teachers' prior knowledge for teaching in an alternative certification program[J]. Journal of Research in Science Teaching, 2009, 46: 357-383.

② Aydin S. & Boz Y. The nature of integration among PCK components: A case study of two experienced chemistry teachers[J]. Chemistry Education Research and Practice, 2013, 14: 615-624.

③ Kind V. Pedagogical content knowledge in science education: potential and perspectives for progress[J]. Studies in science education, 2009, 45 (2): 169-204.

④ 翟俊卿，王习，廖梁. 教师学科教学知识（PCK）的新视界——与范德瑞尔教授的对话[J]. 教师教育研究，2015，27(4): 6-15.

它是如何影响的。

　　KSC-DKC 成分中，以 fDKC3 为例，学科知识理解的不全面和不准确，一方面导致"化学平衡的建立"板块教学中，忽视了从"微观探析"视角对"化学平衡建立"过程的认识（整个"化学平衡的建立"板块教学中，都没有提到化学平衡建立过程中微观粒子的变化情况）（补充说明：虽然两个版本"课标"都没有要求从微观角度去理解化学平衡，但考虑到高中三个版本教材都提到了"活化能""活化分子""分子碰撞"等概念，因此，此处笔者认为，个案教师应该需要对化学平衡进行微观探析）；另一方面导致"化学平衡的建立"板块中对化学平衡建立过程"宏观辨识"的不全面，比如，个案教师始终没有提到"体系中反应物和生成物的质量或浓度保持不变"这一化学平衡建立的宏观现象。

　　KSC-ODB 成分中，有关化学平衡主题核心要点"深度与广度"的认识，本身就是检验教师学科知识掌握情况的一些重要指标，因此，学科知识对该成分的影响是显然的。

　　KSU-PK 成分中，以 fPK3 为例，即个案教师对学生有关"化学反应速率"相关知识的判断，首先，"要判断这些知识是否学生学习化学平衡主题所必需的前提知识"必须依靠学科知识的逻辑顺序，而学科知识的逻辑顺序本身就是学科知识中学科知识结构的一部分；其次，教师所拥有的这些前提知识是否准确无误，则直接是学科内容知识的一部分，因此，学科知识对该成分的影响也是显然的。

　　KISR-TSA 成分中，以 fTSA4 为例，即通过系列问答策略进行"溶解平衡的动态特征"的教学。由于相关学科内容知识的不全面，所以个案教师在应用该策略教学时并没有说明溶解平衡动态特征的宏观现象，即溶液中的固体溶质的外形竟然在不断地发生变化，小晶体会长大，有的晶体上的棱角消失了，但是固体溶质的质量却没有改变[人教版-化学反应原理-2007 年 2 月第 3 版，25]。显然，高中生在这种情况下也无法形成全面、准确的理解。

　　KISR-TSR 成分中，以 fTSR8 为例，即通过复述表征策略进行"化学平衡的定义"的教学。正是由于对化学平衡定义内容的认识模糊，所以个案教师在应用该策略教学时才出现了不准确的"化学平衡定义的表述"——"一定条件，可逆反应，$V_{正}=V_{逆}$，混合物各组分浓度不变的状态"。其中，"混合物各组分浓度不变"的表述不准确。而这种不准确的表述，极易造成学生的理解困难。

第七章　结论与展望

在教师教育的改革与发展中，教师教育课程与教学的改革尤其受到特别的关注。[①] 已经成为国内外教师教育目标的PCK，要想进入教师教育的视野，对职前阶段的教师教育产生实质影响，就必须从教师教育课程与教学的改革入手。职前阶段PCK的发展目标，可以为不同学科教师教育专业课程与教学的改革提供较为明确的思考框架，即帮助学科教师教育者理清职前阶段究竟应该发展PCK的哪些方面、哪些内容。本研究构建了职前化学教师的PCK模型，明确了职前化学教师PCK的核心要素与具体成分，同时以此为基础，在现有教师教育框架下，选择并依托学科教师教育课程开发了有机融合PCK发展目标的"PCK课程"，同时又在PCK特性、鲁姆哈特知识建构理论等的指引下设计了与"PCK课程"相匹配的实施策略，然后采用基于个案研究的质性评价方法检验了"PCK课程"及其相应实施策略的有效性。这些研究为PCK发展目标在职前阶段教师教育的常规化或制度化提供了有效证据。

第一节　研究结论

一、职前化学教师学科教学知识模型

国内外已有不少学者提出了教师PCK的模型。本研究认同舒尔曼的PCK定义，认为PCK是教师知识体系中一种独立的知识类型；认为PCK与学科知识一样，都是教师知识的一种类型，学科知识并不属于PCK的一种组成要素。本研究用于课程评价的个案研究数据也支持了这样的观点。基于对教师专业发展阶段性以及"职前阶段独特性"观点的认同，本研究构建了职前化学教师PCK的四个核心要素，即科学教学取向、科学课程知识、学生科学理解知识

---

① 钟启泉，王艳玲. 从"师范教育"走向"教师教育"[J]. 全球教育展望，2012，41（6）：22-25.

与教学策略知识，并在此基础上，经文献研究、专家访谈、理性分析与统计检验等四种方法构建了包含四个要素、十七种具体成分的职前化学教师 PCK 模型。虽然该模型并没有给出任何一个学科主题具体的学科教学知识，但是却给出了职前化学教师思考所有学科主题的思维框架和目标参照。职前化学教师可以借助这个框架和目标发展任何一个化学学科主题的学科教学知识。该模型为后续基于学科教师教育课程的课程开发与教学策略设计提供了重要依据。

二、"学科教学知识课程"的开发

基于职前化学教师 PCK 模型，本研究在泰勒原理和伯恩斯坦整合性课程理论的指引下，结合国内外化学领域 PCK 的研究现状以及学科教师教育课程的具体情况，开发了有效融合 PCK 发展目标与原学科教师教育课程目标的"PCK 课程"。整个"PCK 课程"的开发，分课程设计、以教学为主要途径的课程实施、基于个案研究的课程评价三个阶段。

首先是课程的设计。综合考虑开课时间、学科教师教育课程的内容与活动形式等因素，本研究最终选择了与 PCK 及其发展之间有着内在联系的"化学教学设计与微格教学"课程作为依托展开研究。在"泰勒原理"四个基本问题的指导下，整个课程开发研究分目标确定、选择经验、组织经验和评价结果四个步骤或四个部分进行。先是在职前化学教师 PCK 模型的基础上，从基础知识理解、四要素具体成分知识搜集与积累、四要素具体成分知识加工与整合以及主题 PCK 学习方法的迁移四个角度构建了"PCK 课程"的课程目标；然后，综合考虑国内外化学学科主题 PCK 已有成果的实际情况与"泰勒原理"有关课程内容选择和组织的具体要求，采用"整合性课程"架构，选择、组织"PCK 课程"的内容。

其次是以教学为主要途径的课程实施。本研究中，"PCK 课程"的实施实质上就是"PCK 课程"的教学。因此，在职前化学教师 PCK 模型、PCK 性质、"PCK 课程"的目标与内容、鲁姆哈特知识建构理论以及国内外发展研究经验的基础上，设计了符合我国教师教育实际且包含"四个阶段性目标""六类策略"与"十种实施方法"的"PCK 课程"的实施策略（教学策略）。综合开课学期、开课周数以及 PCK 的阶段性发展目标等因素，"PCK 课程"的实施最终分"前期准备""单独发展""整合发展"三个阶段完成。

最后，采用基于个案研究的质性评价法对"PCK 课程"及其实施策略的有效性进行检验。结果显示，无论是从职前化学教师 PCK 的发展情况看，还是从 PCK 课程目标的达成情况看，PCK 课程及其实施策略都是有效的。

三、其他结论

核心内容完成之后，本研究又通过对个案教师化学平衡主题 PCK 及各要素具体成分知识发展与整合过程的深入挖掘和细致描述，在国内外学者已有的有关 PCK 发展的理论认识的基础上，提出了：

（1）由学习、理解、转化、体验、评价五个步骤组成的、基于"PCK 课程"的职前化学教师 PCK 发展模式。其中，学习步骤是前提，是职前化学教师学科知识（CK）与 PCK 四要素各具体成分知识发展的主要环节。理解步骤既是前期学习步骤的延续与深化，又是后期转化步骤的前奏与尝试，是在深入理解基础上对 PCK 各要素具体成分的零碎整合。转化步骤是在认识层面上实现 PCK 各要素具体成分系统整合的关键。体验步骤是在实践层面上实现 PCK 各要素具体成分系统整合的关键。评价步骤是在认识和实践两个层面上实现 PCK 各要素具体成分系统整合由"少"变"多"、由"粗糙"变"精致"的关键。评价步骤结束后，既可以在评价结果基础上，再次进行同一学科主题 PCK 的学习、理解、转化、体验等各个步骤，以期获得原学科主题 PCK 更加精致的认识；又可以选择其他学科主题，经类似步骤发展新学科主题的 PCK。

（2）三个有关 PCK 要素整合本质的观点，即①不同要素具体成分之间的有效组合是 PCK 各要素整合形成 PCK 的本质；②要素具体成分能不能参与整合，主要取决于具体成分知识本身的清晰度、准确度与被认可程度；③并不是每次特定主题教学，都需要用到所有有关该主题的 PCK 具体成分知识。

第二节 研究展望

在现有教师教育框架下，把 PCK 发展目标科学合理地融入原有的学科教师教育课程目标体系之中，是在职前阶段落实《教师专业标准》中 PCK 要求的必由之路，也是在职前阶段实现 PCK 发展"常规化"或"制度化"的根本保证。然而，指向职前教师 PCK 发展的课程开发或课程设计研究非常缺乏。本研究的主要贡献是沿着舒尔曼、格罗斯曼和马格努森的 PCK 路线，构建了专门针对职前教师的 PCK 模型，并以此为基础进行了基于原学科教师教育课程的、旨在促进职前教师 PCK 发展的课程开发研究，且都进行了基于个案研究的评价与检验。

整个研究过程中，笔者经常能感受到由 PCK 情境性、缄默性和实践性带来的各种研究困难。这种研究困难主要来自三个方面，一是 PCK 概念的理解；

二是 PCK 的测评；三是 PCK 的表征。PCK 概念理解面临困难，主要是因为 PCK 经常隐藏在实践当中，无法直接观察到。大家经常看到的教学设计、教学录像或教学实录，是 PCK 应用的结果，并不是真正的 PCK。PCK 测评面临困难，主要是因为用复合测定法收集职前化学教师 PCK 发展变化的测评数据时，需要花费大量的时间和精力。笔者最初的课程实施对象是某一个班级 56 名职前化学教师，为了不让大家感受到自己是"课程改革"的实施对象，所有的数据采集都是以教学活动或教学任务的形式面向全体学生的。为此，笔者收集了 112 份教学视频，仅与职前化学教师就访谈了 112 次，加上在模型构建前的专家访谈与量表制作后的同行交流，访谈总用时近 80 个小时，收集了 14 次研讨会与 7 次课堂点评的录音，另外还有相当数量的文档资料。PCK 表征面临困难，主要是因为缺乏可以直观表征 PCK 微观本质与质量水平的工具与方法。虽然本研究通过采用 PCK 片段与 PCK 图去表征职前化学教师的 PCK，已经很好地解决了 PCK 的表征困难，但依然能够感受到 PCK 研究的复杂性。

当然，在感受到 PCK 研究困难的同时，笔者也能感受到 PCK 研究带给我们的欣喜——通过对个案教师在职前化学教师 PCK 模型框架下发展变化的深入描述，第一次清晰直观地看到了隐藏在职前化学教师各种问题教学行为背后的真正原因。而且最令人欣喜的是，这种原因是知识层面的，是教师教育者认为可以很好地解决的原因。

PCK 的研究给大家带来了很多的期待，也引发了更多值得深入研究与探讨的问题。与本研究密切相关的问题，主要包括：

（1）本研究当前的实施对象是学科知识与一般教学法知识都比较扎实的职前化学教师群体，虽然如此选样有利于排除干扰因素，聚焦问题本身，揭示问题的本质并有助于解决问题，但是如何能够将本书的一些研究结果应用到不同层次的职前化学教师 PCK 的发展中去，尚需要更多的研究去探索。

（2）本研究在课程开发过程中面临的课程内容选择的困境，揭示了特定主题 PCK 高质量研究的缺乏。已有研究显示，PCK 的来源有很多种，教材、论文、课程文件、教学录像等，都是 PCK 常见的静态来源；而优秀教师、教研员等，都是 PCK 常见的动态来源。如何从现有的这些静态来源中，梳理、挖掘散落在已有研究成果中的特定主题 PCK；如何从当前的这些动态来源中，研究、提取隐藏在优秀教师内心的特定主题 PCK，都需要更多的研究去探索。

（3）虽然本研究尝试提出了一些有关 PCK 各要素整合本质的观点，但这些观点的普遍性和科学性，还需要有更多的个案、更多的数据去检验、去验证。

（4）职前化学教师 PCK 的发展，可以通过本研究开发的"化学教学设计与微格教学"课程去促进，但并不能仅靠这一门课程去完成，需要更多的学科教师教育课程的参与，甚至是通识教师教育课程与学科专业课程的参与。因此，如何能从更宏观的《教学计划》或者《培养方案》的视角去设计、去探寻职前化学教师 PCK 的发展路径是一个需要长期关注的重要课题。

参考文献

(一) 中文部分

[1] 白益民. 学科教学知识初探[J]. 现代教育论丛, 2000(4): 27-30.

[2] 鲍银霞, 谢淑雯, 梁智丹. 学科教学知识的发展策略——克那克五要素认知策略评析[J]. 教育导刊, 2014, (14): 61-64.

[3] 蔡铁权, 陈丽华. 科学教师学科教学知识的结构[J]. 2010, 39(10): 91-96.

[4] 常攀攀, 罗丹丹. PCK视阈下的教师专业发展路径探究[J]. 教育理论与实践, 2014, 34(17): 18-20.

[5] 陈菊. 师范生学科教学知识习得探微[J]. 广西师范大学学报: 哲学社会科学版, 2011, 47(1): 123-127.

[6] 陈桂生, 胡惠闵, 黄向阳. 关于"教学法问题"的讨论[J]. 上海教育科研, 2014(6): 30-33.

[7] 陈向明. 实践性知识: 教师专业发展的知识基础[J]. 北京大学教育评论, 2003, 1(1): 104-112.

[8] 陈向明. 质的研究方法与社会科学研究[M]. 北京: 教育科学出版社, 2000.

[9] 陈法宝. 基于教研活动的教师学科教学知识(PCK)发展模式研究[J]. 教师教育研究, 2017, 29(3): 75-80.

[10] 陈琦, 刘儒德. 当代教育心理学[M]. 北京: 北京师范大学出版社, 2007.

[11] 陈传峰, 欧阳钹. 对微格教学理论问题的探讨[J]. 北京教育学院学报, 1994(3): 60-63.

[12] 丛立新. 课程论问题[M]. 北京: 教育科学出版社, 2000.

[13] 杜静. 我国教师教育课程存在的问题与改革路向[J]. 教育研究, 2007(9): 77-80, 85.

[14] 杜明荣. 美国科学教师培养标准(2012版)分析及启示[J]. 教育科学研究, 2016(5): 65-68.

[15]段作章. 教学理念向教学行为转化的内隐机制[J]. 教育研究, 2013(8): 103-111.

[16]方均斌. 克服"两种病态情结", 推动学科教学论建设[J]. 中国教育学刊, 2014(12): 50-54.

[17]范良火. 教师教学知识发展研究[M]. 上海: 华东师范大学出版社, 2003.

[18]冯茁, 曲铁华. 从 PCK 到 PCKg: 教师专业发展的新转向[J]. 外国教育研究, 2006, 33(12): 58-63.

[19]高成. 学科教学论教师身份认同危机的成因及消解[J]. 教师教育研究, 2015, 27(1): 12-16, 5.

[20]高成. 中学化学教师学科教学知识(PCK)建构研究[D]. 重庆: 西南大学, 2019.

[21]高芹. PCK-教师教育改革的新视角[J]. 教育探索, 2011(12): 116-118.

[22]郭晓梅. 中国高校英语教师教育者学科教学知识发展研究[D]. 上海: 上海外国语大学, 2019.

[23]国家教委师范司. 高等师范学校学生的教师职业技能训练基本要求(试行稿). 1994.

[24]侯新杰、王莹、栗素姣. 优秀物理教师学科教学知识发展的个案研究[J]. 教育理论与实践, 2012, 32(23): 25-27.

[25]皇甫倩. 基于学习进阶的教师 PCK 测评工具的开发研究[J]. 外国教育研究, 2015, 42(4): 96-105.

[26]黄兴丰, 马云鹏. 学科教学知识的肇始、纷争与发展[J]. 外国教育研究, 2011, 38(11): 37-42.

[27]黄元东、闫春更、高慧、周青. 高中化学教师的学科主题 PCK 表征探究——以化学平衡为例[J]. 化学教育, 2018, 39(7): 39-45.

[28]皇甫全, 王嘉毅. 课程与教学论[M]. 北京: 高等教育出版社, 2002.

[29]何克抗, 李克东, 谢幼如, 王本中. "主导—主体"教学模式的理论基础[J]. 电化教育研究, 2000(2): 3-9.

[30]教育部关于印发《幼儿园教师专业标准(试行)》《小学教师专业标准(试行)》和《中学教师专业标准(试行)》的通知[EB/OL]. http://www.moe.edu.cn/srcsite/A10/s6991/201209/t20120913_14560.

[31]《教师教育课程标准》专家组. 关于我国教师教育课程现状的研究[J]. 全球教育展望, 2008(9): 19-24, 80.

[32]贾梦英, 郑长龙, 何鹏、杨勇. PLC 干预模式下全日制专业学位教育硕士

PCK 发展研究与思考——基于东北师范大学教育硕士培养改革的研究[J].教育理论与实践,2019,39(6):3-5.

[33]金瑜.心理测量[M].上海:华东师范大学出版社,2001.

[34][美]拉尔夫·泰勒.施良方.课程与教学的基本原理[M].北京:人民教育出版社,1994.

[35]廖元锡.PCK——教学最有效的知识[J].教师教育研究,2005,17(6):37-40.

[36]廖梁.主题式学科教学知识的不同教学取向及其成因——以化学学科为例[J].课程·教材·教法,2014,34(7):72-77.

[37]刘义兵,郑志辉.学科教学知识再探三题[J].课程·教材·教法,2010,30(4):96-100.

[38]刘小强.教师专业知识基础与教师教育改革:来自 PCK 的启示[J].外国中小学教育,2005(11):5-8,16.

[39]刘知新.化学教学系统论[M].南宁:广西教育出版社,1999.3:总序.

[40]刘知新.化学教学论[M].第三版.北京:高等教育出版社,2004.6(2005年重印).

[41]刘知新.化学教学论[M].第四版.北京:高等教育出版社,2009.6(2016.1重印).

[42]刘知新.化学教学论[M].第五版.北京:高等教育出版社,2018.11(2019.8重印).

[43]刘捷.建构与整合:论教师专业化的知识基础[J].课程·教材·教法,2003(4):60-64.

[44]刘清华.学科教学知识的结构观[J].河南大学学报(社会科学版),2005,45(1):134-137.

[45]刘庆昌.论教学理念的操作转换[J].当代教育与文化,2009,1(1):91-96.

[46]刘燕楠.教师"新教学知识观"的构建:从形成学科教学知识到生成学科教学认知[J].教育理论与实践,2014,34(29):26-28.

[47]柳笛.高中数学教师科学教学知识的案例研究[D].上海:华东师范大学,2011.

[48]柳阳辉.学科教学知识——PCK_对幼儿教师教育的启示[J].上海教育科研,2011(11):73-75.

[49]梁永平.PCK-教师教学观念与教学行为发展的桥梁性知识[J].教育科学,

2011，27（5）：54-59.

［50］梁永平. 论化学教师的课程知识及其发展［J］. 化学教育，2012，33（6）：1-5.

［51］梁永平. 论化学教师的 PCK 结构及其建构［J］. 课程·教材·教法，2012，32（6）：113-119.

［52］梁永平. PCK 视域下教师的学生知识及其发展［J］. 教育科学，2013，29（5）：58-63.

［53］梁永平. 职前教师学科教学知识发展的理论与实践路径［J］. 课程·教材·教法，2013，33（1）：106-112.

［54］梁爽爽. 优秀化学教研员学科教学知识个案研究［D］. 石家庄：河北师范大学，2017.

［55］林崇德，申继亮，辛涛. 教师素质的构成及其培养途径［J］. 中国教育学刊，1996（6）：16-22.

［56］林崇德. 发展心理学［M］. 2 版. 北京：人民教育出版社，2008.

［57］林小英. 分析归纳法和连续比较法：质性研究的路径探析［J］. 北京大学教育评论，2015，13（1）：16-39.

［58］李广，徐哲亮. 近三十年来国外教师 PCK 研究的述评［J］. 教育导刊，2013（5）：44-48.

［59］李士錡. 数学师范生整合技术的学科教学知识发展研究［D］. 上海：华东师范大学，2012.

［60］李秉德. 教学理论与教学实践"两张皮"现象剖析［J］. 教育研究，1997（7）：32-33.

［61］李伟胜. 学科教学知识（PCK）的核心因素及其对教师教育的启示［J］. 教师教育研究，2009，21（2）：33-38.

［62］李伟胜. 学科教学知识（PCK）的核心内涵辨析［J］. 西南大学学报（社会科学版），2012，38（1）：26-31.

［63］李小红，秦晋. 教育实习中实习生学科教学知识的发展及其改进［J］. 教育研究，2015（12）：141-145.

［64］李斌辉. 中小学教师 PCK 发展策略［J］. 教育发展研究，2011（6）：47-52.

［65］李长吉，金丹萍. 个案研究法研究述评［J］. 常州工学院学报（社科版），2011，29（6）：107-111.

［66］陆勤超，陈群波，袁晓东. 教师学科教学知识调查——以 S 市 H 区小学语文教师为例［J］. 教育发展研究，2015（10）：77-84.

[67] 罗伯特·K·殷(Robert K. Yin)；周海涛、史少杰. 案例研究：设计与方法[M]. 重庆：重庆大学出版社，2017.1：133-134.

[68] 吕宪军，王延玲. 试析教学理念与教学行为的割裂与融合[J]. 教育科学，2012，28(1)：36-40.

[69] 孟庆男. 学科教学论的困境与出路[J]. 课程·教材·教法，2004，25(4)：31-35.

[70] 马敏. PCK论——中美科学教师学科教学知识比较研究[D]. 上海：华东师范大学，2012.

[71] 聂建中，汤晓媚. 试论结构效度的发展演变[J]. 山西大学学报(哲学社会科学版)，2006，2(3)：104-107.

[72] 欧阳嫣妮. 示范性幼儿园教师科学领域的学科教学知识现状探究[D]. 桂林：广西师范大学，2017.

[73] 庞丽娟、齐强、刘亚男. 学科教学论教师的职业尴尬与发展契机[J]. 教育与职业，2010(26)：44-45.

[74] [美]帕梅拉·格罗斯曼著. 李广平、何晓芳等译. 专业化的教师是怎样炼成的[M]. 北京：人民教育出版社，2012：译后记.

[75] 潘蕾琼、皇甫全. 课目教育学知识的译名与概念辨析[J]. 当代教师教育，2015，8(4)：65-41.

[76] 潘小明. 学科教学知识(PCK)的理论及其发展[J]. 教育探索，2015(1)：20-28.

[77] 潘苏东、白芸. 作为"质的研究"方法之一的个案研究法的发展[J]. 全球教育展望，2002，31(8)：62-64.

[78] 彭钢. 支配与控制：教学理念与教学行为[J]. 上海教育科研，2002(11)：20-25.

[79] 钱海锋、姜涛. 职前教师学科教学知识发展：一种系统的视角[J]. 教育评论，2016(6)：122-126.

[80] 全国十二所重点师范大学联合编写. 课程论[M]. 北京：教育科学出版社，2007.

[81] 任一明、田腾飞. PCK——教师教育改革之必需[J]. 西南大学学报，35(2)：134-138.

[82] 阮思余、王金红. 案例研究法的优长与质疑：文献综述[J]. 山东科技大学学报(社会科学版)，2011，13(6)：53-60.

[83] 人民教育出版社课程教材研究所、化学课程教材研究开发中心编著. 普通

高中课程标准实验教科书·化学 2·必修[M]. 北京：人民教育出版社，2007 年 3 月第 3 版，2017 年 6 月第 29 次印刷.

[84]人民教育出版社课程教材研究所、化学课程教材研究开发中心编著. 普通高中课程标准实验教科书·选修 4·化学反应原理[M]. 北京：人民教育出版社，2007 年 2 月第 3 版，2017 年 7 月第 43 次印刷.

[85]人民教育出版社化学室编著. 全日制普通高级中学教科书(必修加选修)·化学·第二册[M]. 北京：人民教育出版社，2003 年 6 月第 1 版.

[86]史晖. "我"将何去何从[J]. 教师教育研究，2009，121(4)：18-21.

[87]史红霞. 化学教师特定主题的学科教学知识(TSPCK)测评研究[D]. 济南：山东师范大学，2020.

[88]上海市青浦试验研究所. 小学数学新手和专家教师 PCK 比较的个案研究[J]. 上海教育科研，2007(10)：47-50.

[89]邵燕楠，黄燕宁. 学情分析：教学研究的重要生长点[J]. 中国教育学刊，2013(2)：60-63.

[90]石耀华，余宏亮. 论说课作为教师 PCK 的生发路径[J]. 教育发展研究，2015(20)：80-84.

[91]石中英. 知识转型与教育改革[M]. 北京：教育科学出版社，2001.

[92]施良方. 课程理论：课程的基础、原理与问题[M]. 北京：教育科学出版社，1996.

[93]盛莉，张文华. PCK 视域下高中化学教师"学生知识"的调查研究与分析[J]. 化学教育，2016，37(3)：47-51.

[94]单莎莎，张安富. 教学理念的历史审视与价值定向[J]. 中国大学教学，2016(12)：74-78.

[95]孙海法，朱莹楚. 案例研究法的理论与应用[J]. 科学管理研究，2004，22(1)：116-120.

[96]孙海法，刘运国，方琳. 案例研究的方法论[J]. 科研管理，2004，25(2)：107-112.

[97]孙可平. 理科教师培养的新视角：教学内容知识[J]. 全球教育展望，2008(5)：65-69.

[98]唐泽静，陈旭远. 学科教学知识视域中的教师专业发展[J]. 东北师范大学学报(哲学社会科学版)，2010(5)：172-177.

[99]唐泽静，陈旭远. "学科教学知识"研究的发展及其对职前教师教育的启示[J]. 外国教育研究，2010，37(10)：68-73.

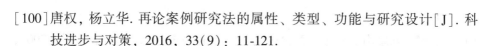

[100]唐权,杨立华.再论案例研究法的属性、类型、功能与研究设计[J].科技进步与对策,2016,33(9):11-121.

[101]唐慧琳,刘昌.类比推理的影响因素及脑生理基础研究[J].心理科学进展,2004,12(2):193-200.

[102]陶卉,董静.缄默知识理论视域下 PCK 的发展[J].教育理论与实践,2017,37(7):46-50.

[103]汤杰英,周兢.测评教师学科教学知识的工具开发[J].教育科学,2013,29(5):86-90.

[104]汤英杰.学科教学知识本质特征的再辨析[J].江苏高教,2014(3):83-86.

[105]汤杰英,周兢,韩春红.学科教学知识构成的厘清及对教师教育的启示[J].教育科学,2012,28(5):37-42.

[106]王克勤,马建峰.关于高师院校"学科教学论"发展的若干思考[J].教育研究,2004(2):43-47.

[107]王芳,卢乃桂.教学内容知识:教师教育中教学实践课程的重点[J].教育发展研究,2010(1):69-73.

[108]王后雄,王世存.专家型教师学科教学认知结构探析[J].中国教育学刊,2011(4):56-58.

[109]王后雄,王星乔.美国科学教师培养的 NSTA 标准及其启示[J].外国中小学教育,2009(5):29-33,8.

[110]王洪才.教育研究的基本方法论[J].北京师范大学学报(社会科学版),2006(6):21-27.

[111]王政,任京民.论教师学科教学知识及其养成[J].外国中小学教育,2010(3):29-32.

[112]王燕荣,韩龙淑.职前教师学科教学知识的现状及提升路径研究[J].教育理论与实践,2018,38(22):31-35.

[113]王干,张婉.化学师范生 PCK 现状探查[J].化学教学,2016(12):24-28.

[114]王金红.案例研究法及其相关学术规范[J].同济大学学报(社会科学版),2007,18(3):87-95,124.

[115]王富伟.个案研究的意义和限度[J].社会学研究,2012(5):161-183.

[116]王宁.代表性还是典型性?[J].社会学研究,2002(5):123-125.

[117]王硕."共情"对质性研究效度的影响[J].教育学术月刊,2011(7):15-

18.

[118]王健,刘恩山.生物学教育中的科学过程技能[J].生物学通报,2007,42(11):33-35.

[119]王祖浩.普通高中课程标准实验教科书·化学2·必修[M].南京:江苏凤凰教育出版社,2015年6月第6版,2017年6月第5次印刷.

[120]王磊.普通高中课程标准实验教科书·化学2·必修[M].济南:山东科学技术出版社,2007年7月第3版,2017年6月第28次印刷.

[121]王彦才,郭翠菊主编.现代教师教学技能[M].北京:北京师范大学出版社,2010.

[122]吴俊明.学科教学论是一门什么样的学科[J].中国教育学刊,2003(11):12-15.

[123]吴永军.教学规程:将教学理念转化为教学行为的指南[J].课程·教材·教法,2015,35(5):21-27.

[124]魏壮伟.师范生教学技能的现状调查及原因分析[J].科学教育,2010,16(5):24-26.

[125]魏壮伟.师范生教学技能培养的方法体系构建[J].化学教育,2012,33(8):54-56.

[126]魏壮伟,周青.职前教师TPACK核心要素TPCK的现状调查与分析——以职前化学教师为例,全球教育展望,2015(8):74-84.

[127]魏壮伟,周青.职前理科教师学科教学知识发展策略研究[J].化学教育,2019,40(16):50-59.

[128]魏壮伟.促进职前化学教师学科教学知识发展的课程设计研究[J].化学教育,2022(已录用).

[129]魏峰.从个案到社会:教育个案研究的内涵、层次与价值[J].教育研究与实验,2016(4):24-29.

[130]魏戈,陈向明.教师实践性知识研究的创生与发展[J].华东师范大学学报(教育科学版),2018(6):107-117,158,159.

[131][英]西尔弗曼著.李雪、张劼颖.如何做质性研究[M].重庆:重庆大学出版社,2009.1(2013.6重印).

[132]辛涛,申继亮,林崇德.从教师的知识结构看师范教育的改革[J].高等师范教育研究,1999(6):12-17.

[133]辛继湘.教师学科教学知识传递的影响因素与路径选择[J].课程·教材·教法,2017,37(5):89-94.

[134]解书，马云鹏，李秀玲. 国外学科教学知识内涵研究的分析与思考[J].
2013，40（6）：59-68.

[135]解书，马云鹏. 学科教学知识（PCK）的结构特征及发展路径分析[J]. 基
础教育，2017，14（1）：93-103.

[136]谢赛. PCK及其对教师教育课程的影响[J]. 教育科学，2010，26（5）：
55-58.

[137]邢红军，陈清梅，胡扬洋. 教师教育学院：学科教学知识中国化的实践范
本[J]. 现代大学教育，2013（5）：97-105，封三.

[138]徐学福. 理论失位与实践转向[J]. 全球教育展望，2011（5）：27-32，64.

[139]徐继存，周海银，吉标. 课程与教学论[M]. 济南：山东人民出版社，
2010.

[140]许应华，封红英，王迎新. 全日制化学教育硕士生PCK现状的调查[J].
化学教学，2018（11）：27-32.

[141]杨彩霞. 教师学科教学知识：本质、特征与结构[J]. 教育科学，2006，
22（1）：60-63.

[142]杨启亮. 反思与重构：学科教学论改造[J]. 高等教育研究，2000（5）：
65-68.

[143]杨帆，许庆豫. "教师中心"与"学生中心"教学理念辨析[J]. 高等教育研
究，2015，36（12）：78-86.

[144]杨卉. 基于教师在线实践社区的教师PCK知识发展活动设计及评价研究
[J]. 电化教育研究，2015（10）：113-120.

[145]闫喜凤. 论前提性知识的结构和功能[J]. 自然辩证法研究，1999，15
（8）：22-27.

[146]叶澜等. 教师角色与教师发展新探[M]. 北京：教育科学出版社，2001.

[147]应国良，袁维新. 论教师的学科教学知识及其建构[J]. 教育发展研究，
2006（10）：40-42.

[148]袁维新. 新课程理念下的学科教学论的反思与重建[J]. 教师教育研究，
2004，16（4）：36-40.

[149]袁维新. 学科教学知识：一个教师专业发展的新视角[J]. 外国教育研究，
2005，32（3）：10-14.

[150]袁孝凤. 化学课堂教学技能训练[M]. 上海：华东师范大学出版社，
2008：103-104.

[151]于杨. 美国科学教师培养最新诉求、特征与发展趋势[J]. 比较教育研究，

2014(11)：24-29.

[152]杨小薇. 教育研究方法[M]. 北京：人民教育出版社，2005.

[153]曾文婕. 西方教师教育课程改革新进展：课目教育学知识的视角[J]. 教育发展研究，2014(15-16)：68-75.

[154]张华. 课程与教学论[M]. 上海：上海教育出版社，2000.

[155]张新颜. 基于知识图谱的国外教师学科教学知识研究热点分析[J]. 中国成人教育，2016(12)：15-19.

[156]张小菊. 学科教学知识的结构化——叙事表征—内容表征—教学经验模型[J]. 外国教育研究，2014，41(3)：50-57，128.

[157]张小菊. 化学学科教学知识研究[D]. 上海：华东师范大学，2014.

[158]翟俊卿. 教师学科教学知识(PCK)的新视界——与范德瑞尔教授的对话[J]. 教师教育研究，2015，27(4)：6-10，15.

[159]张茂林. 教师专业成长与PCK的互动研究[J]. 教育研究与实验，2016(4)：40-44.

[160]张玲. 微格教学模式与课堂教学技能的培养[J]. 电化教育研究，1998(5)：126-127，148.

[161]张庆云，谭建红. 化学教学设计与教学技能训练[M]. 重庆：西南师范大学出版社，2009：165-166.

[162]赵晓光，马云鹏. 卓越教师培养背景下的师范生学科教学知识发展[J]. 黑龙江高教研究，2015(2)：91-93.

[163]郑志辉，魏书敏，赵新云. 学科教学知识发展中的转化：国外研究探微[J]. 黑龙江高教研究，2013(6)：68-71.

[164]郑志辉. 引领教师专业发展学科教学知识再探[J]. 中国教育学刊，2010(3)：50-53.

[165]郑志辉. 职前教师学科教学知识发展：理论基础与模式建构[J]. 教育理论与实践，2014，34(20)：35-37.

[166]郑长龙. 化学课堂教学板块及其设计与分析[J]. 化学教育，2010(5)：15-19.

[167]钟启泉，王艳玲. 从"师范教育"走向"教师教育"[J]. 全球教育展望，2012，41(6)：22-25.

[168]中华人民共和国教育部制定. 普通高中物理课程标准：2017年版[M]. 北京：人民教育出版社，2018.

[169]中华人民共和国教育部制定. 普通高中化学课程标准：2017年版[M].

北京：人民教育出版社，2018.

[170]中华人民共和国教育部制定. 普通高中生物学课程标准：2017 年版［M］. 北京：人民教育出版社，2018.

[171]中华人民共和国教育部制定. 普通高中地理课程标准：2017 年版［M］. 北京：人民教育出版社，2018.

[172]中华人民共和国教育部制定. 普通高中课程方案：2017 年版［M］. 北京：人民教育出版社，2018.

[173]周钧，唐义燕，龚爱芋. 我国本科层次教师教育课程设置研究［J］. 教师教育研究，2011，23(4)：44-50.

[174]朱旭东. 教师专业发展理论研究［M］. 北京：北京师范大学出版社，2011.

[175]朱晓明、陶本一. 学科教学知识：教师专业知识的新视角［J］. 上海教育科研，2006(5)：32-34.

[176]朱晓民著. 语文教师教学知识发展研究［M］. 北京：教育科学出版社，2010.

(二)英文部分

[1]Abell S. K. Twenty years later：Does pedagogical content knowledge remain a useful idea?［J］. International Journal of Science Education，2008，30(10)：1405-1416

[2]Adams P. E., Krockover G. H. Beginning science teacher cognition and its origins in the preservice secondary science teacher program［J］. Journal of Research in Science Teaching，1997，34(6)：633-653.

[3]Adadan E., Oner D. Exploring the Progression in Preservice Chemistry Teachers' Pedagogical Content Knowledge Representations：The Case of "Behavior of Gases"［J］. Research in Science Education，2014，44(6)：829-858.

[4]Arthur N. Geddis. Transforming subject-matter knowledge：the role of pedagogical content knowledge in learning to reflect on teaching［J］. International Journal of Science Education，1993，15(6)：673-683.

[5]Australian Science Teachers Association. Professional Standards for Highly Accomplished Teachers of Science. 2002. https：//research.acer.edu.au/teaching_standards/9,p13.

[6]Aydin S. & Boz Y. The nature of integration among PCK components：A case

study of two experienced chemistry teachers[J]. Chemistry Education Research and Practice, 2013, 14: 615-624

[7] Aydin S., Friedrichsen P. M., Boz Y., et al. Examination of the topic-specific nature of pedagogical content knowledge in teaching electrochemical cells and nuclear reactions[J]. Chemistry Education Research & Practice, 2014, 15(4): 658-674.

[8] Barnett C. Building a Case-Based Curriculum to Enhance the Pedagogical Content Knowledge of Mathematics Teachers [J]. Journal of Teacher Education, 1991, 42(4): 263-272.

[9] Barrett D. Green K. Pedagogical Content Knowledge as a Foundation for an Interdisciplinary Graduate Program[J]. Science Educator, 2009, 18(1): 17-28.

[10] Baxter Juliet A., and Lederman N. G. Assessment and measurement of pedagogical content knowledge. Examining Pedagogical Content Knowledge. Springer Netherlands, 1999: 147-161.

[11] Bertram A. & Loughran J. Science Teachers' Views on CoRes and PaP-eRs as a Framework for Articulating and Developing Pedagogical Content Knowledge [J]. Research in Science Education, 2012, 42: 1027-1047.

[12] Beyer C. J., Davis E. A. Learning to critique and adapt science curriculum materials: Examining the development of preservice elementary teachers' pedagogical content knowledge[J]. Science Education, 2012, 96(1): 130-157.

[13] Bromme R. What exactly is pedagogical content knowledge? Critical remarks regarding a fruitful research program. Didaktik and/or Curriculum. 1995, 147: 205-216.

[14] Carlson R. E. Assessing teachers' pedagogical content knowledge: Item development issues[J]. Journal of Personnel Evaluation in Education, 1990, 4(2): 157-163.

[15] Chan Tak-Wai. Computer-Supported Teacher Development of Pedagogical Content Knowledge through Developing School-Based Curriculum. [J]. Journal of Educational Technology & Society, 2008, 11(2): 149-170.

[16] Chiu M. H., Chou C. C., Liu C. J., et al. Dynamic Processes of Conceptual Change: Analysis of Constructing Mental Models of Chemical Equilibrium. [J]. Journal of Research in Science Teaching, 2002, 39(8): 688-712.

[17] Clermont C. P., Krajcik J. S., Borko H. The influence of an intensive in-serv-

ice workshop on pedagogical content knowledge growth among novice chemical demonstrators[J]. Journal of Research in Science Teaching, 1993, 30(1): 21-43.

[18]Clermont C. P., Borko H., & Krajcik J. S. Comparative study of the pedagogical content knowledge of experienced and novice chemical demonstrators [J]. Journal of Research in Science Teaching, 1994, 31(4), 419-441.

[19]Cochran K. F., Deruiter J. A., King R. A. Pedagogical Content Knowing: An Integrative Model for Teacher Preparation[J]. Journal of Teacher Education, 1993, 44(4): 263-272.

[20]Counts M. C. A case study of a college physics professor's pedagogical content knoelwdge[D]. Doctoral dissertation, Georgia State University. 1999.

[21]Cronbach L. J. Essentials of Psychological Testing[M]. New York: Harper and Row, Publishers, 1990.

[22]Demirdöğen B., Hanuscin D., Uzuntiryaki-Kondakci, E. & Köseoğlu, F. Development and Nature of Preservice Chemistry Teachers' Pedagogical Content Knowledge for Nature of Science[J]. Research in Science Education, 2016, 46: 575-612

[23]De Jong O., Ahtee M., Goodwin A., Hatzinikita, V., & Koulaidis, V.. An International Study of Prospective Teachers' Initial Teaching Conceptions and Concerns: the case of teaching 'combustion'[J]. European Journal of Teacher Education, 1999, 22(1): 45-59, DOI: 10. 1080/0261976990220104

[24]Dharsey N. The Place of Subject Matter Knowledge in Pedagogical Content Knowledge: A case study of South African teachers teaching the amount of substance and chemical equilibrium[J]. International Journal of Science Education, 2008, 30(10): 1365-1387.

[25]Donnelly D. F., & Hume A. Using collaborative technology to enhance preservice teachers' pedagogical content knowledge in Science[J]. Research in Science &Technological Education, 2015, 33: 1, 61-87

[26]Driel J. H. V., Verloop N., Vos W. D. Developing science teachers' pedagogical content knowledge[J]. Journal of Research in Science Teaching, 1998, 35 (6): 673-695.

[27]Driel J. H. V., Jong O. D., Verloop N. The development of preservice chemistry teachers' pedagogical content knowledge[J]. Science Education, 2002, 86

(4): 572-590.

[28] Driel J. H. V., Berry A. Teacher Professional Development Focusing on Pedagogical Content Knowledge[J]. Educational Researcher, 2012, 41(1): 26-28.

[29] Elbaz F. Teacher Thinking: A Study of Practical Knowledge[M]. New York: Nichols Publishing Company. 1983.

[30] Elizabeth Oldham, Ton Van Der Valk, Harrie Broekman & Sarah Berenson. Beginning Pre-service Teachers' Approaches to Teaching the Area Concept: identifying tendencies towards realistic, structuralist, mechanist or empiricist mathematics education[J]. European Journal of Teacher Education, 1999, 22(1): 23-43, DOI: 10.1080/0261976990220103

[31] Fernández-Balboa J. M., Stiehl J. The generic nature of pedagogical content knowledge among college professors[J]. Teaching & Teacher Education, 1995, 11(3): 293-306.

[32] Fraser S. P. Pedagogical content knowledge (PCK): Exploring its usefulness for science lectures in higher education [J]. Research in Science Education, 2016, 46, 141-161.

[33] Friedrichsen P., Abell S., Pareja E., Brown P., Lankford D., & Volkmann M. Does teaching experience matter? Examining biology teachers' prior knowledge for teaching in an alternative certification program[J]. Journal of Research in Science Teaching, 2009, 46: 357-383

[34] Friedrichsen P., Van Driel J. H., & Abell S. K. Taking a closer look at science teaching orientations[J]. Science Education, 2011, 95(2): 358-376.

[35] Geddis A. N. Transforming subject-matter knowledge: the role of pedagogical content knowledge in learning to reflect on teaching[J]. International Journal of Science Education, 1993, 15(6), 673-683.

[36] Gess-Newsome J., Lederman N. G. Preservice biological teachers' knowledge structures as a function of professional teacher education: A year-long assessment[J]. Science Education, 1993, 77(1): 25-45.

[37] Gess-Newsome J. Pedagogical content knowledge: An introduction and orientation. [J]// Gess-Newsome J. and Lederman N. G. Eds. Explaining pedagogical content knowledge. Dordrecht, The Netherlands: Kluwer Academic. 1999.

[38] Grossman P. L. The making of a teacher: Teacher knowledge and teacher edu-

cation[M]. New York: Teachers College Press, 1990.

[39] Haertel E. New forms of teacher assessment[J]. Review of Research in Education, 1991, 17, 3-29.

[40] Hume A. Berry A. Constructing CoRes-a Strategy for Building PCK in Pre-service Science Teacher Education[J]. Research in Science Education, 2011, 41 (3): 341-355.

[41] Hume A., & Berry, A. Enhancing the practicum experience for pre-service chemistry teachers through collaborative CoRe design with mentor teachers[J]. Research in Science Education, 2013, 43: 2107-2136

[42] Ineke Frederik, Ton Van Der Valk, Laurinda Leite & Ingvar Thorén. Pre-service Physics Teachers and Conceptual Difficulties on Temperature and Heat[J]. European Journal of Teacher Education, 1999, 22 (1): 61-74, DOI: 10. 1080/0261976990220105

[43] Ineke Henze, Jan H. van Driel, Nico Verloop. Development of Experienced Science Teachers' Pedagogical Content Knowledge of Models of the Solar System and the Universe[J]. International Journal of Science Education, 2008, 30 (10): 1321-1342.

[44] Janet Bond-Robinson. Identifying pedagogical content knowledge (PCK) in the chemistry laboratory[J]. Chemistry Education Research and Practice, 2005, 6 (2), 83-103

[45] Jong O. D., Driel J. V.. Exploring the Development of Student Teachers' PCK of the Multiple Meanings of Chemistry Topics[J]. International Journal of Science & Mathematics Education, 2004, 2(4): 477-491.

[46] Jong O. D., Driel J. H. V., Verloop N. Preservice teachers' pedagogical content knowledge of using particle models in teaching chemistry[J]. Journal of Research in Science Teaching, 2005, 42(8): 947-964.

[47] Juan-Miguel Fernández-Balboa, & Stiehl, J. The generic nature of pedagogical content knowledge among college professors[J]. Teaching & Teacher Education, 1995, 11(3): 293-306.

[48] Julie Gess-Newsome & Norman B. Lederman. Examining Pedagogical Content Knowledge: The Construct and its Implications for Science Education. Dordrecht, BOTSon, London, Kluwer Academic Publishers. 1999.

[49] Kagan D. M. Ways of evaluating teacher cognition: Inferences concerning the

Goldilocks Principle. Review of Educational Research, 1990, 60(3), 419-469.

[50] Kaya O. N. The nature of relationships among the components of pedagogical content knowledge of preservice science teachers: 'Ozone layer depletion' as an example[J]. International Journal of Science Education, 2009.

[51] Kinach B. M. A cognitive strategy for developing pedagogical content knowledge in the secondary mathematics methods course: toward a model of effective practice[J]. Teaching and Teacher Education. 2002, 18: 51-71.

[52] Kind V. Pedagogical content knowledge in science education: potential and perspectives for progress[J]. Studies in science education, 2009, 45 (2): 169-204

[53] Krathwohl D. R. A Revision of Bloom's Taxonomy: An Overview[J]. Theory Into Practice, 2002, 41(4): 212-218.

[54] Kromrey J. D. & Renfrow, D. D. Using multiple choice examination items to measure teachers' content-specific pedagogical knowledge. Paper presented at the annual meeting of the Eastern Educational Research Association, BOTSon. 1991.

[55] LeCompte M. D. & Preissle J. (Eds.). Ethnography and qualitative design in educational research (2nd ed.)[M]. San Diego, CA: Academic Press. 1993.

[56] Lederman N. G., Gess-Newsome, J., &Latz, M. S. (1994). The nature and development of preservice science teachers' conceptions of subject matter and pedagogy[J]. Journal of Research in Science Teaching, 31, 129-146.

[57] Leinhardt G. and Smith, D. Expertise in mathematics instruction: Subject matter knowledge[J]. Journal of Educational Psychology, 1985, 77(3).

[58] Lim-Teo S. K., Chua K. G., Cheang W. K., & Yeo J. K. The development of diploma in education student teachers' mathematics pedagogical content knowledge. International Journal of ence & Mathematics Education, 2007, 5(2), 237-261.

[59] Loughran J., Gunstone R., Berry A., Milroy P. & Mulhall P. Science cases in Action: Developing an understanding of science teachers' pedagogical content knowledge[R]. New Orleans, LA: Paper presented at the annual meeting of the National Association for Research in Science Teaching, 2000.

[60] Loughran J., Milroy P., Berry A., et al. Documenting Science Teachers' Pedagogical Content Knowledge Through PaP-eRs[J]. Research in Science Educa-

tion, 2001, 31(2): 289-307.

[61] Loughran J., Mulhall P., Berry A. In search of pedagogical content knowledge in science: Developing ways of articulating and documenting professional practice[J]. Journal of Research in Science Teaching, 2004, 41(4): 370-391.

[62] Loughran J., Mulhall P., & Berry, A. Understanding and Developing Science Teachers' Pedagogical Content Knowledge[M]. Sense Publishers, 2006: 19-20, 21-27.

[63] Loughran J., Mulhall P., Berry A. Exploring Pedagogical Content Knowledge in Science Teacher Education [J]. International Journal of Science Education, 2008, 30(10): 1301-1320.

[64] Love K. Literacy pedagogical content knowledge in secondary teacher education: reflecting on oral language and learning across the disciplines. Language & Education, 2009, 23(6), 541-560.

[65] Luft J. A. Beginning secondary science teachers in different induction programmes: the first year of teaching[J]. International Journal of Science Education, 2009, 31, 2355-2384.

[66] Magnusson S., Krajcik J., & Borko H. Nature, sources and development of pedagogical content knowledge for science teaching. [J]// Gess-Newsome J. & Lederman N. G. Eds. Examining pedagogical content knowledge: The construct and its implications for science education. BOTSon: Kluwer, 1999: 95-132.

[67] Marks R. Pedagogical content knowledge: From a mathematical case to a modified conception[J]. Journal of Teacher Education, 1990, 41 (3): 3-11

[68] Mavhunga E., & Rollnick M. The development and validation of a tool for measuring topic specific PCK in chemical equilibrium[C]. Paper presented at the ESERA Conference, Lyon, France. 2011.

[69] MeDiamid G. W., Ball D. L. & Anderson C. W. Why staying one chapter ahead doesn't really work: subject specific Pedagogy. In Reynold, M. (Ed.), The Knowledge-base for Beginning Teachers(PP. 193-206). Tarrytown, NY: Pergamon. 1989.

[70] Mishra P., & Koehler M. J. Technological pedagogical content knowledge: a framework for teacher knowledge. Teachers College Record, 2006, 108, 1017-1054.

[71] Morine-Dershimer G. Preservice teachers' conceptions of content and pedago-

gy: Measuring growth in reflective, pedagogical decision-making. Journal of Teacher Education, 1989, 5(1), 46-52.

[72] Mulhall P., Berry A., Loughran J. Frameworks for representing science teachers' pedagogical content knowledge[J]. Asia-Pacific Forum on Science Learning and Teaching, 2003, 4(2).

[73] Nilsson P. Teaching for Understanding: The complex nature of pedagogical content knowledge in pre-service education[J]. International Journal of Science Education, 2008, 30(10): 1281-1299.

[74] Nilsson P. & Van Driel J. Teaching together and learning together-Primary school science student teachers' and their mentors' joint learning in the primary classroom[J]. Teaching and Teacher Education, 2010, 26: 1309-1318.

[75] Nilsson P., Loughran J. Exploring the Development of Pre-Service Science Elementary Teachers' Pedagogical Content Knowledge[J]. Journal of Science Teacher Education, 2012, 23(7): 699-721.

[76] Nilsson P. When Teaching Makes a Difference: Developing science teachers' pedagogical content knowledge through learning study[J]. International Journal of Science Education, 2014, 36(11): 1794-1814.

[77] Ormrod J. E. & Cole D. B. Teaching Content Knowledge and Pedagogical Content Knowledge: A Model from Geographic Education[J]. Journal of Teacher Education, 1996, 47(1): 37-42.

[78] Onno De Jong, Maija Ahtee, Alan Goodwin, Vassilia Hatzinikita & Vasilis Koulaidis. An International Study of Prospective Teachers' Initial Teaching Conceptions and Concerns: the case of teaching 'combustion'[J]. European Journal of Teacher Education, 1999, 22(1): 45-59.

[79] Padila K. & Van Driel J. The relationships between PCK components: the case of quantum chemistry professors[J]. Chemistry Education Research and Practice, 2011, 12: 367-378

[80] Park S. A study of PCK of science teachers for gifted secondary students going through the National Board certification process. Unpublished doctoral dissertation, University of Georgia, Athens, 2005.

[81] Park S., Oliver J. S. Revisiting the Conceptualisation of Pedagogical Content Knowledge (PCK): PCK as a Conceptual Tool to Understand Teachers as Professionals[J]. Research in Science Education, 2008, 38(3): p.261-284.

［82］Park S., Oliver J. S. National Board Certification (NBC) as a catalyst for teachers' learning about teaching: The effects of the NBC process on candidate teachers' PCK development［J］. Journal of Research in Science Teaching, 2008, 45(7): 812-834.

［83］Park S., Chen Y. C. Mapping Out the Integration of the Components of Pedagogical Content Knowledge (PCK): Examples From High School Biology Classrooms［J］. Journal of Research in Science Teaching, 2012, 49(7): 922-941.

［84］Phillip, D. C. On describing a student's cognitive structure［J］. Educational Psychologist. 1983, 18(2), 59-74.

［85］Rebecca M. Schneider & Kellie P. Science Teacher Learning Progressions: A Review of Science Teachers' Pedagogical Content Knowledge Development［J］. Review of Educational Research, 2011, 81(4), 530-565.

［86］Rollnick M., Bennett J., Rhemtula M., Dharsey N., & Ndlovu T. The place of subject matter knowledge in pedagogical content knowledge: a case study of south african teachers teaching the amount of substance and chemical equilibrium. International Journal of ence Education, 2008, 30(10), 1365-1387.

［87］Rovegno I. C. Learning to teach in a field-based methods course: The development of pedagogical content knowledge［J］. Teaching & Teacher Education, 1992, 8(1): 69-82.

［88］Schmelzing S., Driel J. H. V., Jüttner M., et al. Development, Evaluation, And Validation of A Paper-And-Pencil Test For Measuring Two Components of Biology Teachers' Pedagogical Content Knowledge Concerning The "Cardiovascular System"［J］. International Journal of Science & Mathematics Education, 2013, 11(6): 1369-1390.

［89］Schneider R. M. & Plasman K. Pedagogical content knowledge development science teacher learning progressions: A review of science teachers' pedagogical content knowledge development［J］. Review of Educational Research, 2011, 81(4): 530-565

［90］Sevgi Aydin, Yezdan Boz. The nature of integration among PCK components: A case study of two experienced chemistry teachers［J］. Chemistry Education Research and Practice, 2013, 14(4): 615-624.

［91］Sevgi Aydin, Friedrichsen P M, YezdanBoz, et al. Examination of the topic-specific nature of pedagogical content knowledge in teaching electrochemical cells and nuclear reactions[J]. Chemistry Education Research and Practice, 2014, 15: 658-674.

[92]Shulman L. S. Those who understand: Knowledge growth in teaching[J]. Educational Researcher, 1986(15): 4-14.

[93]Shulman L. S. Knowledge and teaching: Foundations of the new reform[J]. Harvard Educational Review, 1987, 57(1), 1-22.

[94]Sickel A. J. & Friedrichsen, P. Using Multiple Lenses to Examine the Development of Beginning Biology Teachers' Pedagogical Content Knowledge for Teaching Natural Selection Simulations[J]. Research in Science Education, 2018, 48: 29-70.

[95]Smith III J. P., & Girod, M. John Dewey & psychologizing the subject-matter: big ideas, ambitious teaching, and teacher education. Teaching & Teacher Education, 2003(19): 295-307.

[96]Sperandeo-Mineo R. M., Fazio C., Tarantino G. Pedagogical Content Knowledge Development and Pre-Service Physics Teacher Education: A Case Study [J]. Research in Science Education, 2006, 36(3): 235-268.

[97]Tamir P. Subject matter and related pedagogical knowledge in teacher education [J]. Teaching and Teacher Education, 1988(4): 99-110.

[98]Van Der Valk, Ton. & Broekman, Harrie. The Lesson Preparation Method: a way of investigating pre-service teachers' pedagogical content knowledge[J]. European Journal of Teacher Education, 1999, 22 (1): 11-22, DOI: 10. 1080/026197699 0220102

[99]Veal W. R., Tippins D. J., Bell J. The evolution of pedagogical content knowledge in prospective secondary physics teachers[J]. Epistemology, 1999: 41.

[100]Zongyi Deng. Transforming the Subject Matter: Examining the Intellectual Roots of Pedagogical Content Knowledge[J]. Curriculum Inquiry. 2007, 37 (3): 279-295.

附　　录

附录 1:"职前化学教师 PCK 模型"专家访谈提纲

尊敬的各位专家:

　　您好!

　　学科教学知识是教师区别于学科专家与教育专家的特有知识,是学科教师从事学科教学工作的最重要、最核心的专业知识。学科教学知识是职前化学教师必须掌握的重要知识之一。知道"职前教育阶段要培养的学科教学知识包含哪些要素,都有哪些具体成分",对于指导职前化学教师培养,非常重要。为此,特邀请各位专家对一线中学化学教师教学所必需的这种学科教学知识的具体内容,提出您宝贵的意见!为打消一些不必要的顾虑,此次访谈为匿名访谈。访谈结果,仅用于我的论文。我非常需要您的帮助!!!

　　下面是我的访谈提纲。

　　1. 您觉得中学化学教师需要拥有哪些与化学学科紧密相关的教学知识?请尽可能全面地列举出来。如果可能,请按照必要性由大到小的顺序依次排列。

　　2. 请把您列举的这些知识进行适当的分类并说明如此分类的依据或理由。

附录 2:职前化学教师 PCK 调查量表

　　学科教学知识是教师区别于学科专家与教育专家的特有知识,是学科教师从事学科教学工作的最重要、最核心的专业知识。学科教学知识是职前化学教师必须掌握的重要知识之一。

　　这是一份了解同学们学科教学知识(PCK)掌握情况的调查问卷,请根据你的实际情况,对以下表述进行同意程度判断,并在你同意的选项上画勾。本问卷仅作为调查研究之用，结果仅用于我的论文，请放心匿名如实填写，非常感谢你的配合。

1. 我熟悉新课标所倡导的化学教学理念(　　)
    a. 非常同意　　b. 同意　　c. 不确定　　d. 不同意　　e. 完全不同意
2. 我有自己比较认同的化学教学理念(　　)
    a. 非常同意　　b. 同意　　c. 不确定　　d. 不同意　　e. 完全不同意
3. 我会利用自己认同的化学教学理念指导特定主题教学(　　)
    a. 非常同意　　b. 同意　　c. 不确定　　d. 不同意　　e. 完全不同意
4. 我熟悉新课标化学教学理念的主要教学特征(　　)
    a. 非常同意　　b. 同意　　c. 不确定　　d. 不同意　　e. 完全不同意
5. 我会根据教学特征判断渗透在教学当中的化学教学理念(　　)
    a. 非常同意　　b. 同意　　c. 不确定　　d. 不同意　　e. 完全不同意
6. 我会通过具体的教学行为来展现特定的教学特征(　　)
    a. 非常同意　　b. 同意　　c. 不确定　　d. 不同意　　e. 完全不同意
7. 我了解化学学科核心素养，理解课标对这些核心素养的水平划分(　　)
    a. 非常同意　　b. 同意　　c. 不确定　　d. 不同意　　e. 完全不同意
8. 我能够明确某一特定主题的学科核心素养发展价值(　　)
    a. 非常同意　　b. 同意　　c. 不确定　　d. 不同意　　e. 完全不同意
9. 我会设计、实施"素养为本"的特定主题教学(　　)
    a. 非常同意　　b. 同意　　c. 不确定　　d. 不同意　　e. 完全不同意
10. 我熟悉新课标高中化学课程结构(　　)
    a. 非常同意　　b. 同意　　c. 不确定　　d. 不同意　　e. 完全不同意
11. 我知道必修、选择性必修与选修课程所含化学知识的递进关系(　　)
    a. 非常同意　　b. 同意　　c. 不确定　　d. 不同意　　e. 完全不同意
12. 我会结合不同类型课程的学科知识特点进行特定主题教学(　　)
    a. 非常同意　　b. 同意　　c. 不确定　　d. 不同意　　e. 完全不同意
13. 每一个主题内容、每一节新课我都有自己的教学目标(　　)
    a. 非常同意　　b. 同意　　c. 不确定　　d. 不同意　　e. 完全不同意
14 制订教学目标，我一定会考虑课标对特定主题的内容要求(　　)
    a. 非常同意　　b. 同意　　c. 不确定　　d. 不同意　　e. 完全不同意
15. 我熟悉课标对所讲主题的内容要求(　　)
    a. 非常同意　　b. 同意　　c. 不确定　　d. 不同意　　e. 完全不同意

16. 我熟悉课标给所讲主题提供的教学提示或教学建议（　　）

　　a. 非常同意　　　b. 同意　　　c. 不确定　　　d. 不同意　　　e. 完全不同意

17. 我清楚高中化学教材的出版情况（　　）

　　a. 非常同意　　　b. 同意　　　c. 不确定　　　d. 不同意　　　e. 完全不同意

18. 我熟悉其他版本教材中所讲主题的教材内容（　　）

　　a. 非常同意　　　b. 同意　　　c. 不确定　　　d. 不同意　　　e. 完全不同意

19. 我知道自己所用版本教材中特定主题的重难点内容（　　）

　　a. 非常同意　　　b. 同意　　　c. 不确定　　　d. 不同意　　　e. 完全不同意

20. 我会利用各版本教材确定特定主题的教学要点与教学目标（　　）

　　a. 非常同意　　　b. 同意　　　c. 不确定　　　d. 不同意　　　e. 完全不同意

21. 我不熟悉其他版本教材中所讲主题的教材内容（　　）（反向设计）

　　a. 非常同意　　　b. 同意　　　c. 不确定　　　d. 不同意　　　e. 完全不同意

22. 我清楚学生的哪些日常生活经验可以用于某一特定主题教学（　　）

　　a. 非常同意　　　b. 同意　　　c. 不确定　　　d. 不同意　　　e. 完全不同意

23. 我清楚学生的哪些已学教材内容可以用于某一特定主题教学（　　）

　　a. 非常同意　　　b. 同意　　　c. 不确定　　　d. 不同意　　　e. 完全不同意

24. 除特定主题内容外，我还知道哪些尚未学过的教材内容可以用于该主题教学（　　）

　　a. 非常同意　　　b. 同意　　　c. 不确定　　　d. 不同意　　　e. 完全不同意

25. 我知道何时、如何使用这些材料（生活经验或教材内容）进行特定主题教学（　　）

　　a. 非常同意　　　b. 同意　　　c. 不确定　　　d. 不同意　　　e. 完全不同意

26. 我知道"使用这些材料进行特定主题教学时的利弊"（　　）

　　a. 非常同意　　　b. 同意　　　c. 不确定　　　d. 不同意　　　e. 完全不同意

27. 我熟悉教材目录，知道某个主题前面讲过什么，后面要学什么（　　）

　　a. 非常同意　　　b. 同意　　　c. 不确定　　　d. 不同意　　　e. 完全不同意

28. 我理解教材目录中主题内容编排顺序（　　）

　　a. 非常同意　　　b. 同意　　　c. 不确定　　　d. 不同意　　　e. 完全不同意

29. 我会在本主题教学中为后续某一教材内容学习"埋下伏笔"（　　）

　　a. 非常同意　　　b. 同意　　　c. 不确定　　　d. 不同意　　　e. 完全不同意

30. 我知道某一特定主题内容学生需要掌握的知识要点（　　）

　　a. 非常同意　　　b. 同意　　　c. 不确定　　　d. 不同意　　　e. 完全不同意

31. 我知道不同版本教材中特定主题内容要点的次序（　　）

a. 非常同意　　b. 同意　　c. 不确定　　d. 不同意　　e. 完全不同意

32. 我会根据学生情况合理选择或科学设计主题内容要点的次序(　　)

    a. 非常同意　　b. 同意　　c. 不确定　　d. 不同意　　e. 完全不同意

33. 我知道主题内容要点在必修、选择性必修、选修与大学课程中的深度发展
    情况(　　)

    a. 非常同意　　b. 同意　　c. 不确定　　d. 不同意　　e. 完全不同意

34. 我会依据"主题内容要点的深度发展情况"进行相应内容教学(　　)

    a. 非常同意　　b. 同意　　c. 不确定　　d. 不同意　　e. 完全不同意

35. 我知道主题内容要点在必修、选择性必修、选修与大学课程中的广度分布
    情况(　　)

    a. 非常同意　　b. 同意　　c. 不确定　　d. 不同意　　e. 完全不同意

36. 我会依据"主题内容要点的广度分布情况"进行相应内容教学(　　)

    a. 非常同意　　b. 同意　　c. 不确定　　d. 不同意　　e. 完全不同意

37. 我清楚学生学习特定主题所必需的前提知识(　　)

    a. 非常同意　　b. 同意　　c. 不确定　　d. 不同意　　e. 完全不同意

38. 我会在课前弄清楚学生是否已经掌握了这些前提知识(　　)

    a. 非常同意　　b. 同意　　c. 不确定　　d. 不同意　　e. 完全不同意

39. 我会使用这些前提知识进行特定主题教学(　　)

    a. 非常同意　　b. 同意　　c. 不确定　　d. 不同意　　e. 完全不同意

40. 我会根据学生对这些前提知识的掌握情况科学设计"教学补救"措
    施(　　)

    a. 非常同意　　b. 同意　　c. 不确定　　d. 不同意　　e. 完全不同意

41. 我不会使用这些前提知识进行特定主题教学(　　)

    a. 非常同意　　b. 同意　　c. 不确定　　d. 不同意　　e. 完全不同意

42. 我知道不同类型学生理解特定主题需要哪种学习方式(　　)

    a. 非常同意　　b. 同意　　c. 不确定　　d. 不同意　　e. 完全不同意

43. 我知道特定主题学习时大多数学生喜欢的学习方式(　　)

    a. 非常同意　　b. 同意　　c. 不确定　　d. 不同意　　e. 完全不同意

44. 我会根据"学生理解特定主题所需学习方式"科学设计主题教学活
    动(　　)

    a. 非常同意　　b. 同意　　c. 不确定　　d. 不同意　　e. 完全不同意

45. 考虑大多数学生的同时，我还会为其他学生设计适合的主题学习活
    动(　　)

a. 非常同意　　b. 同意　　c. 不确定　　d. 不同意　　e. 完全不同意

46. 我知道高中化学中哪些主题内容(概念或原理)比较抽象(　　)

    a. 非常同意　　b. 同意　　c. 不确定　　d. 不同意　　e. 完全不同意

47. 我知道这些抽象概念或原理中的哪些方面学生最难接受(　　)

    a. 非常同意　　b. 同意　　c. 不确定　　d. 不同意　　e. 完全不同意

48. 我知道学生难以接受的这些方面的真正原因(　　)

    a. 非常同意　　b. 同意　　c. 不确定　　d. 不同意　　e. 完全不同意

49. 我会根据主题的抽象程度与学生难以接受的具体方面设计与实施教学(　　)

    a. 非常同意　　b. 同意　　c. 不确定　　d. 不同意　　e. 完全不同意

50. 我知道学生在特定主题学习时可能出现哪些错误(　　)

    a. 非常同意　　b. 同意　　c. 不确定　　d. 不同意　　e. 完全不同意

51. 我知道学生出现这些错误的真正原因(　　)

    a. 非常同意　　b. 同意　　c. 不确定　　d. 不同意　　e. 完全不同意

52. 我会根据学生可能出现的错误设计与实施特定主题教学(　　)

    a. 非常同意　　b. 同意　　c. 不确定　　d. 不同意　　e. 完全不同意

53. 我知道学生在特定主题学习时可能存在或形成哪些迷思概念(　　)

    a. 非常同意　　b. 同意　　c. 不确定　　d. 不同意　　e. 完全不同意

54. 我知道学生存在或形成这些迷思概念的真正原因(　　)

    a. 非常同意　　b. 同意　　c. 不确定　　d. 不同意　　e. 完全不同意

55. 我会转变学生已经存在的、有关特定主题内容的迷思概念(　　)

    a. 非常同意　　b. 同意　　c. 不确定　　d. 不同意　　e. 完全不同意

56. 我会在特定主题学习时避免形成新的迷思概念(　　)

    a. 非常同意　　b. 同意　　c. 不确定　　d. 不同意　　e. 完全不同意

57. 我知道高中化学教学有哪些常用方法(　　)

    a. 非常同意　　b. 同意　　c. 不确定　　d. 不同意　　e. 完全不同意

58. 我知道这些常用方法的优缺点(　　)

    a. 非常同意　　b. 同意　　c. 不确定　　d. 不同意　　e. 完全不同意

59. 我会结合实际情况科学选择化学教学方法(　　)

    a. 非常同意　　b. 同意　　c. 不确定　　d. 不同意　　e. 完全不同意

60. 我会利用提问、示范、模拟、调查、实验、练习等教学活动进行特定主题教学(　　)

    a. 非常同意　　b. 同意　　c. 不确定　　d. 不同意　　e. 完全不同意

61. 我会结合实际情况选择最恰当的教学活动形式(如提问、示范等)(　　)
    a. 非常同意　　b. 同意　　c. 不确定　　d. 不同意　　e. 完全不同意

62. 我会根据某种教学理念或教学理论实现特定主题教学活动的有效组合(　　)
    a. 非常同意　　b. 同意　　c. 不确定　　d. 不同意　　e. 完全不同意

63. 我不会结合实际情况选择最恰当的教学活动形式(　　)
    a. 非常同意　　b. 同意　　c. 不确定　　d. 不同意　　e. 完全不同意

64. 我会用多种方式表征某一具体的特定主题内容(　　)
    a. 非常同意　　b. 同意　　c. 不确定　　d. 不同意　　e. 完全不同意

65. 我知道哪些表征方式(图示、实例、类比、模型、复述等)最有利于多数学生理解某一特定主题内容(　　)
    a. 非常同意　　b. 同意　　c. 不确定　　d. 不同意　　e. 完全不同意

66. 我会根据主题内容的难易与重要程度恰当设计该内容的表征方式与表征次数(　　)
    a. 非常同意　　b. 同意　　c. 不确定　　d. 不同意　　e. 完全不同意

67. 我知道每一种表征方式的优缺点(　　)
    a. 非常同意　　b. 同意　　c. 不确定　　d. 不同意　　e. 完全不同意

68. 我会在特定主题教学中有意识地避免某种表征方式带来的负面影响(　　)
    a. 非常同意　　b. 同意　　c. 不确定　　d. 不同意　　e. 完全不同意

附录3：基于"化学平衡"主题的第一次访谈提纲

"化学平衡"主题　访谈提纲

一、学科内容知识表征与教学策略

你知道"化学平衡"主题各部分内容可以用哪些策略或者方法进行教学吗？

请首先说说你对教学策略或者教学方法的认识？

这些策略在"化学平衡"相应部分教学时的优缺点，各是什么？

你是根据什么得出这些结论的？

二、学习困难与学生前概念或迷思概念

1. 你觉得学生在学习"化学平衡"主题之前，已学过的知识或经验中有哪

些对本节内容学习有比较大的帮助？你是根据什么得出这些结论的？你在试讲时，有没有想到要用这些知识或经验？有没有用？如何用的？

2. 你觉得学生在学习"化学平衡"主题各部分内容时，会形成哪些错误的认识？你是根据什么得出这些结论的？你在试讲时，有没有想到要帮助学生避免这些错误认识？有没有帮？如何帮的？

3. 你觉得学生在学习"化学平衡"主题各部分内容时，所面临的学习困难有哪些？在哪里？请首先说说你对学习困难的认识？你是根据什么得出这些结论的？你在试讲时，有没有想到要帮助学生克服这些困难？有没有帮？如何帮的？

三、其他

1. 你觉得"化学平衡"主题对化学科学的重要意义在哪里？

2. 你觉得"化学平衡"主题学习对学生学习其他化学知识有什么帮助？

3. 除上述两方面价值外，你觉得"化学平衡"主题学习还可以帮助学生获得什么？

4. 你觉得教师在"化学平衡"主题教学时的主要任务是什么？你做出这种判断的依据是什么？

5. 你觉得"化学平衡"这一主题中，关键概念和思想有哪些？它们应该按照怎样的次序进行教学？为什么要按照这样的顺序？

6. 关于"化学平衡"主题，你还知道什么(但你还没打算在这个阶段让学生知道的)？

附录4：个案教师第一次模拟教学实录

化学平衡（11分26秒）

师：同学们，我们现在开始上课！

我们知道化学反应速率研究的是化学反应进行的快慢问题，可是在化学研究、化工生产中只考虑化学反应进行的快慢是不够的，因为我们既希望反应物能够较快地转化为生成物，同时又希望反应物能较多转化为生成物，比如说，在合成氨工业中，我们既要考虑如何使氮气、氢气较快的转化为氨气外，同时也要考虑如何才能使更多的氮气、氢气转化为氨气，那么后者研究的就是化学反应进行的程度问题，也就是这节课我们将要学习的内容——化学平衡。

【板书】2.3 化学平衡

师：那么大家思考一下，如果对于一个能够顺利进行的、彻底的化学反应来说，比如说酸与碱的中和反应，那么它还涉不涉及反应进行的程度问题呢？

生：不涉及

师：不涉及，对！所以我们化学平衡首先它来说，研究的对象应该是什么呢？

生：可逆反应

师：可逆反应，对！

【板书】一、研究对象——可逆反应

师：那么化学，化学平衡是什么？化学平衡又是如何建立的？那么我们接下来讨论这一问题，大家都喜欢喝糖水吧。

生：是。

师：我现在往一个水杯里面逐渐加糖，加入一定量之后，凭大家，凭大家的经验来说，你们觉得会怎么样呢？

生：开始加的溶解。

师：对

生：然后加着、加着不溶解了。

师：不溶了是不是意味着停止溶解了呢？

生：嗯……是吧？

师：唉，这个过程呢我把它做成动画，大家来观看一下，一定要注意观察晶体的变化，行不行？好，那现在来看一下。

【板书】二、溶解平衡的建立

开始：

一段时间：

师：好，我们现在把动画暂停一下，看到这呢我们就说蔗糖的溶解达到了一个平衡状态，平衡状态，此时我们也看到了它的溶解速率等于结晶速率的，对不对？

生：嗯。

师：嗯，它呢达到一个动态平衡状态，那什么是动态平衡呢？老师啊画一幅图大家理解一下。

【板书】视频未录制到

师：我们说这是一个蓄水池，这呢是它的进水口，这是它的出水口（指向板书)，如果我现在你告诉你它的进水速率等于出水速率，那么大家说说一段时间后蓄水池中的水量会发生如何变化呢？

生：不发生变化

师：对，是不变的对不对。那我们从刚才动画中看到蔗糖的溶解，它此时呢，是溶解速率是不是等于结晶速率？

【板书】溶解速率＝结晶速率

生：嗯。

师：而并且呢，我们可以看到杯中的蔗糖的含量是否也保持发生变化，由此我们类比于我们的蓄水池，它呢也是一个动态平衡，对不对？

生：嗯(小声赞同)

师：啊，那我们现在对溶解平衡总结一下，在刚开始的时候呢，老师一加糖它就溶解了，说明什么呢？

生：溶解速率快

师：对，刚开始的时候溶解速率大于结晶速率。

【板书】在"开始："之后：$V_{溶解} = V_{结晶}$

生：(小声符合老师)

师：而在一段时间后呢？我们从动画也看到了，唉，对，溶解速率减小到最后跟结晶速率之间有什么关系呢？(慢速边说边写板书同事哦慢速引导学生)

【板书】在"一段时间："之后：$V_{溶解}$

生：(引导下小声附和老师)相等

师：对，就等于结晶速率了

【板书】在"一段时间：$V_{溶解}$"之后：$= V_{结晶}$

师：并且我们刚才类比于蓄水池我们得出了溶解平衡是一个什么呢？(语气放慢)动态还是静态？

生：动态……

师：对，动态平衡。

【板书】动态平衡

师：好，那化学反应又是怎样的呢？我们来以一氧化碳和水蒸气反应为例，来探讨这个问题，大家呢现在来阅读课本，我们要求运用上节课所学的化学反应速率的知识能够把一氧化碳和水蒸气的反应用一个时间-速率图像表示出来，并且呢对这个图像的含义作出解释，大家现在动脑筋，老师一会叫人回答，好不好？

【板书】三、化学平衡的建立　　$CO(g)+H_2O(g) \rightleftharpoons CO_2(g)+H_2(g)$

开始：

过程中：

一段时间：

师：好！大家画出来的图像跟老师画出来的一样吗？

生：一样。

师：啊，一样！那么我现在请同学来对这个图像做出解释，好不好？A 同学吧。

生 A：在反应开始的时候，反应物的浓度最大然后正反应速率最大。

师：对！

生 A：然后开始时生成物浓度为零，然后逆反应的速率为零，然后随着反应的进行，反应物的浓度减小，然后正反应的速率减小，生成物的浓度增加，然后……

师：导致它，（指向板书"逆反应速率图像"）

生 A：生成物的……就是逆反应的速率增加，

师：对，那这个呢（指向板书"T 时刻的图像"）

生 A：达到 T 的时候就达成了正反应速率和逆反应速率相等。

师：嗯！很好！请坐下！那么大家把这个过程与刚才讲的溶解平衡的过程做一个比较，那么大家能不能发现它们之间有什么共同点呢？

生：嗯……（默默思考）有两个互逆的过程（老师的板书指引下）

师：嗯，对！对于我们的溶解平衡来说，开始的时候呢，它是溶解速率大于结晶速率，随着时间的进行它溶解速率在逐渐减小，结晶速率增大，最后达到，达到相等了，建立了一个溶解平衡；对于我们的化学反应来说，它开始，开始时正反应速率比较大，随着时间的进行正反应速率逐渐减小，而逆反应速率逐渐增大，最后两者也相等了。那么就类比出是不是这个反应此时也达到一个平衡状态了呢？对不对？

生：是！

师：嗯，我们现在把它也总结一下，在开始的时候我们从图像中可以看到，它的正反应速率是大于逆反应速率，那么在过程中呢？（同时指向板书"溶解过程"）

【板书】在"开始："之后：$V_正>V_逆$

生：正反应速率逐渐减小。

师：嗯，正反应速率逐渐减小，那逆反应速率呢？

生：逐渐增加。

【板书】在"过程中："之后：$V_{正}\downarrow$，$V_{逆}\downarrow$

师：嗯，对！逆反应速率逐渐增加的，一段时间后呢？（指向"速率-时间图像"）

生：达到平衡(小声)。

师：我们可以看到正反应速率此时是等于逆反应速率的。

【板书】在"一段时间："之后：$V_{正}=V_{逆}$

师：好，那大家思考一下，这个化学平衡当它建立起来之后，此时这个化学反应是否还在进行？如果在进行着，那么说明它呢是一个动态平衡；如果它不再反应了，那么说明它是一个静态平衡，大家思考一下。

生：啊……

师：应该是一个……

生：还在进行

师：还在进行着奥。我们依旧以我们的蓄水池来作为比较，因为我们的正反应速率等于逆反应速率，所以我们的进水速率就相当于我们这的正反应速率，出水速率相当于我们的逆反应速率，此时它们是相等的，并且呢我们反应中各组分的浓度保持不变了，也就是说在某一个瞬间正反应生成二氧化碳和氢气的量和逆反应消耗二氧化碳和氢气的量是相等的，所以我们各组分的浓度保持不变，那我们就从这很明显的比较出了我们的化学平衡应该也是一个什么呢？动态平衡。

生：动态平衡(附和老师)

师：很好！我们现在学习了溶解平衡的建立和化学平衡的建立，我们就可以对化学平衡做出一个定义了，现在大家阅读课本上的定义，（指向板书"溶解平衡的建立"和"化学平衡的建立"）大声地阅读出来，老师写一下。我们化学平衡的定义是什么呢？

生：在一定条件下。

师：对，首先是一定条件下，然后呢？

生：可逆反应。

师：对，可逆反应。可逆反应当它们？（指向板书"溶解平衡"）

师：当他们的正逆反应速率达到相等的时候呢？

生：正逆反应速率想等(小声附和老师)

师：并且混合物的各组分的浓度保持不变。

生：各组分浓度保持不变(小声附和老师)的一种状态。

【板书】四、定义：

一定条件，可逆反应，$V_正 = V_逆$，混合物各组分浓度不变的状态。

师：对！就相当于我们蓄水池的水量保持不变一样。保持不变的状态我们就叫把它做化学平衡。

师：很好！这是它课本给出的定义，那么大家能否从这个定义中找出化学平衡都有哪些特征呢？好！我的讲课到此结束。谢谢大家！

【实际板书展示】

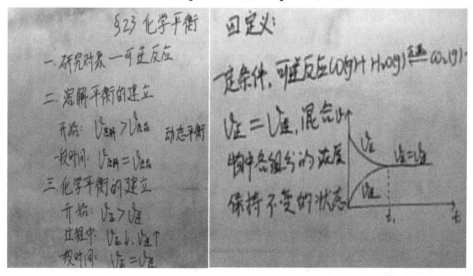

(由于录取视频时未能将板书完整的展现，无法看到其副板书全部)

附录5：个案教师第一次焦点访谈实录

化学平衡主题"前测"访谈转录稿
(Y=研究者；PT=个案教师)

Y：上次录课，你感觉怎么样？

PT：还可以吧。讲的过程有点磕磕绊绊，整体来说还是可以的。

Y：你自己感觉咱们当时讲完之后，刚才你自己都说了，你是按照哪个教材去讲的？

PT：人教版选修 4

Y：那我就知道，大致知道你讲的是那些问题。你有没有想过化学平衡概念，它对整个化学学科来说，它俩之间是一种什么关系？或者说，化学平衡本身的价值是什么？

PT：我觉得价值好大的！我觉得在整个必修 4，噢，选修 4 里面，化学平衡真的很重要。你刚开始学化学平衡完了之后，最后所学到的溶解、沉淀，溶解平衡、沉淀平衡这些都是在前边这些化学平衡的基础上学习的。后面的话，必须学会这个模型之后，才能运用到后面的模型。

Y：我稍微问的开放一点。就是说，有没有想过为什么在高中让学生学习化学平衡这一概念？除了你刚才说的这个价值之外，还有没有别的？

PT：因为在化学平衡之后，不是总结出来了一个勒沙特列原理吗，我觉得这个东西，不只对我们化学有用。比如物理学中他学楞次的话，可以用勒沙特列来解释，包括我们的自然界，冰川的话，因为人类大量排放二氧化碳，导致温度升高，冰川融化，它就会去吸热，还是会向减弱的方向进行，最终冰川也就融化了，引起这个环境问题，还是我们的化学，所以我觉得它很有用。

Y：噢，你说得非常好。思路是开阔的，它远远不至于只解决化学这一点问题，它能解决很多问题。

PT：对！还有生物上的抗药性，也是很经典的，就是能用我们的化学来解决。抗药性，比如说，你用的抗生素越多，它反而容易引起它的变异，还是可以用我们的勒沙特列原理解释，都是化学平衡里面的。所以我觉得它不仅对化学有用。

Y：好，非常好。那么现在这么来想，咱们作为化学老师，对于学生在学习化学平衡的过程中，老师的作用主要是什么？

PT：我觉得不应该是你去让学生去学什么，而是引导他去建立化学平衡这个过程。我是想从溶解平衡——他们（学生）日常见到的这个例子，然后引导他（学生）一步一步建立起化学平衡。

Y：你觉得老师的作用主要就是？

PT：引导，让他去探索，让他去发现，让他自己去学习。

Y：也就是，实际上是学习过程中促进者的作用。

PT：对，对。

Y：那么，引导他，是为了让他怎么样？

PT：为了让他，去建构自己的知识。

Y：比如，就拿化学平衡概念来说？

PT：就是建构起来，这个化学平衡是正反应如何变化，逆反应如何变化，最后达到一个平衡。就是建构起来，化学平衡——它这个是如何建立的过程。

Y：说白了，咱们现在老师的作用就是帮着他（学生），让他（学生）自己把概念的形成过程，体验一下。

PT：对。

Y：好。明白了，噢。你为什么就觉得老师的作用应该是这个？

PT：因为我觉得强制让学生去学的话，他们学的效果也不好，他们这个过程也会非常的累，所以我觉得用类比的方法，或者用各种多媒体手段之类的，去把这些课堂讲的生动一点，让他感觉很有兴趣的去学，让他自己探索着去学，探究着去学。因为学生的话，青少年的话，他有那种自己想去推理，自己想去探究着获得知识的那种渴望，而不是别人强制灌输。

Y：这里面有两个问题。一是有你自己的逻辑判断在里面，另外呢，你说学生有这样的一种欲望，你是怎么知道的？

PT：教育心理学吗，哼哼……

Y：你是利用一些教育心理学的知识，专业知识，这些知识告诉你，他应该是这个样子的。

PT：对。

Y：看来，你还是比较相信这些知识的？

PT：我觉得既然学了，有些地方还是可以利用的。

Y：好，非常好。你有没有一些外在的想法让你觉得他这种想法是妥当的？

PT：外在的？

Y：你比如说，你之所以持这种观点，内在的原因是你学了不少知识，你自己感觉。

PT：外在的话，我觉得我也当过学生，我也从那个阶段过来的，我就觉得被人逼着学吧，是不大好的。我就是喜欢那种，就是你自己在往前走，有一点小偏差，老师帮你修一下，像一支树枝一样，最后把你扩成一棵大树。

Y：那你自己感觉，你当时是怎么过来的？

PT：觉得吧，我当时的话……当时的话，我自学的还是比较多的。因为我刚开始不在人家重点班，开始的时候在人家平行班，就是老师，整体的班级的氛围，肯定不如重点班，所以老师讲的话，我下去之后就会自学，自己看各种教参。我觉得自己最大特点就是看不同种类的教参。我一般不喜欢看同一种类的教参，比如说人教版，看完这个之后，我一般会去看苏教版、粤教版，这些不同的教材。

Y：你当时就有这些教材？

PT：这个可以搜吗，而且还有的资料书嘛，它就有人教版的，它就写着不同版本。我就喜欢看不同版本的，因为同样一个知识点，它在不同的版本它就会有不同的方式和形式体现出来。这一点，我以后也会在教学给学生这样用。同一个知识点，你如果反复的这样讲，他们就觉得这个都懂，也许他们只是80%的懂，但是就这样说来说去，但是你如果以新的形式阐展示出来，他们就很有兴趣学。

Y：这个我明白了，看来你对这个有比较多的认识。再问你这么一下，你自己想一下，化学平衡这一部分让你梳理一下，你觉得咱们要求学生掌握的关键点有哪些？

PT：第一个就是，掌握化学平衡的建立过程，就是正反应逆反应，它是如何变化的，这个建立过程，接着就应该是化学平衡的一些特征，完了就是化学平衡的影响因素。就是什么因素来影响它的这些变化。最后就是到了勒沙特列原理。把它的这些总结一下。最后就应该是应用了。

Y：简单地说就是这么5部分。如果让你讲的话，你计划按照怎样的顺序去讲？

PT：差不多的话也就是按照这个顺序来。

Y：先是？

PT：先是从溶解平衡吧，就是带领着学生建立化学平衡的建立过程。

Y：你现在说的化学平衡的建立实际上指什么内容？

PT：就是正反应速率逆反应速率如何变化，就是一个速率减小，一个速率增大，然后从它的定义推出它的特征，然后就是到他的影响因素，因为它的化学平衡已经建立了，它是可逆反应，对，应该再讲一个可逆反应。

Y：那可逆反应放在什么地方讲？

PT：放在最前面，我觉得。

Y：好，你接着说。

PT：应该先是可逆反应，然后是从溶解平衡推导出化学平衡状态的定义。

Y：你是说先讲可逆反应，然后是再讲，你至少提一提说明这个溶解平衡。

PT：就是从溶解平衡，它是生活中的经验，

Y：咱们先说顺序的话，先是可逆反应然后是溶解平衡然后是化学平衡，

PT：然后是特征，影响因素，勒沙特列原理。

Y：你为什么想按这个顺序？是内在判断还是外在原因。

PT：我是从差不多内在原因，因为我觉得你要讲化学平衡的话，首先要看他的对象是不是可逆反应，那是不是要先将可逆反应，可逆反应讲完之后要给他推化学平衡状态，然后化学平衡状态就是从学生们平常经常见到的溶解平衡，最后再推出它的化学平衡状态，化学平衡状态建立起来就专门研究他的化学平衡了，就是特征最后的话就是影响因素。

Y：好，明白了。就是说至少有这么自己的一套逻辑在里面。应该说教学按照这个顺序无非的话就是咱们这个内在的判断和外在的，看别人怎么做，教材怎么写，咱们怎么做。也就是说，这几个原因里边你自己感觉到你是哪一个为主？

PT：我是觉得内在比较好

Y：不是内在比较好，就是看你现在真实的状态，你是说内在的就这样做合适么还是教材里的影响大些，就按教材的顺序啊，或者说别的老师这么做。在你看来，对你影响。

PT：目前看来，还是内在的

Y：好，明白。这儿问你这么个问题，你自己感觉你自己对化学平衡自己的认识，高中教材中，必修教材所列出的那些知识你感觉你知道得多一些还是教材中的多一些？

PT：化学平衡的话

Y：对啊，就是你现在对化学平衡的认识与现在的高中化学书中，你自己感觉做个判断

PT：要是说的话，肯定你上大学也学了点别的，就是比他更能深一点。

Y：现在就是想要你把你认为深的标出来。

PT：在物化上面是学了点。

Y：你知道为什么要问你这个问题啊，就是通过前面导课我发现，你们其实很多时候是把大学的知识，中学的知识，必修的知识你混在一起了，现在就是让你剥离。

PT：对对，就是混在一起的话很容易拿出一个知识点直接给他讲，还以为他是知道的。就会出现这个问题。

Y：你现在说说。你刚才说的所有的点，可逆的，是不是大学里面就是高中讲的这点，包括平衡概念，特征是不是就是一样？

PT：大学的话，我想想。大学的物化上，哦，对，其实我们学的差别在哪儿，你看我们在必修上学的 $\Delta H = \Delta G - T\Delta S$，我们在这块的话拓展了很多。他

们的话就是只涉及那个公式<0 时候如何变化，>0 时候怎么变化，这个是必修的，选修的也就只有这点。牵扯不到，他们只到这儿，但是我们就学的多了，公式就是他的一个拓展，他们高中没有的。等等这些一系列的东西。

Y：也就是说这是一个问题，就是学科内容的导入，还有吗？

PT：热力学第一第二定律，这些是他们没有的，也是 ΔG，ΔH 一系列的变化，这些也是他们不学的。

Y：也就第一第二都是这个平衡问题？

PT：有一个是解决熵的，熵的话他们也就是初步理解一下这些东西的概念，具体的

Y：那是化学反应进行的方向，不属于化学平衡内容啊。

PT：对对，这个也是我们大学学的比较深的。

Y：还有吗？

PT：熵啊这些，

Y：不说熵，熵是已经属于方向的问题。咱说平衡的问题。

PT：还有就是化学平衡，他稍微后面学了一个盖斯定律，他后面会学一个盖斯定律。

Y：盖斯定律是化学反应热效应，到化学的热力学那一块。

PT：你不说吗？还是只说化学平衡？

Y：你说那些多了去了，就说平衡这一块，因为讲过化学平衡，咱们就说化学平衡这一块。就说有哪些是你现在知道的，但是你不能给他讲的。

PT：最多的就是热力学第一定律。

Y：没关系啊，想不到咱又不是考试。好，这是一个类型，那么想问你第二个问题，你自己感觉到学生在学习，咱们现在是建立在选修的基础上，那么学生在学习选修的化学平衡的时候，他在这之前，已经学过哪些与这节课学习直接帮助？

PT：化学反应与，我想想。

Y：你看过必修书吗？

PT：看过。看过一点。

Y：现在就是说，假如你现在就在讲选修，那么你讲选修的话你感觉到前面的那些东西对这节课内容是直接帮助的？

PT：前面的话就是学过放热反应学过吸热反应，这个的话有利于可逆反应的讲解。

Y：为什么这个有利于？

PT：我觉得吧。吸热反应放热反应那块我记得他们那块书上画的那个爬山的那个，和下山的那个，那个的话

Y：那个和平衡有啥关系？

PT：你如果拿到一个可逆反应的话，他肯定，比如说正向如果是吸热，逆向肯定是放热。

Y：你是为了讲可逆反应是什么呢？还是为了讲，你觉得利用这个东西有助于你讲可逆反应？

PT：不知道。可逆反应他反应物浓度升高或降低

Y：不不不，主要是化学概念，主要学哪些东西。

PT：化学平衡概念，就是说前面的话。

Y：有没有一些已有的知识空间，这样拓展一些，不要仅仅局限于你到书上去想，就是他已有的知识或者经验，咱们这个经验既包括学习经验也包括生活中的经验。对化学平衡的建立是有帮助的。

PT：就说蔗糖溶解，加的话 他有溶解的过程

Y：这是积累的学习经验或者原理知识？

PT：属于生活经验

Y：溶解属于生活经验

PT：因为你加的话他不就溶解了，

Y：你是说，溶解在

PT：水里边，他这个结晶的话一般看不到，

Y：那你要溶解是起什么作用？

PT：溶解的话，光溶解平衡，最后要达到一个结晶的过程。

Y：那你说这个经验，你刚才说了是属于生活经验，生活中他有这样的经验吗？

PT：他加糖会溶解，他有啊。

Y：加上糖会溶解，这说明什么呀？你想利用这个例子说明什么问题？

PT：就是刚开始你让他继续加，加到一定程度之后，你再问他这是，不溶了，你问他加到一定程度的话，凭他的经验，孩子肯定就会说不溶了。我们的常用语肯定就说不溶了。然后就问他这个不溶了是，我们看不到的不溶了，还是真的就是停止溶解了。最后可以给他用多媒体什么的放出来。给他一个就说是

Y：嗯，明白了。除了溶解这个平衡，除了这个，还有别的吗？

PT：平衡的话，蓄水池

Y：还有吗？

PT：还有平衡，跷跷板，这都是我想到的平衡，天平也是。

Y：好，还有吗？所有这些平衡，关键跟我刚才说的，他是否对咱们这节课有直接的帮助。

PT：我觉得可以有吧，比如说蓄水池的话，如果进水的速率等于 0 的话。

Y：嗯，跷跷板？

PT：跷跷板的话，我是想着，如果是一个跷跷板，左边给他是反应物，右边如果是生成物的话，当你给反应物，这个的话就是讲那个浓度对化学平衡的影响。就可以用，就化学平衡的影响因素这一块

Y：对，平衡的概念。

PT：平衡的概念的话，这个就不太好用。

Y：嗯，好，还有吗？

PT：就是天平么，这些都是跟平衡相关的。

Y：我知道，与平衡相关的，对化学平衡概念的建立有帮助吗？除了天平之外，还有吗？还有别的吗？类似的，就是一些经验对这些有帮助。

PT：呵呵。

Y：没有关系啊，能想到什么就想到什么啊。就刚才这些经验你怎么来的？怎么知道的？你自己？

PT：自己的经验。

Y：自己哪儿来的经验？

PT：生活中的啊！

Y：就是说这些经验。

PT：也有从资料中查到的。

Y：我不是说那意思，就是这些经验对化学平衡概念的建立有帮助，你是怎么知道他对他有帮助？

PT：因为自己当时就是这么理解的

Y：你是这么理解的？还是当时老师有没有讲？

PT：嗯，对。

Y：老师当时怎么讲的？

PT：老师当时就用溶解平衡讲。

Y：哦，这个，明白。老师当时是这么讲的啊。那么我现在问你这么个问题啊，你自己感觉。化学平衡学生在学的时候你感觉最容易在哪些地方出错？

PT：出错的话，化学平衡的话，应该是有一个绘图吧，

265

Y：绘图方面容易出错？

PT：这是一个小的，就是绘图方面的话有可能有一点小错，但是他也不是一个重点嘛，不是特别重要的，化学平衡建立过程中正逆反应速率的。

Y：一定要想到，你自己感觉说学生在学的时候在哪些地方是容易出错的，把这个想清楚。

PT：出错的话，如果只说化学平衡概念的话，出错的话，可能就在他的这个特征。

Y：哦，特征，他出的什么错？

PT：容易忘掉他是一个可逆反应吧

Y：那容易形成哪些错误的认识呢？就是说同样是化学平衡讲完了，有些人他就理解不正确。形成一些错误的化学平衡概念。你觉得容易在哪些地方出现错误？

PT：化学平衡他是一个静态的，

Y：还有吗？

PT：还有的话就是，就是化学平衡达到平衡注意它是停止了吗？

Y：嗯，那还是静态，还有吗？没关系啊，还能想到吗？

PT：我觉得化学平衡这儿光个概念，也不难啊应该。

Y：嗯，明白，你刚才说的静态的，你凭什么说学生这儿容易形成错误的理解？

PT：因为就从蔗糖来说的话，他看到的就是一个静态的，它是肉眼看到的它是不动的，所以就去帮他改正这个，不是说他不动了而是

Y：我现在想问你的是，你怎么就认为学生会形成这样的错误认识？

PT：哦，为什么是哇？

Y：嗯，为什么，你怎么知道的？

PT：因为当时自己在学的时候，有自己的经验。

Y：也就是说你是根据自己的经验判断的，你又没有问学生你怎么知道他就？总得有个理由吧，对不对？那你觉得学平衡概念这一块困难或者说他能面临的困难是什么？

PT：困难的话就是这个概念的建立过程，它是比较抽象的。

Y：嗯，就是这个概念和前面的问题有一个交叉，它容易形成错误的认识这一方面可能也就是面临的困难，除了这个困难之外还有吗？

PT：化学平衡状态建立起来的话，那就是它的特征了吧，

Y：特征这块有困难，你感觉

PT：其实我觉得特征的话不是特别困难，你要是把它的定义得出来，其实从他的定义的哪句话里面，差不多他自己能总结出来

Y：也就是说咱们现在不是非找困难，而是你自己有自己的判断，你自己感觉他有困难才是有困难，没困难就是没困难。非得说有困难么？

PT：我就觉得他这个建立过程有点困难，其他的话就是应该

Y：嗯，好，那我再最后问你个问题，就你自己感觉刚你说的，其实对于化学平衡概念来说，他仅仅就包括三点，也把概念讲清楚了，包括一个可逆反应，平衡状态，包括它的特征，这个概念讲清楚，这几个讲清楚就够了。那么对这三个内容来说你自己感觉可以分别用哪些方法进行教学？你先看看有哪些方法？

PT：可逆反应的话，这个的话

Y：可以怎么去教？

PT：就说可逆反应的话，只能就说是给他举一个例子吧，举一些可逆反应的例子。

Y：就是说通过举例就可以得出来

PT：嗯，就是通过一些数据

Y：还有吗？还有别的吗？

PT：还有的话就是生活常识也行，比如说可乐

Y：就举一些生活常识，还有吗？这也是举例，除了这种举例的方式还有没有别的方法进行可逆反应的教学？

PT：那要不就是直接下定义了。

Y：那就直接给他讲，

PT：直接就说了什么是可逆反应。

Y：还有吗？

PT：不举例不直接讲的话，要是举别的方程式还是举例是吧？

Y：那肯定是，举例就是一种方法，还有吗？

PT：不举例好像不行，我想到的都是举例。

Y：好，那就是两种方法，那么你先说第一种，举例，你觉得优点是什么？

PT：举例的优点的话就是，举的话肯定就是化学中的知识了，可以帮忙回顾一下以前的常见的。

Y：其实你刚才也说了可以不举化学的例子。

PT：可以不举，那就是举生活中的。

Y：我的意思是说举例的优点是什么，就是举例教学到底对学生来说，你选的这种方法他总得有些优点

PT：对对，一个的话就是形象一点，比如说举生活中的话，形象一点，更能引起他的兴趣，而且放在开始导入的话也是有效果，在一个的话也有能够，如果举化学中的话可以帮忙就是复习一下以前的内容。这就是举例的优点。

Y：好，有缺点吗？

PT：缺点的话，也有吧

Y：什么缺点？

PT：你如果举化学中的知识的话，导入的话有点浪费时间了

Y：没关系，就是为了讲清楚东西，

PT：举化学中的知识，你得写化学方程式吧，举一个的话有点少，你举个两三个出来就有点浪费时间了。

Y：嗯，还有吗？还有别的缺点吗？

PT：别的缺点的话，我目前想不到了。

Y：嗯，好，那你说直接讲下定义有好处吗？

PT：我觉得特不好，干吗要这样给学生讲呀！

Y：就没好处是吗？

PT：嗯，我觉得不好。

Y：嗯，没好处那就满是缺点了。

PT：那也不是，但是这个陈述哦，你可以举完例子之后总结的时候还得用这个方法。

Y：嗯，也就是说光用它不好

PT：但是可以配合别的使用就好了。

Y：那么化学平衡状态这一讲你觉得应该用什么方法讲？

PT：一个就是举例嘛，这个就好多了，举例完了之后，老师你先说说都有啥方法呢！

Y：你先说说你对方法的理解，这上了这么多年学了，你都不知道老师用啥方法啊！

PT：我都不知道什么算作方法，我现在满脑子就是举例

Y：你想想你们现有的教学经验，别的老师都怎么做过，你见过什么样子的？这样好说了吧？比如说你觉得老师在进行化学平衡状态的讲解过程中，在建立概念过程中，老师用那些个方法在做？别人都怎么做？列举一下

PT：就听过一个老师讲课，哪有那么多

Y：那你自己也有一些判断，包括你自己也讲过

PT：我想想啊，化学平衡的话

Y：你想想，把概念讲清楚，无非也就是这么几种

PT：那也可以算是类比了吧

Y：类比就类比吧，类比也是种方法啊。怎么类比？

PT：就是从比如从别的平衡来推理化学平衡

Y：类比是一种方法，还有吗？刚才其实这个方法你没说举例啊

PT：那也是举例

Y：那其实举个例子是为了类比他

PT：老师你好有辩解的才能啊

Y：这个更多的其实说是类比

PT：并不是为了举例，还是类比，对，这块主要用类比的话，那你化学平衡状态。

Y：对啊，你还能怎么讲啊！

PT：那你这个状态说完之后就可以给他举一个例子，举一个可逆反应，让同学来说明，你说一下这个过程是如何建立的。

Y：好，非常好，也就是说让你讲的话是先类比然后举一些真正的实例来说明。

PT：对对，就是这个意思。

Y：还有吗？就除了这个你说的类比举例之外，还有别的方法吗？

PT：类比举例

Y：看来你对方法，那你先谈谈你对方法的理解，不要给我讲概念，就谈谈方法，你不能给我说什么什么就是方法，不要有这个框框。

PT：我目前想不到。

Y：好吧，就连方法有哪些，或者说不出什么叫方法。好，明白了。你刚才想的说类比啦举例的，你这些方法是怎么来的？你怎么知道可以这样教？

PT：怎么知道的？

Y：对啊，

P：看一些书啦！

Y：教材？

PT：不，我一般不看教材，教材的话

Y：那你看啥资料呢？

PT：看就是这些教师理论这些书，教学策略方面的书。

Y：看教学论，教育学类这些策略方面的书，你是先看理论，然后根据理论自己提出的方法？还是借鉴别人的经验？就这样说。

PT：有的是自己的，他们的经验，其实就是以前我们老师的

Y：你们老师是不是这么讲的？

PT：他们有的就用的溶解平衡讲的

Y：我刚才，不，你们老师是不先类比？然后再举例就是按照这样的方法去讲。

PT：他们没有举例。

Y：没有举例啊！

PT：举例是我自己想的。

Y：明白，其实呢，现在我刚才问你的就是说你知道你有哪些办法去指导平衡概念的教学，这第一，第二呢就是状态方法的来源，这并不重要，告诉你来源，让你回答这个问题的目的就是说你得知道有哪些途径可以获得，所以说这个不涉及到任何其他问题，就是我怎么参考就怎么参考。对吧，为的是让你发现我学这么点东西是可以这么几个途径啊。好，那我明白了啊，咱们布置几个任务，其实就是三个问题，第一就是对于化学平衡概念你自己的了解程度，你丰富程度。第二就是站在学生的角度，学生可能会面临哪些问题，学生可能会出现哪些错误，你有哪些东西可以帮助学生，最后一个是看你的方法库，你的库里面几乎没有什么库存，让你说化学平衡，其实你的适应性很强，就一种方法啊，你换个地方换个学生你就没有变通了，现在就是让你发现，你现在稍微欠缺的是你方法库存里面太少了，库存没东西，按道理说你一种，一个优秀老师，他 ABCD 很多种方法。

PT：关键是我不知道什么算作方法。

Y：影响了你脑子里面什么是方法，因为你不知道什么是方法。你怎么能找出方法呢，是不是，对不对。

PT：我不大清楚这个算不算方法。

Y：没关系。

附录 6：基于"化学平衡"主题的第二次访谈提纲

化学平衡主题　访谈提纲（HC）

一、PCK 及其成分

1. 科学教学取向与课程知识

（1）你觉得高中阶段设置"化学平衡"这一节意义是什么？

（2）你觉得在"化学平衡"主题教学时，教师应该以讲解为主，还是以引导学生自主学习（探究）为主？该主题的学习，理解多一点，还是记忆多一点？

（3）你觉得"化学平衡"主题中的关键点有哪些？它们应该按照怎样的次序进行教学？为什么要按照这样的顺序？

（4）关于"化学平衡"主题，你还知道什么（但你还没打算在这个阶段让学生知道的）？

2. 学习困难与迷思概念

（1）学习"化学平衡"之前，学生已有的知识或经验中有哪些对本节内容学习有比较大的帮助？你的依据是什么？

你在试讲时，有没有想到要用这些知识或经验？用了哪些？如何用的？

（2）学习"化学平衡"时，学生会形成哪些错误认识（迷思概念）？你的依据是什么？

你觉得该如何去改变学生已有的这些错误认识（迷思概念）？

试讲时，有没有想到要改变学生的这些认识？怎么解决的？

（3）学习"化学平衡"时，学生所面临的学习困难有哪些？你的依据是什么？

你觉得该如何去解决学生面临的这些困难？

试讲时，有没有想到要解决这些困难？怎么解决的？

3. 教学策略

归纳总结你见到的"化学平衡"主题的优秀经验，有几种类型？它们分别是什么？

你认为"化学平衡"主题各个关键点分别用哪些策略进行教学比较妥当？为什么？

这些策略在"化学平衡"相应部分教学时的优缺点，各是什么？请解释。

二、干预活动整体评价

1. 下面因素中"[a]阅读文献；[b]试讲经历；[c]研讨会交流与讨论；[d]评课（录像观摩与评价）；[e]与指导老师交流；[f]完成各类表格；[g]小组成员之间的交流与讨论；[h]其他因素？"，哪些对你：

（1）"认识该主题所包含的关键点及其教学次序、教学深度"有帮助？哪一种对你影响最大？为什么？

（2）"找到或提出该主题各关键点教学策略"有帮助？哪一种对你影响最大？为什么？

（3）"发现该主题学生学习困难和迷思概念"有帮助？哪一种对你影响最大？为什么？

（4）"找到或提出学生学习困难和迷思概念的解决办法"有帮助？哪一种对你影响最大？为什么？

2. 你觉得在"试讲-交流-完成任务-评课-研讨会-再次试讲"的培养过程中，有哪些环节需要改进？如何改进？

3. 简要说明"大学与中学对比表""学习困难和迷思概念汇总表""教学策略汇总表"以及"学习困难和迷思概念与教学策略对应表"本身以及制作过程，对你们的启示与帮助？

4. 客观评价一下你自己完成表格的情况（查阅文献数量等指标）。

附录7：个案教师的第二次模拟教学实录

化学平衡（第二次）

师：同学们，我们现在开始上课，先考大家一个问题哦，我们初中时学了一个高炉炼铁的方程式，还记得吗？

生：嗯，记得。

师：是什么呢？

生：一氧化碳还原三氧化二铁。

师：一氧化碳还原三氧化二铁，生成什么呢？

生：铁单质和二氧化碳。

师：嗯，铁单质和二氧化碳是吧。

生：嗯。

师：嗯，大家记得都很清楚，那老师呢就来讲一个关于这个反应方程式的一个小故事哦。在19世纪后期呢，人们用高炉炼铁，可是发现呢、它高炉炼铁排出的气体中呢，总是含有一定量的一氧化碳，于是啊，有的工程师呢他就认为是因为一氧化碳与三氧化二铁的接受时间不够长，所以就剩余了点一氧化碳，没有反应掉，因此啊，在英国啊，大家就耗费了大量的资金去建筑了一个高大的炼铁高炉，希望呢，让一氧化碳与三氧化二铁去接去有足够的时间接触充分，可是呢，用这个高炉炼铁呢，最后发现一氧化碳的含量并没有减小，哎，是什么原因呢？哎，从这个事实呢其实就可以看到我们的化学反应呢是有一定的限度的，当我们增大一氧化碳与三氧化二铁的接触时间呢，并不能去减小一氧化碳的排放量，所以呢，哦，说明啊，我们化学反应是有一定限度的，我们啊这节课就来学习化学反应的限度，现在呢，我来思考这样一个问题，氯气通到水里边生成的氯水中都有什么微粒呢？

生：嗯，氯气分子。

师：有氯气分子，是吧，还有什么呢？

生：次氯酸分子。

师：有次氯酸分子，还有什么没？

生：有氯离子。

师：哦，有氯离子，还有什么分子呢？

生：氢离子。

师：哎，对，氢离子，哦，你们说的这些微粒哦，老师不大相信呀，你们怎么去设计个实验来让老师相信呢，它真的有氯气分子吗？

生：可以观看它的颜色。

师：哦，观察氯水颜色，是吧，老师呢，老师这呢带了一瓶氯水，我们现在来看一下是什么颜色呢？

生：黄绿色。

师：黄绿色是吧，我们来写一下它的颜色是黄绿色，现在呢，老师来问大家一个问题哦，我说氯气的颜色是黄绿色，对不对呢？

生：是。

师：对的哦，那这个黄绿色的物质它就是氯气，这句话对不对呢？

生：不一定。

师：不对了，因此呢，我们说只去观察它的颜色呢是不是有点太模糊了啊。

生：是。

师：哦，那我们怎么去优化一下这个实验方案呢？哦，提醒大家一下，氯气最大的一个化学性质是什么呢，氧化性，那我们能不能去找一个还原性的物质让它与氯气反应之后，继而呢显示出颜色的变化，我们来证明有氯气的存在，那么大家想到什么试剂呢？

生：碘化钾淀粉溶液。

师：对，碘化钾淀粉溶液，大家呢，可以先预测一下它的实验现象。我们现在哦，来做一下，嗯，这呢是一瓶是一小试管的碘化钾淀粉溶液，老师呢，现在来吸取氯水，现在，往里面加两滴，哎，大家发现有什么现象呢？

生：溶液变蓝了。

师：对，变蓝了，变蓝了是能说明有氯气存在吗？

生：嗯，能。

师：对，碘化钾与氯气会发生什么氧化还原反应，生成碘单质，我们初中就学了碘单质与淀粉会变蓝，对不？

生：是

师：哦，继而呢，我们就证明了氯气的存在，这样就很完美了，接下来呢，我们如何去证明有氢离子存在呢？

生：用 pH 试纸。

师：哎，这个在初中时学的，而且大家掌握很熟练，就用 pH 试纸嘛。我们来做一下，老师现在吸取，嗯，用玻璃棒蘸取少量的氯水，我们现在滴在 pH 试纸上，哎，大家发现，pH 试纸有什么变化呢？

生：变红了。

师：对，变红了说明什么呢？

生：酸性

师：哎，变红了，说明溶液是显酸性的，那是不是就说明它有氢离子，对不对呢？

生：是

师：现在呢，老师给大家变一个魔术，大家注意观察哦，一，二，三，发现没，滤纸怎么变怎么褪色了呢，哦不，试纸怎么褪色了呢，这是什么原因啊，刚才还不是红的吗？

生：次氯酸分子具有漂白作用。

师：对，是因为次氯酸分子是具有漂白性的，所以它会使它褪色，是因为次氯酸的漂白性。那么通过这个实验，我们是不是不仅证明出了有氢离子存在，而且还证明出了次氯酸分子的存在，对不对呢，哎，证明它的存在，最后一个呢，是检验氯离子，这个就是离子的检验了，我们已经很熟练了，加什么呢？

生：酸化了的硝酸银溶液。

师：哦，加入硝酸酸化的硝酸银溶液。可是为什么要酸化呢？我加入硝酸银不可以吗？

生：因为碳酸根离子也会和银离子形成沉淀

师：对，如果我只用硝酸银的话，如果溶液中刚好有碳酸根的话，碳酸根遇到银离子也会产生一个白色沉淀，那到时候就说不清楚是氢离子还是碳酸根离子了，所以呢，我们加入硝酸酸化，酸化后呢，由于溶液中我们加的溶液中有氢离子，它如果有碳酸根存在的话，它两者会结合生成二氧化碳，这样呢，溶液中会产生气泡，我们就可以鉴别出来了。我们现在呢原理很清楚，我们来做一下实验。老师呢，吸取少量的氯水，我们现在往硝酸银溶液硝酸酸化的溶液中硝酸酸化的硝酸银溶液中加入，观察到什么现象呢？

生：有白色沉淀生成。

师：对，有白色沉淀，那有没有气泡生成？

生：没有

师：没有气泡生成说明没有碳酸根的干扰，并且呢，它证明出了有什么离子存在呢？

生：氯离子的存在。

师：氯离子的存在。白色沉淀证明出了氢离子的存在。现在呢，我们来归纳一下这个实验，我们说氯气溶到水里边生成氯水的这个反应过程中呢，我们证出了这个溶液中都有哪些分子呢？

生：氯气分子

师：有氯气分子存在，还有什么呢？

生：次氯酸分子

师：哦，次氯酸分子。还有呢？

生：水分子

师：水分子。那么都有哪些离子存在呢？

生：氢离子

师：好，有氢离子，还有什么呢？

生：氯离子

师：还有氯离子，还有没有呢？

生：氢氧根离子

师：对，一定不要把氢氧根离子给忘掉了。我们会发现，是不是这个反应，氯气和水反应并不是说全部的转化为了生成物，而是说生成物和反应物是同时存在的，对不对呢？

生：是

师：我们啊，就说是氯气和水发生了一个可逆反应。注意，可逆反应。现在呢，我们就给可逆反应来下一个定义。

【板书】一、可逆反应

师：首先呢，我们要说它是在一定的条件下。

【板书】在一定的条件下：

师：接下来呢，我们注意看，箭头，反应物怎么，也就是说这个反应怎么既可以向正反应方向进行，同时呢，反应又可以向逆反应方向进行，我们啊，就说这个反应是一个可逆反应，这就是既可以向正反应方向进行，又可以向逆反应方向进行的反应

【板书】既可以向正反应方向进行，又可以向逆反应方向进行的反应

师：我们啊，就说它是一个可逆反应。那么大家注意观察一下，老师写的这个方程式跟我们以前学的好像有点不大一样啊，哪里呢？

生：以前都是等号。

师：对，以前都是等号啊，老师这怎么变了呢，这个啊，就叫做可逆号，是我们啊可逆反应专用的符号，是用可逆号来表示。好，我的讲课到此结束。

附录8：个案教师的第二次焦点访谈实录

化学平衡主题"后测"访谈转录稿

（Y＝研究者；PT＝个案教师）

Y：简单地说一说，你第二次录课，什么感觉？

PT：嗯，觉得比第一次好了。

Y：好在哪儿呢？

PT：因为流畅度有了，思路也更清晰了。反正就是觉得稍微比起原先有点经验了。

Y：你对比着看了？

PT：嗯。对比着呀，我第一次

Y：你有没有对比着看？这次讲完了，赶紧看看原来是怎么讲的？

PT：我第二次讲的是必修，第一次讲的是选修。

Y：哦，是这么的。

PT：但是，它都是要提出一个化学平衡概念，两种方式不一样。第二次

的话，我就觉得，比第一次来说，就是思维的深度能稍微浅一点啦。因为第一次，它不是讲溶解平衡嘛，第一次我们也讨论了，好多问题。而人家必修呀，就不这么讲了。而人家有了化学史之类的，好多就觉得。

Y：哦，对，这样去做了，明白。那这样，咱们仍然是两个阶段，一个阶段是我问你，这个问题跟第一次问你的问题有点类似，那么第二部分呢是你给我提提建议，就咱们这么长时间做的，你觉得那些地方做得好，哪些地方做的值得改进？我是希望自己能把这个事情做好，所以，你们的如实回答对我很重要。那就先问你咱们熟悉的。第一个问题，高中生学习化学平衡的必要性。

PT：化学平衡的必要性？

Y：对，怎么想的怎么说啊，不要想原来怎么说。

PT：那就是说，对后面的学习，溶解平衡之类的，（小声嘀咕）对后面的盐类的水解，还有还有这些化学平衡之类的都起到一个，前面就有一个

Y：铺垫的作用

PT：对，铺垫作用。然后就是，它有计量嘛，转化率等这些计量，可以指导生产。

Y：哦，明白，你说平衡和生产率之间有啥关系？他怎么样，学平衡了就会？

PT：学平衡的话，转化率这个课标还有要求了，这个要去掌握这个的计算。

Y：好，明白了。在平衡这一块本身就包含转化率的问题。好，那我知道了啊。嗯，还有别的吗？

PT：嗯，化学平衡的话（思考），当然也可以解决生活中的很多问题啊。比如说一些碳酸饮料的之类的。

Y：对，知道了。那这样，你觉得化学平衡这一节学生在学习的时候是理解更多一点还是记忆更多一点？

PT：我觉得理解多，因为它毕竟还是比较抽象。其实，你要记的东西，我觉得理解了就没有说是需要死记硬背的，就包括它的那个特征嘛。就是等、定、变等等，你如果去理解了，那有的东西没有必要死记硬背的。

Y：嗯，好。那平时你，试着说一下，你怎么判断咱们某一个化学知识，就是这个地方更需要学生理解，而另一个地方更需要学生去记忆？

PT：那就去看它的，我是看它的难度。

Y：难度？你举个例子。

PT：比如说，就说特征这个吧，它难度其实不是很大，不是一个难点，

所以我觉得他理解了就好。

Y：嗯，那你举一个你觉得需要记忆的地方？

PT：要记忆的？化学平衡需要记忆的……（思考）

Y：抛开咱们化学平衡？

PT：随便是吧？

Y：嗯。随便。

PT：那就说盐类的水解吧

Y：盐类水解，需要记忆？

PT：需要记忆的一个就是，什么该水解，什么能水解？什么情况下水解，比如说越弱越水解，有弱才水解。这些东西要记忆一下。

Y：这些东西，比如说，假如说，咱们要学习盐类的水解这一章的话，应该说需要学生记忆多一点，是这意思，可以这么说吗？

PT：就说是这个的话，中间的话也是需要理解的，但是理解完之后，你如果把这个结论记忆一下，是不是更那什么，方便一点嘛，但是你要拉住这个记忆的一小段话，你还要自己能够理解，为什么它说越弱越水解等。

Y：我明白。就是说我想说的什么意思，咱们肯定有一些知识更侧重于记忆。

PT：有些东西讲不了的你也只能记忆了。

Y：哪些讲不了。

PT：就比如，比如说讲化学键的时候，不是说是化学，哦，对氧化还原反应噢，就说电子的转移，对吧？另一个是电子的偏移，这个也是氧化还原反应的本质嘛。（对呀）那我们讲的是电子的转移，但偏移呢，我们就告诉他，记住就行了，具体是什么现在还不讲，因为他没有学离子键共价键，他也讲不了这个吧。只需要，因为氧化还原反应是第一章的嘛，就没办法讲，就说你记住它有一个是偏移，转移的话，你理解；偏移你记住。

Y：明白了，你是对知识有判断的。至少你知道哪些东西是讲完你明白再说，有些东西先记住吧。

PT：对！

Y：噢，明白了。那你说这节课是以老师讲为主好呢，还是说引导他自主探究去好呢？

PT：（笑）这个的话，不是讲完课之后，这段时间我也一直在看这些教学设计的书，我发现人家好的教学设计，人家真的都是在去引导学生，就实验也做得很多，但是问题是我就觉得，他们哪些好的都是在必修，选修的话还真不

好做实验，而且他研究得更加，比如说选修四嘛，水解了什么东西，都不大能（做实验）

Y：咱不说它了，现在就说咱们的化学平衡。

PT：就说化学平衡的话，就算你去做蔗糖，这些都，就算你去，噢，你去，同样还有什么？你做一个化学反应，不同时间段反应物的浓度变化，这些都做不出来。所以我觉得，两者现在打成平手了，我觉得引导学生去做，和你讲现在是 1：1 了。

Y：1：1，上课的操作，你怎么个 1：1 法？

PT：对，比如说，让学生去推导的时候，就比如说给他们数据，给他们数据，那同样就说是，数据完之后他们会总结到一些东西，当然这只是一个初步的结论。还得再去深入的讲解的时候就是你讲了。

Y：明白了啊，现在你感觉这两个还是一半一半。

PT：我觉得必修的话必须引导学生多。

Y：必修引导多，选修的话

PT：选修，因为（实验）做不出来啊，除非就是 flash。当然老师不是曾说过 flash 动画，可信度不是很高。

Y：对对，它肯定有他的毛病啊。那么化学平衡啊，你现在说必修，那咱们就说必修。就必修这一块你感觉学生需要掌握的知识点，按顺序说一下。

PT：必修这块儿。先是，他先是在化学平衡之前讲了一个化学反应速率，速率完之后就提出一个可逆反应，从可逆反应接着就提出一个化学反应的限度，也就是化学平衡。在这之后，他只是稍微提了一下不能够，反应程度还不能达到百分之百。就是说，那就有一个转化率的问题，只是提了一下。具体什么他也没有说。就没了。必修就特别简单。

Y：就这些内容的话，你就按这个顺序讲是吗？

PT：嗯，我先是

Y：教材的顺序跟你说的一样吗？

PT：教材顺序。我融合了。我把苏教版和人教版融了。

Y：好，那我就知道了。咱们前面讨论过，化学平衡就你现在看来，你有哪些你知道的但是高中生不给他说，或者说必修阶段，我跟不给你说？到选修再说。

PT：那就是，必修阶段的话，化学平衡的特殊没有讲，它没有讲特征。转化率，具体说，它也没有讲，准确地说它也没有讲。

Y：那你意思是，转化率留在什么时候讲？

PT：要在选修中讲。哎，也不行(突然转折)，其实，只能提出转化率是个，嗯，怎么算，但是一些，嗯(犹豫)

Y：那转化率还讲不讲？

PT：(笑)转化率

Y：嗯，这你这块不讲，选修不讲？

PT：选修讲。

Y：选修讲。

PT：我怎么觉得，不是不是，想一下(不清楚，犹豫不决)。

Y：没关系。

PT：那个好像是，对，它那什么，它鲁科版讲了。人教版它没讲。

Y：鲁科版是在必修讲还是选修讲？

PT：必修讲了。我就说都是必修的话。

Y：我知道了。那你三个版本教材都看了？

PT：嗯，呵呵。鲁科版的那个，总觉得那个学生的水平还是挺高的。总觉得比人教版就是，它们实验好像多一点，这种感觉。

Y：好，那我就知道了啊。除了这些内容，必修选修之间之外，还有那些你知道的东西，化学平衡的东西，不能给高中生讲？

PT：不能给他讲？

Y：嗯

PT：就是必修选修都在一起

Y：都不能讲的，那就是一些大学学的。哪些内容？

PT：就比如说那个，那个叫什么人名的，就是噢，什么方程？(使劲回忆)就是 a 倍的 E 的负的 RT 那个。

Y：这是个啥吗？我不知道你说啥，它解决什么问题？

PT：就解决那个，(想不出来)就是，我想想。是什么来着。

Y：你看，化学平衡讨论无非就这么几个事，你想一下，你梳理一下。有关化学平衡的无非就是那几个事。

PT：我想一下(思考)

Y：除了这个，除了你这个想不太清楚的，还有别的吗？

PT：嗯，化学平衡的话

Y：对啊。

PT：我想一下啊。可逆反应，不能告诉他，就是大学里知道，所有的反应都是不可逆的。

Y：都是什么？

PT：都是可逆的。但是高中不能告诉他，有些就说是，还是要看他们的范围了，看学生们的学习范围，这个不能说。

Y：嗯，还有吗？

PT：不大想起来了。但是就是那张表就可以（说明）

Y：哪张表？

PT：大学与中学的对照表。

Y：好，那么我就知道了。其实呢，给你个建议。你说，抛开中学大学，有关化学平衡的无非就探讨几个事，你现在能说出来吗？

PT：探讨化学平衡的话

Y：你要说，比如说，说陕师大，你说你能说陕师大什么？你要说陕师大总得要有个抓手吧，有哪些专业，都有哪些博士点？指标呗。说化学平衡，咱们就能说化学平衡的什么？

PT：转化率

Y：化学平衡的转化率？

PT：你要说化学平衡状态、特征？

Y：就在你看来，咱们要把化学平衡说清楚，得说什么？

PT：要说清楚的话，首先，得认识一下可逆反应吧。

Y：哦，看来你，我是想让你找出一个框架来，你比如，我举个例子，我描述一个人，我从哪些角度去描述它？首先得知道大人还是小孩？然后他是男的还是女的？他是学生还是什么吗？对吧？有几个这样的维度吧？那化学平衡呢？

PT：那就先定义

Y：然后呢？

PT：特征，然后就是应用？

Y：看来这个框架说到这儿，我就告诉你了，你得把它梳理出来。你脑子里这个框架不成熟。你都不知道说化学平衡要说哪些东西，从哪些角度去说它。

PT：哦，我知道了。其实老师，你说的就相当于你在讲这节课的整体思路、框架？

Y：对呀。明白了吗？然后你再说你从这个定义上说，大学与中学什么区别？然后我就说，我从特征上说，大学与中学有哪些区别？那么，从判定上说，大学与中学的区别？你得这么去掌握，好，我知道了。看来现在呢，只有了一张表，但是那张表还就是那张表，我知道了。学习化学平衡之前，学生已有哪些知识经验，对这节课而言，你可以直接拿过来参考上？

PT：化学平衡之前有什么经验？

Y：嗯，知识或者经验，咱们这节课的前知识。

PT：化学反应速率。得知道这个，然后得知道平衡吧。因为我看到困难表里边，有的学生就说是，对这个平衡他理解不清。到平衡，然后是，（停顿，思考）前知识，（停顿）没了。

Y：哦，只知道，得知道反应速率。那么就拿反应速率来说，反应速率怎么能够帮助化学平衡？它们之间什么关系？

PT：那就是从化学反应速率就可以，现在还是个问题哦？我觉得他可以定量画出那个图，就定性也行，就是反应速率不是在一直减小嘛，那你图形就可以往下画，就是从这个反应速率就可以来认识一下化学平衡的建立过程。

Y：就是，化学平衡中间至少，它其中有一个特征，就是速率的特征。那你说，用速率能解释平衡？是这意思吗？你能解释了吗？

PT：就上次咱们来讨论到底能不能用定量来算，对吧？

Y：你现在是怎么感觉？

PT：我觉得还是可以画的吧

Y：也就是说你。

PT：我下去也和同学讨论，这个到底能不能定量画？

Y：嗯，能定量画，是通过数据，是吗？

PT：嗯，虽然有点难度。因为我觉得它那个数据，哎，也不好画（一直摇摆不定）

Y：感觉现在。

PT：就说是，我觉得不应该告诉，因为咱们不是写 v 正和 v 逆么，那个 v 正就是代表有正逆混在一起。

Y：是，v 正指的是什么？

PT：已经剥离开来，就是剥离了逆反应。但现在，我就觉得这个数据你测得肯定是混在一起的？

Y：你说的很对

PT：那现在就说是，我觉得不好告诉学生这个要分开。你要分开了这个就扯得有点远了，也有点深了

Y：哦，那你在这上面你的说什么是 v 正啊？

PT：所以，我的意思就说是取什么，就是那个数据，他测得那个。就取，

嗯，反应物的速率就是正反应的速率，生成物的就是逆反应速率，把它俩混在一起了。当成正反应和当成逆反应了，不要剥了，剥离开的话就更那什么了（难了）。但是还有一个缺陷，就是得有一个假设嘛。就是假设反应物的就是正反应速率，反应物消耗的……

　　Y：好，我在这儿呢，就是提到这儿，让你试着说一下，你能说清楚这两个之间到底有什么关系。就说，咱们要用它，咱的知道怎么用它，对不对？用它用在什么地方？好，那我知道了。那你在你试讲当中用没？

　　PT：我没有。

　　Y：没有噢，那你怎么说速率呢？

　　PT：哦，对，对对。我第一次用，第二次没有用。

　　Y：第二次你不讲特征，噢？

　　PT：第二次没有讲到那个，没有讲到特征。

　　Y：那我就知道了。你学生学习化学平衡的时候经常会在哪些地方犯错？

　　PT：犯错，这个，这个可多了。

　　Y：可多了，那你说，说一个先。

　　PT：就是学化学平衡遇到的困难？

　　Y：对。困难或者他容易出错的地方。

　　PT：这个过程比较抽象难建立，还有这个

　　Y：这个过程比较抽象，难建立起来。

　　PT：嗯，然后这个化学达到平衡的时候他会认为是个静止的。还有就是达到平衡的时候，他会认为这些浓度都是相等的。

　　Y：哪些？

　　PT：反应物和生，反应物，因为正反应速率等于逆反应速率，他就会认为，那反应物的浓度就等于生成物的浓度。因为速率的话不就是浓度除以 T 么。他会这么认为。

　　Y：嗯，知道。这是错误认识。

　　PT：哦，错误认识。有的学生，他就好奇怪的想法，还有就是这个，平衡的话，要不要说后面的？

　　Y：你说

　　PT：那就可多了

　　Y：没事，你能想到多少你现在？

　　PT：还有就是

　　Y：它能有多少？还可多了。

PT：因为我去查文献嘛，他们弄得那些问题，都觉得，我都觉得

Y：不是问题

PT：不是不是问题，有的就是太、太、太难想到的问题了。有的就是说，可以说是不叫做问题，就是很少学生犯。那有的就真的是问题。化学平衡的话，概念其实差不多就这些了。

Y：嗯，好。那你刚才说的这三个困难或者是问题，你是怎么发现的？文献里找的，是吗？

PT：噢，也有自己那什么，因为以前。

Y：一共就三个？

PT：我就光讲了这个概念的困难

Y：我知道，就这三个里面，哪个是你从文献里找的？

PT：第一个说的是这个过程建立，这个文献上有。

Y：他说过程建立，他就说过程建立比较抽象，是么？他有没有说过程中间哪块建立比较困难？

PT：溶解。噢，有说的。有一个文献他说这个溶解的过程，溶解平衡不好那什么、不好理解。他说了

Y：他指的是溶解平衡不好理解？化学平衡呢？

PT：化学平衡，他好像？

Y：没提？

PT：（沉默）他就说溶解平衡比较难讲。

Y：那后面这两个都是怎么来的？都是你自己想象的，还是自己判断的？

PT：后面这个我自己也想到了，它也出现了。它也出现了。

Y：文献里也有吗？

PT：嗯，也有。那你说怎么解决这些问题呗？怎么避免学生不再出现这些问题？

PT：现在这溶解平衡真是个问题呀。

Y：那你感觉溶解平衡？

PT：到底是，我是这么觉得，必修就不讲溶解平衡了。

Y：嗯。好。选修的话，要看学生情况，

Y：现在不是要看学生情况，是你能解决的了么？

PT：我就是针对不同学生来看，不是不同，如果这群学生，不是说不同，当然有好，我是说，

Y：我是问你，不是你讲不讲，而是你现在能解决这个问题吗？

PT：嗯。

Y：能解决了平衡这个问题？

PT：嗯。

Y：假如能解决的话怎么解决？现在不说假如你不解决，就是假定你去解决，你怎么解决？

PT：解决溶解平衡？

Y：对啊。

PT：唯一的办法还是 flash。

Y：用 flash 演示一下，演示一下什么？

PT：就是演示那个溶解过程和结晶过程

Y：同时，好，至少这是由解决办法的。

PT：虽然不是特别好

Y：其实啊，就没有说，没有瑕疵的答案，对呀，好。你后面那两个呢？

PT：后面那两个，就是平衡的时候，就是浓度，第一个就说是，认为它们浓度是相等的。对吧？这个的话，其实就是有这种，就是测得那种表格嘛。浓度随时间的变化，这个的话，其实就可以从表格中可以得出来。就说定性的画完图之后，让大家，你现在就可以从表格中看到，平衡的时候两个浓度是不相等的。

Y：一定不相等的吗？

PT：当然，有的人家恰好相等。

Y：那你怎么说？能解释清楚吗？

PT：那就说当前的那个表格式，不相等嘛。然后再。就比如说合成氨吧，你要看起始投料的话，就给一个偏差，那算出来两个肯定是不相等的。然后，你再反问学生嘛，那结果一定是不相等的。

Y：你要解决的话，就计划，就是说，给他一个实例，让他去感知一下。

PT：对。用数据去看一下，的确也是不相等的，然后再问，那一定是不相等的吗？你可以把数据进行调整一下，刚好是比例，哎，算出来两个是相等的，也是噢。

Y：你这个问题通过具体举几个例子的方式来解决。那最后一个呢？还记得你刚才说的啥吗？

PT：就是平衡的时候，反应是个静态的吗？

Y：嗯，对。这怎么解决呢？

PT：图像画出来那不是不为零嘛。

Y：你说的对着呢，图像本来就是符合的。图像画出来速率不为 0，就能解决了。那速率为不为 0 了，怎么可能是静态的呢？

PT：是。

Y：对着呢。

PT：也可以略加的讲一下这个蓄水池的话，就更好了。这个动态平衡的确可以存在，所以说，化学平衡也可以存在。

Y：嗯，好。非常好。就是说，不仅通过这个图，因为书上就有这个图，（对对对）咱们不是，我画的你不信，你看书呀！就是，我先不说我怎么画的，我不解释了，呵呵，然后说是，这个怎么解释，而且这个情况也却确实存在，到这个层面就行了。嗯，还有一些其他困难吗？

PT：化学平衡的概念，我觉着。就是它，我看另一个人的论文，挺好。他说从"动""等""定""变"，就是四个特征，他就提出了。就每一个方面他都提出问题了。就是"等"的话，其实，噢，对，我刚才说了正反应速率是否等于逆反应速率，那个有了；"定"，嗯，"动"是动态的，嗯，也有了；"变"的话，（思考）。特征这块，我觉得应该可以了吧。

Y：行，那我就知道了啊。你大概估摸一样，你看过多少篇咱们有关化学平衡的教案？

PT：多少篇？

Y：嗯，就是多少份？大致回忆一下，你不能说你看一眼，那都不算。下载了一堆，一看都没看。就是说，你至少你把它浏览了一遍。你大概估摸一下，有多少？

PT：有的看了没用算吗？

Y：当然，你只要看过就行。

PT：只要看过就算，那也就 30 几篇吧

Y：那么多呢？

PT：化学平衡，因为这个问题还是，化学平衡范围比较大。那一搜，化学平衡可多了，你不得进去读一下他讲的是哪儿呀。

Y：嗯，好。那就有关你讲的化学平衡概念建立的有多少？

PT：这个还蛮多，有的还专门为这个写了。我加进去，他写得好抽象啊，假设过程

Y：对对，那大概有关你这个化学平衡概念过程建立的，大概是 5 篇以上还是 10 篇以上？还是 10 篇以下，5 篇以下这样的概念？

PT：（沉默）这我都没统计

Y：脑子里也估摸不出来啊？那我知道了，那你自己说，就有关化学平衡概念建立，就你这个过程中间，他们方法都一样吗？

PT：不一样

Y：都有哪些不一样？

PT：但是，类型还是比较少的，化学平衡这儿我觉得还是比较少的。

Y：对啊，怎么说呢，类型比较少？说明还是有类型的，不是同一类的，那你说说。

PT：第一种还是溶解平衡，然后是，有的就不说溶解平衡了，直接从可逆反应，就比如说做一个像苏教版的这种做一个实验，

Y：做个啥实验？

PT：就是氯水，噢，氯气通到水里面，这个氯水，就是检验溶液里面都有哪些离子存在。最后发现，哎，正反应的，哎，不，产物的和生成物的都存在，说这是一个可逆反应。那最后呢，也就从这个实验推，就是告诉他们是一个化学，哎，存在一个反应限度，也就是化学平衡状态。它们是从这样来导出的。

Y：只是导出，不是讲解，是吗？

PT：也是在讲，就是告诉他们有限度，这个限度其实就是化学平衡，限度到那个什么之后，嗯，不说停止，到平衡了之后就是一个化学平衡状态。

Y：嗯，好，明白了。他就是通过这个实验来讲解这个过程？还有别的吗？（等待）还有别的实验吗？比如说它用这个了，还用别的了吗？

PT：还有氯化铁

Y：氯化铁？

PT：就是碘和氯，嗯，碘负离子和氯化铁的反应，她们也有做这个实验的

Y：这个实验能干啥？

PT：它也是个可逆反应，我们认为它也就（笑）

Y：我知道，

PT：它也是个可逆反应

Y：这个可逆反应，非常明显吗？你这是，咱们这是哪儿？文献中提到的，是吗？他用这个实验？

PT：反正就是有看，这个不是我想出来的。有做这个的。

Y：我明白，还有别的吗？

PT：实验的、溶解平衡的，还有就是四氧化二氮的，现象比较明显。

Y：这个咱们小组里就有，是不是？（嗯，对）还有吗？

PT：还有就是从转化率来说的，转化率不能达到百分之百，来说明这个可逆反应，化学平衡。嗯，差不多就这些吧。

Y：好，那你说有没有用一些类比的东西，比如说别的东西，与这个化学根本没有关系的一些例子？就说

PT：没关系的？

Y：就是，它根本不是化学的东西。（噢）但是也是平衡的例子

PT：他也，那，我看一下，要说他们用的话，我想想，有没有用这种的。

Y：你看到的这些里面，（有没有？）

PT：他们只是说了一下，学生会把化学平衡当成物理上的平衡，但是他们好像没有将这个平衡用到这个里面。（嗯，我知道了）其实我觉得他们也应该看出来，这个平衡本来就是学生容易认为是物理平衡，那你如果再用这个去讲的话，就可能让他们更加、就是犯这个错误了。

Y：好，那我就知道了。抛开，你觉得所有条件都满足你，你想做实验，你想放动画就放动画，然后你说化学平衡概念该怎么讲？

PT：我觉得会用氯水的（实验）这个

Y：你为什么觉得这个好？你为什么要用这个？

PT：这样的话，学生做实验，他们肯定积极性高

Y：对，做实验

PT：而且做实验过程中也动脑子的。

Y：对，为什么非得选择这么一个实验？别的实验不能做吗？

PT：可以啊，你不是说，还有一个。氯水的话生活中也可以用嘛，漂白啊之类的。就是更好一点。不大喜欢氯化铁的那个

Y：哦，明白了，你选择他的理由一是觉得生活中有点用

PT：它还有别的用处，学氯元素嘛，学氯元素的话，最后还学次氯酸嘛。那块，这块的话就可以为那块也捎带做的这样一个实验，从这块还可以延伸的、稍微说一下，就说，哎，不是说，就是在以后氯气学的时候，你说咱曾经过个这个实验，对吧。有次氯酸嘛，次氯酸的话，性质了之类，遇光易分解了，这些都好说了吗。对氯的话就很有帮助了。

Y：好，你是这么想的，我知道了。你是建议还是通过实验的方法比较好。

PT：对。

Y：现在这样啊，你给我反馈一些建议啊，你看咱们现在这个（看表格）

PT：那个我讲课的那个一会"拷"。

Y：一会拷。你看，咱们现在不是有这么一些咱们做过的事，阅读文献，看这上面，试讲的经历，试讲呢，主要是指咱们那两次试讲，还有一个研讨会，咱们(被打断)

PT：小组写吗？

Y：小组写上吧。

PT：写第四小组。

Y：然后是与指导老师交流，咱们完成的那几个表格，还有你们自己私下里的一些交流。当然还有一些其他的老师没有想到的。那么，你说，哪些对你认识该主题所包含的所有知识点的教学顺序是有帮助的？这个可以多选。(等待)你想到哪些了？

PT：BC，我不选 A，

Y：也就是试讲经历。试讲怎么会帮助你？

PT：因为你必须就得了去考虑这个"点"顺序。虽然你只讲了 15 分钟，但你准备的肯定不止 15 分钟。我一般就是按一个，有的是按课时走，有的是单元的这个计划走。因此，就得想一下这个(顺序)

Y：噢，好好，因为你试讲就必须要思考这个问题

PT：对对

Y：那试讲的过程会对你这个次序有帮助吗？

PT：嗯，过程？

Y：就是你讲完或者你正在讲，以后会对你这个次序有(影响)？

PT：有，有调整嘛。有的时候，你可能想到那个点跟学生有出入。高估了，或低估了他们的水平，那肯定就要，有的时候这个"点"就需要调整一下。

Y：你们现在这个状态下(模拟教学状态下)存在这个问题吗？

PT：现在不存在(笑)。

Y：那你怎么样，就现在说你的体验，就是对你有帮助，而不是它应该有帮助。

PT：有，就比如说我第二次讲的时候就用氯水的那个嘛。我又问他们那个，去检验银离子的时候，不，检验氯离子的时候，如果他们说了，那就看他们的回答，如果他们说硝酸酸化的硝酸银，那我就直接去检验它，但如果他们说硝酸银的话，我就要给他来个碳酸钠，给他们，哎，一"滴"，哎，发现这个也沉淀了。那它一定是氯离子吗？它不一定是。当然就说，这个顺序就需要调一下，就是，如果说他直接答出来的话，我就用那个给他做完实验。

Y：我知道了。那你真的是出现你说的这个状况了吗？

PT：出现了。

Y：噢，你在讲的时候，你问下面的"咱们的学生"就出现这种状况了，是吗？

PT：就第一次，这个录课第一次我讲的时候，就下面回答了一个硝酸银，刚好这个，然后讲的过程中出了一点问题，重新录了一次，重新录的时候他们改口了，改成硝酸酸化的硝酸银，我赶紧也跟着他们改了。（噢，知道了）我当时就，唉。

Y：好了，接下来还有什么？

PT：选了个 C。BCDE

Y：就是研讨会也有帮助啊

PT：嗯。研讨会这个和老师交流一样，就是你跟我们说的时候，就会让我们去看一下，因为你讲的就是化学平衡这个整的，就相当于在串它。

Y：对对，还有评课，评课就是小组的，看人家的思路和自己的一样吗。

PT：BDE，F、F 的话有一定帮助。

Y：那你下面写完之后，你挨着看，不着急，像这成员之间的交流，就私下里没有老师的情况下，其实就是活动挺多。

PT：嗯，我们活动挺多，这个的话，我们一般不说这个次序，我们一般焦点讨论，就只说，哪块专业、专业知识点的正误，我们一般讨论的就是这个。他不说你的次序了，（对对对）就行了。然后看哪一种影响最大，这个是单选还是多选？

Y：这个如果你分不开的话也可以多选。能分开的话你就单选。

PT：就是，下一个。轻声读，深度与广度？

Y：对，深广度，知道"深广度"什么意思吗？

PT：这个知道。A

Y：嗯，看文献是有帮助的啊？（嗯）看文献怎么帮助你呢？

PT：它的话就说，就可以看出来那个、有就说是，不同教师讲的，看他们讲到哪儿就停了，（对，他就再不往下讲了）以及他们这堂课是如何安排的，就说是仅仅是讲了课内知识么，还是说有拓展，比如说人家又讲了科学史了之类的。这些东西。（对，明白了）关键点的深度？C 呀。跟你一探讨，觉得太深奥了。（笑）就是那化学平衡，因为老师你提的问题真的好有深度的，因为你没发现你提完问题后我们都很难回答的那个东西的。得经过一番思考。然后E。G 的话，其实也有一定影响。但我们一般讨论的可能没那么深，稍微广的一点的还是有的。

Y：对，有帮助就行呗。

PT：找出或提出该主题各关键点，

Y：对，到底你这个平衡概念建立到底该用什么策略？看哪些地方对你是有帮助的？（等待）哪个？说

PT：ACDF.

Y：嗯嗯嗯，研讨会，评课。评课还会帮助你认识学生的学习困难？

PT：你说第四个，我第四个我还没做呢？我做第三个呢

Y：你做第三个呢。嗯。到第四个了？

PT：嗯，正在想。困难和迷思概念？E 肯定是。

Y：嗯。

PT：交流讨论。

Y：你说的研讨会哦？（嗯）因为我们专门讨论过这个事

PT：对。大家讨论的时候就这，也就

Y：感觉哪个对你影响最大？

PT：嗯，A 吧，最大的就是 A 了。

Y：嗯，最后一个。

PT：找到或提出解决学生学习困难的解决办法？（42.）

Y：就说困难找到了，然后就是解决办法。

PT：AC，AC G 吧。

Y：嗯，那现在这样啊，你自己，抛开他们，不说它了。你说咱们这段时间你给提出建议，哪些做得需要去修改，或者说怎么做能够更好？

PT：我觉得吧，老师你不是第一次给我们留作业的时候，不是说的是应该找一个不同经验的那个东西（对对），当时你给了四张表格，我们回去做的时候，其实当时我就觉得跟你说的不大一样。但是最后的话，我们不是第一次评完之后，给了另外两张表。我觉得这两张表才是你第一次留作业的那张表。

Y：第一次留的四张表里面，你感觉那张表？四张表，后面我又给了你两张表是吗？

PT：没没，不是说给了。我们只是看了一下，你只是展示了一下。

Y：噢，明白，就是我第一张展示的就是表中表是吗？

PT：我觉得那个不是特别好。

Y：你说的很好，因为那是咱们初步的一些方法，最初的想法。那种表啊，你感觉到，当然说它肯定是不好的，肯定是有点问题的，那你觉得后面的

咱们困难，包括那些

　　PT：好的表，我觉得，第一个高中与大学的对比这个表得有，因为这个表做出来你就知道有些东西该讲，有些东西不能讲了。或者说，有些讲它不能讲太多，不能讲太深。这个得有。第二个就是学习困难表，他可能出现的问题以及你如何去对应，有一个对策。这两张表我觉得可以了，最后有一个，你不是说有一个讲的流程那个，其实，我觉得那个的话，经验汇总这个倒是真的，但是你当时给的是一个教学策略，你发现没我们大家写的其实都是一个流程。那它不就是教学设计吗。

　　Y：对，其实我当时给你们的"表中表"可能更让你们把你自己的教学都填到框框里去，

　　PT：嗯嗯嗯，对

　　Y：好，我明白了，那你自己想象，就是填那个框框的过程，对你们有没有帮助？

　　PT：我觉得不会。

　　Y：好，那我就知道了。那你觉得那几张表中那张对你启示最大？

　　PT：就是大学的那个，还有就是困难表。

　　Y：好，那就知道了。那你还没有给我提建议啊，你除了表，第一张表，后来我自己就否定了，那张表它限制了你们了。那还有吗？

　　PT：我看一下

　　Y：不用看，你自己想象一下

　　PT：我想一下，我觉得我们讨论还可以，讨论可以多一点，像这一步，就比如说老师你有单独的吧。单独，我觉得，单独的话，旁边坐几个人听可以吗？

　　Y：哦，我明白你的意思。我给你解释一下，咱们单独做不是为了培养。（嗯）就相当于说，上课的时候，我出两个题看看你会了没有？给老师的反馈，明白了么？这个单独交流一是为了，其实都是为了获得反馈信息，那么最重要的是发现你有问题，问题在哪儿？那么，现在给你问，就是想知道你解决了没有？明白了没有？没有明白，我还得继续、再做工作。

　　PT：可是我觉得，这个，你比如说你跟我谈，对吧？别人在那儿听的话，他可以听到我的问题在哪儿？那他是不是在想，他是不是也有这个问题？同样的他上的时候我也在听，这也是一种学习。（噢）就会看到他有迷思？哎，我这块有没有"迷思"？

　　Y：噢，我明白了。这个建议很好，其实让他们听听也好。

PT：我觉得听听也没什么，当然这是我的反馈，那他们可以去对比看看自己的怎么样吗？

Y：这个，有这么一个好处肯定是有的。但是不好处在哪儿？就是说找不到他自己的问题了。（对对对）他听了你的了，他就忘了自己的，或者就把自己的突显不出来了，就说是他受你的干扰太大。那最后一个同学干扰的几乎就没自己了。（笑，噢）最后一个说出的问题都是别人的。就是他自己真正的问题，老师就看不出来他到底在那里有问题了。

PT：这也是啊。这样的话，如果单独的话那就说，你的别人就……

Y：咱们其实主要就是看你的效果如何。不是为了共同发展，共同发展研讨会就算了

PT：哦，那也是。

Y：还有吗？

PT：评课，这次评课，我们还评课吗？

Y：这次不评

PT：就不评了是吧？我觉得我们评课的话，学生攒到一起比较好吧，

Y：什么是攒到一起？全班？

PT：也不一定是全班，就是好几个组合在一起比较，还是比较。一个组的话人太少了。你一问，那下面同学没意见，你怎么办？如果人稍微多一点，至少有几个人就会活跃一点。

Y：说得非常好啊，我最初这个办法不是，就是这种安排确实不好。再一个大家早就习惯，早就配合过了

PT：对，你又不在

Y：该提的都提过了（对对）一遍，该问的也问了一遍

PT：对对，我们平常下来都说。下来又说了，所以

Y：所以说，这种组织形式要改进？至少是两组

PT：对啊，至少是两组。

Y：互相的提？

PT：对啊，一个组的话，这都看过了。

Y：互相感觉是比较深的，同时可以学到两个主题。

PT：也可以这样，（你说）就说这一个组吧，我们可以叫，比如说叫四个组，但是四个组中的一半人去，因为你想，因为我们来看的话，最大的感触是听这一个主题，听的七八个人、十几个人的，老是、都是这个主题，烦。但是如果是四五个组人的话，但是一组的话，只有两三个人来，是不是你就可以听

到不同的讲课了，内容了。就是说，你听完这个，哎，立马，我可以去听一下这个，而不是说，听完这个还是这个。就一个概念都"烫"了八九遍，烦。就觉得不想听。

　　Y：说得好。

　　PT：要不就是，他问什么没人理。就那种感觉。

　　Y：非常好非常好啊，就是说这种啊，要么这一组都去，要么这一组不去，要么去几个谁去啊？组织上有问题？咱们现在学生你让他去，让谁去呀？按道理说咱们从没有约束过你们去，但是你们就自然的就不去了。谁说的那教室不让你们去呀？哦。明白了。你的建议，需要老师在规范上约束你，要求你去。好，明白了啊，还有么？

　　PT：差不多没了，也就这点问题。

　　Y：行。